AF251821

SARA MONTIEL

MEMORIAS
Vivir es un placer

SARA MONTIEL

MEMORIAS

Vivir es un placer

Con la colaboración de
Pedro Manuel Víllora

PLAZA & JANÉS EDITORES, S.A.

DeBOLS!LLO

Adaptación del diseño de la portada: Xavier Comas
Fotografía de la portada: © Angelo Frontoni
© de las fotografías interiores: Archivo personal de la autora,
    Valentín Pla, F. Gómez, Interviú, Sergio Bernardo,
    A. Montarranz, Carlos Pérez de Rozas, Europa Press,
    Juan Cid Cordero, Miguel Luis, Carles Cid, F. Catalá-
    Roca, Agencia EFE, Ángel Quevedo, A. Ibáñez, Warner
    Bros, Universal Pictures Company, Simón López, Felipe
    López, Pedro Manuel Víllora, Lecturas, M. Povedano,
    Juan Gyenes, Archivo personal de Vicente Requena,
    ¡Hola!

Primera edición: noviembre, 2001

© 2000, Sara Montiel
© 2000, Plaza & Janés Editores, S. A.
    Edición de bolsillo: Nuevas Ediciones de Bolsillo, S. L.

Printed in Spain – Impreso en España

ISBN: 84-8450-778-5
Depósito legal: B. 42.872 - 2001

Fotocomposición: Lozano Faisano, S. L.

Impreso en Litografia Rosés, S. A.
Progrés, 54-60. Gavà (Barcelona)

P 807785

A mi madre

ÍNDICE

I

La belleza

Apenas me acuerdo de mi infancia en Campo de Criptana, donde nací, porque en 1935 me llevaron a Orihuela, y ya no volvería a Criptana más que para ver a mi abuela. Pero sé que lo que más me gustaba de pequeñita, cuando tenía cuatro o cinco años, eran los molinos. En aquella época, mi padre trabajaba para los condes de Cabezuela, en sus tierras. A los condes, mi padre los llamaba «amos», y desde entonces odio esa palabra: «Amo.» «Amo» era una palabra fea, y yo era una niña que sólo se fijaba en lo bello, nada más. Por ejemplo, en el paisaje de Campo de Criptana, con sus molinos. Eso se me quedó grabado para toda la vida. Como también la vista desde la ermita de la Virgen de Criptana, que está en un montecito no muy alto pero que, como es una meseta, permite ver una extensión grandísima. Sin embargo, mi primer recuerdo no está en el paisaje, ni en los molinos, ni en la palabra «amo». Mi primer recuerdo es la mortaja de mi madre, y es un recuerdo de cuando yo tenía dos años:

Mi madre se estaba muriendo. Veo cómo le traían la caja, porque estaba realmente a punto de fallecer, y entonces veo su mortaja. Veo la mortaja y veo a mi madre en la cama. Es la habitación donde yo nací, con la pared que está todavía sin arreglar porque, años más tarde, el nuevo dueño quiso que la habitación donde había nacido Sara Montiel se quedase como estaba. Era de piedra y barro, encalada por dentro, y yo veía allí a mi madre, muy guapa, con el cabello largo y negro, y veía la mortaja al lado. Y veía a mis tías, sus hermanas, muy altas para mí, impresionantes con su metro setenta y cinco, metro setenta y seis, metro ochenta. Mi madre era la más baja de todas; medía sólo metro setenta, y aun así era alta.

Yo esperaba, horrorizada, que la metieran en la caja. Sé que en ese momento tengo una cosa por dentro, una angustia, por mirar la caja y mirar a mi madre: la caja y mi madre, la caja y mi madre. Tengo dos años y sé para qué es la caja, porque dicen que se tiene que morir y que la van a meter ahí, pero lo que no sé es qué es la muerte.

La mortaja.

La caja con una sábana encima, que yo vi cómo la pusieron para cubrir el fondo y luego taparla. La caja abierta, al lado de la cama, esperando que mi madre se muriera. Y yo veía cómo mi madre le decía a una de mis tías: «Agua, agua, agua.» Y yo me preguntaba: «¿Por qué no le dan agua? ¿Por qué no le dan agua si mi mamá tiene sed?»

Entonces le dieron agua porque el médico dijo: «Ya le podéis dar lo que queráis, puesto que ya no hay nada que hacer.» Así que mi tía Gregoria le llevó una jarra de cristal con agua fresca y un vaso. Era una jarra muy concreta, una que ella amaba, y quería ver el agua en esa jarra…

Mi madre comenzó a beber, y bebiendo agua empezó a orinar y a orinar, y tuvo tal reacción que le dio la vuelta a la enfermedad, y así vivió hasta los setenta y tres años. Ese es mi primer recuerdo: mi madre y la mortaja de mi madre. No me acuerdo de mi padre entonces. Estaría allí, pero yo tenía toda mi atención puesta en mi madre y en la mortaja.

La mortaja era una falda, una blusa y un delantal. De muerta, la iban a vestir como se vestían entonces las manchegas, con una blusa muy bonita y una toca. Esa toca la tengo yo. Aquella era ropa de domingo, fina, la de más vestir. En cambio, la sábana que la tía Magdalena había puesto en la caja no me gustaba nada. Yo quería seda, porque mi cerebro elegía siempre lo bueno. Lo que no fuese bueno o bonito, no me gustaba nada; e incluso en algo tan grave como la muerte de mi madre me pasaba así, porque yo no sabía lo que era la muerte pero sí sabía que la iban a meter en una caja, y no me gustaba. Ya desde entonces no me gustan las sábanas que no son buenas. Luego mi madre contó mucho esta anécdota.

Con el primer dinero que gané con *Empezó en boda*, le compré a mi padre un sombrero, unos zapatos y una corbata, y a mi madre un jarro de cristal tallado. Lo hice en recuerdo de aquel y porque mi madre quería beber siempre en jarros y vasos buenos. Aquella primera jarra se perdió; en cambio conservé un juego de tocador que le trajo mi padre de Madrid, de uno de sus viajes, porque luego mi padre fue catador de vinos, y subía a La Rioja y bajaba a Jerez con los Terry, los Osborne, los Domecq... Y ese juego de tocador lo tuve hasta que se me extravió al mudarme de Mallorca a Madrid.

Mi madre tenía pulmonía y estuvo mucho tiempo muriéndose. Años más tarde, cuando yo sacaba la conversación, me decía:

—Sí, hija mía. Estaba tan mala, tan mala...

Pero ya he dicho que vivió hasta los setenta y tres años y que era muy alta. Cuando finalmente se murió en nuestro piso de la Plaza de España, en Madrid, le encargaron una caja de metro sesenta o sesenta y cinco. Cuando yo la vi, dije: «No, esto es pequeño.» Pero ellos me decían: «No; es lo que mide.» Pero es que la midieron viva, no muerta, y al morirse se estiró. Toda persona que muere, se estira a su altura; a la edad que sea, recupera su auténtica estatura.

Para amortajarla le pusieron un hábito de la Virgen del Carmen, y yo se lo quité y la vestí con un camisón de encaje blanco maravilloso y una mantilla. No quería el hábito de la Virgen del Carmen; no por nada, sino porque era horroroso de feo. Era marrón y llevaba un rosario atado al cinto. Horroroso.

El camisón que le puse era uno precioso que usé en *La bella Lola*, cuando se moría mi personaje. La mantilla era granadina, de encaje color beige, antigua, muy bonita. Y la llevamos momentáneamente a una tumba vacía que me prestó un amigo. Luego, al año, cuando la sacaron para cambiarla de sepultura y llevarla a su tumba en el hermoso cementerio de San Justo de Madrid, abrieron la caja delante de mi hermana Elpidia, que tenía que dar fe de que, en efecto, se trataba de mi madre. A mí no me avisaron porque yo no podía aguantarlo, pero ella es la más fuerte y fue; y la señora María, una mujer muy buena que era la guardesa del cementerio, recortó con unas tijeras un trozo de mantilla que le cubría el rostro a mi madre, y Elpidia me lo dio.

No sé por qué le habían puesto ese hábito, puesto que mi madre no era devota de la Virgen del Carmen, pero a una amiga nuestra le dio por vestirla así, porque yo estaba fuera de mí y no podía hacer nada. Pero yo nunca he podido ver nada feo, y nada es tan feo como la palabra «amo».

Recuerdo que, de pequeña, mi padre decía:

—Voy a casa del amo, de los amos.

Yo no aguantaba esa palabra. Desde siempre, desde que era chiquitita, me causaba repulsión, pero en La Mancha y en aquella época era costumbre. El amo… Nadie es el amo de uno; decir eso es despreciable. Y, sin embargo, mi padre le decía a mi madre:

—Voy a llevar a la chicota a que la vean los amos.

Y mi madre me arreglaba, de pobre pero siempre bien, porque cosía estupendamente; me colocaba un lazo, me ponía como una muñeca, y es que yo era como una muñeca. Los «amos» le decían a mi padre: «Isidoro, tráete a tu chicota»; y él me llevaba a la casa de los condes de Cabezuela, que eran parientes del abuelo de Natalia Figueroa. Y yo, sin saber nada de nada, me acercaba a las cosas que veía, a las figuras de porcelana, quería tocar la pared y decía:

—¡Ah, qué bapo! ¡Qué bapo!

Luego descubrí que eran Goya, Velázquez…, pero entonces no sabía nada de eso; sólo sabía que a un lado estaba lo «bapo» y al otro no había nada, porque lo feo no existía para mí.

«Bapo», guapo, lo tenía en la punta de la lengua continuamente. Y siempre me iba a lo guapo y no me equivocaba: las paredes, todas forradas de seda; unos cuadros maravillosos, unas lámparas que se me iba la cabeza hacia arriba… Siempre guapo, y todavía le sigo llamando guapo a las cosas y a la gente: «¡Qué guapo es usted!» Antes que bello o importante o maravilloso, mi palabra es «guapo».

Lo de «amos» lo fui comprendiendo después, pero sólo un poco, porque lo de los amos no existe en Orihuela. Fuera de La Mancha no se usa, pero allí sí: «El amo; mi amo; voy a ver al amo; a mi ama.» Y ellos nos llamaban «los criados». Pero aunque no tuviese el conocimiento exacto, instintivamente sí sabía lo que quería decir «amo». Escuchaba a mi padre y a mis tíos, y me preguntaba por qué los llamaban así. Les pertenecían, pero yo sentía que no le pertenecía a nadie. Siempre, desde pequeña, he tenido claro mi independencia de lo que me rodeaba. Sabía que, de mayor, no iba a seguir esa vida; que no iba a vivir de esa manera, ni dormiría con sábanas malas ni almohadas duras. Y lo primero que me compré para mí cuando hice *Empezó en boda*, aparte de la ropa de mi padre y del jarro de mi madre, fue una almohada. Y cuando se me estropeó esa me he comprado otra, y sigo con almohadas que me gustan a mí.

Sin embargo, yo no me sentía incómoda en casa de los condes. Me sentía independiente y me gustaba estar en su casa; conmigo no iba eso de los «amos», pero sí me iba la belleza de la casa. En cambio había millonarios que no eran amos, y sí amigos de mi padre: al bautizarme, mi madrina fue mi hermana Elpidia, pero mi padrino fue Fernando Simó, de los Simó que fueron dueños de Pasapoga, y fuimos a Orihuela por ellos, porque tenían bodegas y mi padre vendía vino para ellos. Eran tres hermanos, y el pequeño, Fernando, era el más amigo de mi padre, aunque Fernando era mucho más joven que él.

También los condes recibían muy bien a mi padre cuando me llevaba, si bien siempre existía cierta distancia. Ese buen recibimiento se debía a que mi padre era un caballero, aunque fuese del campo. Era gañán y trabajaba las tierras con blusón y pantalones de pana y todo, pero no le gustaba, y cuando descansaba se ponía corbata, zapatos brillantes y traje fino, que entonces se decía traje de señorito. Y eso siendo mi padre un gañán de toda la vida y con amos, pero tenía talento e inteligencia natural, y aprendió a escribir y a hacer cuentas muy bien, y tenía mucho don de gentes. Y aunque los amos eran sus amos, tenían buena relación.

Mi hermana Elpidia cuenta cómo todavía va por la calle y se encuentra con personas mayores que le dicen: «Tu padre, Isidoro, ¡cómo era! Menudo tipo tenía, menudo era tu padre.» Mi padre era un señor y se nota en las fotos, cuando la gente era tan paleta; pero eso nadie lo diría de mi padre, con su corbata y su alfiler en los años veinte, y el sombrero bien encasquetado. Te mataba si estaban los zapatos sin limpiar, porque él sería pobre pero muy señor. Cuando la República lo quisieron hacer concejal, y luego alcalde, y dijo que no, porque tenía mucho genio y decía que no podía combatir con todo el pueblo. En el Casino se reunían los notables y acordaban un nombre, el suyo, pero él no quiso.

El caso es que le gustaba el arte y el teatro. En el año 1925 mis padres vinieron de viaje de novios a Madrid. Actuaba Celia Gámez y fueron a verla. Ella tenía un número que se llamaba «El gol»: tiraba un balón desde el escenario y al que lo cogía le besaba, y luego cenaba con ella después de la función o al día siguiente. Mi padre cogió el balón, y madre y padre estuvieron cenando con Celia Gámez, que años más tarde madre se lo recordó a Celia. Son cosas que nunca se olvidan, sobre todo una mujer como mi madre, que había venido de Argamasilla, que conocía el tren de milagro y que no había viajado en su vida. Mi padre sí viajaba, porque hacía de arriero y tenía que ir con las mulas a Madrid y a las ferias; y en cada viaje le compraba zapatos y medias de seda.

A mi padre le gustaba ir a casa de los condes y llevarme, porque siempre le ha gustado el arte. Era un señor nato. Su hermano Manuel, el pequeño, ha sido mayoral hasta que se ha muerto, y mi tío Juan lo mismo; pero él era distinto. Y era guapo, guapísimo. En Orihuela, mis amigas, cuando éramos unas crías de once o doce años, me decían: «¿Cuándo va a pasar tu padre por la Plaza Nueva?» Porque la atravesaba para ir adonde vivíamos desde la bodega, donde se vendía vino al por mayor, y era un recorrido de nada. Y en ese rato lo veían: «¡Qué guapo es tu padre! ¡Qué ojos tan bonitos tiene tu padre!» Los tenía verdes y eran preciosos, preciosos, con una cara muy guapa, y el hermano que se nos murió también. En *Mi último tango*, cuando canto «Yira, yira» y voy con sombrero, soy clavada a mi hermano. Murió con veintiséis años, mi hermano José, y era igual que yo y guapísimo como mi padre. Tengo la barbilla y la boca de mi madre, pero el corte de cara y la nariz son de mi padre, que la tenía recta y griega.

Mi padre tenía una piel guapa, preciosa. Era rubio y tenía ojos verdes, pero sus hermanos los tenían azules.

Lo que más me gustaba era el paisaje de los molinos, en cualquier estación, porque el paisaje cambia una barbaridad. En mayo vas por La Mancha y ves unos verdes diferentes e intensos. Los campos de Montiel, en Criptana, son una belleza, y también lo son las Lagunas de Ruidera. Tendría yo tres años cuando mi padre me llevó por vez primera a las Lagunas.

A esa edad, yo me hacía lazos con papel de seda, y tengo una foto con una falda que me hice de papel. Mi madre me peinaba con las tenacillas, y yo no quería porque era muy rebelde, muy mía. Mi rebeldía se relacionaba con mi afán de superación: mi madre tenía una colcha moruna, que se estilaban entonces, de colores, con cabezas de moros. La colcha de madre la cogía yo y la ponía en el corral, en un cordel que iba de un lado a otro. El cordel era de esparto, como las alfombras de peludos que teníamos en la casa, porque eran alfombras de pobre. La colcha de colores se convertía así en el fondo de un escenario, y ponía a trabajar a Nati, a Mari Paz y a la pequeña de Manolita, Petri. Llevábamos sillas al patio, y yo cantaba.

Madre me hizo un vestido de una sábana blanca, de un percal muy bueno, con tres volantitos abajo y fruncido a la cintura con un lazo. Me lo puse y yo no sé qué hice que no me gustaba el tacto, y me sigue sin gustar. La seda sí me gustaba, y también los zapatos buenos: me ponían las alpargatas y no me gustaban, no las quería. En Orihuela usaba sandalias y alpargatas, que luego me enseñaron a hacerlas y me pagaban 1,50 por coserlas y volverlas, que era muy difícil. Después me pasé con una modista para hacer los bajos y me daba dos reales, y como era muy poco me iba a las acequias a coger ranas. Las abría, las limpiaba, las llevaba al mercado de la plaza y me las compraban. Eso sería cuando terminó la guerra. Mi hermana Ángeles no podía con las ranas, en cambio se comía los higos antes de madurar porque decía que no tenía nada que comer, y luego llegaba a casa con toda la boca llena de pupas y llagas. Comíamos lo que podíamos comer: de regaliz, bueno el que habremos comido mi hermana y yo; e higos chumbos, que la pepita es madera y son africanos, porque los trajeron los moros. Comíamos tantísimos que nos moríamos porque no podíamos hacer de vientre. Ángeles se llenaba de pinchos, y yo le decía: «Déjame a mí»; y los abría estupendamente con una piedra. Íbamos a la Sierra de San Miguel, por arriba de Orihuela, y los comíamos allí separándolos en partes con papel de estraza o de periódico, para no pincharnos. Mi hermana y yo nos poníamos moradas del hambre que pasábamos, y luego nos poníamos malísimas con el empacho de higos. Eso era en la posguerra, porque en la guerra no pasábamos tanta hambre.

En las Lagunas de Ruidera adoré el agua. Por Campo de Criptana no pasa el río, y allí vi por primera vez agua verde turquesa. Ahora están muy bien porque las han cuidado mucho, y son una preciosidad. Ángeles, padre, madre y yo, los cuatro, fuimos en carro con una mula, y salimos de Las Monjas, la finca de los condes de Cabezuela donde trabajaba padre. Era de madrugada cuando salimos, a las cinco o seis de la mañana, y nos llevó mi padre a ver una o dos lagunas seguidas; todas, que son quince o dieciséis, y me encantan, las he hecho de mayor. Al volver fuimos por Argamasilla, por Peñarroya; no estaba hecha la carretera y eran caminos de cabras y ovejas, de carros y mulas. Cuando las vi me pareció que estaba en otro mundo. Me sorprendía ver el agua tan hermosa, el verde, el paisaje… Esas aguas eran una cosa que yo no había visto nunca, nunca, nunca. Fue algo que me impresionó, como después cuando conocí el mar.

No me gustan las aguas negras. Tampoco en el mar. Reconozco que cuando vas en barco por aguas profundas tienen que ser oscuras, pero el agua que rodea las islas tiene que ser clara, como en Palma; hay profundidad pero es un agua transparente. También las Lagunas de Ruidera son transparentes.

Mi padre tenía que ver a un mayoral, así que dejó el carro junto a un camino y mi hermana y yo nos fuimos al borde de una laguna. Ángeles, que es mayor que yo, se tiene que acordar: ella tiene unas piernas regordetas y estaba sentada en unas piedras, moviéndolas mientras madre se quedó en el carro. Y yo le digo:

—Piernas gordas, no te muevas, no te muevas.

—Di por qué no me voy a mover. Pues si yo quiero me muevo, y no las tengo gordas.

—Pero no te muevas —insistí, y es que vi una serpiente enroscada a su lado, y si Ángeles se mueve se le pone encima.

Y entonces ella la vio y salió corriendo: «¡Aggh!»; y sale la culebra detrás de ella. Yo maté la culebra con piedras. Estábamos solas, no había nadie más que nosotras. Luego, con Enrique Herreros, también maté una, pero con un palo. Una que me mordió no la pude matar, pero esas dos sí.

La segunda serpiente que maté era grandísima. Eso fue hace años, cuando me estaba aprendiendo el guión de *La bella Lola* y habíamos ido a la sierra, cerca de la casa de Jiménez Díaz, con un catalán amigo de Miguel Mihura que le gustaba mucho escalar, caminar por la montaña e irnos a pasar los fines de semana haciendo cámping.

Era la hora de la siesta, hacía mucho calor y estaban todos durmiendo. Yo cogí el guión y estaba paseando mientras lo leía. Hacía un corto camino de ida y vuelta mientras memorizaba; daba unos pasos, saltaba una rama, y a la vuelta la saltaba otra vez. La rama era negra y alargada, y así me pasé una media hora hasta que se movió y se alzó. Cogí un palo que por suerte había allí y la maté. Era enorme, e hicieron fotografías y todo. Se trataba de una culebra de sierra; en cambio, no pude reaccionar cuando me mordió una víbora.

Lo de la víbora que me mordió en la pierna sería también por el año 1961. Iba a escalar con Herreros, su novia, Rosa, que era secretaria de Fraga, y otro catalán amigo de ellos. Estábamos escalando por la cara sur de La Pedriza, que era más fácil para Rosa y para mí, y salió una víbora de un agujero y me mordió.

Dice un refrán que «si la víbora viera y el escorpión oyera, no habría hombre que al campo saliera». En España hay dos clases de serpientes que matan a la gente: el áspid y la víbora. En el sur hay una que se mete en los barcos: la víbora cornuda, que tiene protuberancias en la cabeza y vive en el norte de África. En Zaragoza, y en general en todo Aragón, también se encuentran; van sobre todo donde hay árboles frutales, y ellas trepan.

Cuando me mordió, nos bajamos inmediatamente y nos vinimos para Madrid. La pierna se me inflamó y me dieron un antibiótico en La Paz. Así me salvé. Luego hubo otra vez en que también me salvé de milagro:

Íbamos caminando por La Pedriza, por el Canal de Isabel II, que a veces va al aire libre y otras acanalado. Caminábamos por el borde del Canal, y con la mochila perdí el equilibrio y caí al agua. Yo no sabía nadar, pero no sé cómo empecé a nadar de espaldas para no ahogarme. Cuando paré, gracias a que estaba una compuerta echada, noté que tenía heridas las manos y las uñas levantadas, porque había ido aferrándome a la pared.

El Canal viene desde la montaña, desde Lozoya, para dar agua a todo Madrid. Hay una casa donde paró Pepe Botella, que es una finca de los Fernán Núñez. Era un palacete de caballerías. Pues bien, allí aparecí yo. Salí del Canal agarrándome al hierro de las compuertas. Había unos guardianes que siguen allí y cuando paso les digo:

—Hola; aquí, la resucitada.

Estaba sangrando y mojada, pero ahora sé nadar muy bien de espaldas. Boca abajo no, porque tragué mucha agua y tengo el miedo metido. Pero como sé respirar muy bien, eso me salvó. Noté que tenía seguridad para coger aire y dejarme llevar. Mientras, Herreros y los demás estaban como locos, llamando a la Guardia Civil porque había desaparecido.

Esto no salió en la prensa porque entonces no era como ahora. Entonces sólo salían las cosas bonitas; era un periodismo maravilloso, precioso. Lo de ahora es horroroso.

Otra de las veces que salimos al campo, el doctor Rafael Gutiérrez me puso una inyección diurética, porque estaba a dieta. Ese día fuimos en moto con Herreros, y a la mitad del camino dije:

—Rosa, Rosa. Parad.

Íbamos a un sitio precioso, como siempre con Herreros, y por la carretera yo no veía ningún árbol, pero él dijo:

—Enseguida hay un puente.

Allí paramos, y, como llevaba pantalones, me los bajé porque no aguantaba más, y entonces una culebra se me puso delante. ¡Estaba orinando encima de ella!

Salí de allí saltando, con los pantalones bajados, hasta la carretera. Ese fue un gran susto, porque normalmente yo no les tengo miedo. Tengo fascinación por las serpientes. Me parecen extrañas. He ido a los terrarios famosos de Brasil y del desierto de Arizona, y también en Méjico. Iba a ver los distintos tipos de serpientes cascabel. Cuando vivía en Cuernavaca, me salió una cascabel que tenía siete anillos, lo que quiere decir que tenía siete años, porque cada anillo es un año. La chica que tenía se llamaba Rosa, y cuando oía el ruido típico le decía:

—Rosa, la estoy oyendo. Que venga su marido.

Conozco el sonido de las serpientes, y al oírlo no me estremezco. En vez de eso digo: «¡Qué hermosa es, cómo se mueve, qué ladina!» No me disgustan. Lo siento, pero no me disgustan ni creo que me traigan mala suerte porque, con todas las que he visto, francamente...

Por ejemplo, Burt Lancaster, haciendo *Veracruz*, se salvó porque llevaba unas botas inglesas muy altas, pero se la quité yo de encima. Era una coralillo. La vi enseguida, porque además tengo muy buen ojo: las veo, me fijo en ellas. Y la vi. ¡Le di un grito! La tenía al lado de los pies y era pequeña, pero era una coralillo: te tienen que dar el antídoto porque, si no lo tomas, te mueres. Y hay otra de Méjico que cuando estaba en Mérida, en Yucatán, me dije: «Tengo que ver esta serpiente; tengo que verla porque es la que me falta por ver.» Y me fui al terrario. Es la serpiente de cristal: se llama así porque cuando muerde se rompe como un cristal, como un vaso de cristal fino, de esos de baccarat. Estas habitan en las copas de los árboles. Hay un árbol maya, muy especial, que es muy alto, y por él suben los trabajadores para ir cortándolo. Allí viven. Hay muchos de esos trabajadores con la espalda mal porque se han caído al verla. El veneno de esa serpiente se usa para la anestesia y para el corazón. Se destruyen cuando muerden y sueltan el veneno. Las crían porque es una serpiente muy importante.

Tengo una foto en la que estoy sujetando la cabeza de una boa de 15 metros, de esas que comen carneros enteros y luego la digestión dura días y días. Lagartos también he visto, pero me gustan menos. En la casa de Barcelona entró uno y yo cogí una fregona y lo maté en un segundo. Había salido de nuestro dormitorio y se quedó detrás de una cortina en la entrada, donde hay un ventanal precioso, y estaba allí camuflado. Cuando íbamos a Venezuela, me tocaba matar las cucarachas volanderas, porque Pepe, mi marido, se ponía en alto y decía:

—Amor, amor; mátalas.

—Pero yo no puedo matarlas a todas.

—Sí, sí; tú sí puedes.

Él, el maestro y nuestro representante, que se llamaba Pedro Pablo; los tres dando saltos en la terraza del hotel y yo dando palos. Yo, lo que no sea un león o algo para lo que no tenga defensa, no le tengo miedo. A una serpiente pequeña, que es más pequeña que yo, trato de matarla. Ahora, a un león que me venga, pues no.

En Cuernavaca me picó un alacrán. La reacción de la picadura del alacrán es que te quedas afónica; la boca, la lengua, los labios, la campanilla…, todo engorda. Me pusieron una inyección y se me fue pasando. Y madre y yo, antes de meternos en la cama, mirábamos entre las sábanas para ver si podíamos acostarnos, hasta que pusimos esparto a todo el cerco de la cama, porque con esparto no suben.

El perro que teníamos detectó la serpiente de cascabel de la que he hablado, y yo también por el sonido. Ese perro me lo regaló León Felipe, y vivió diecisiete años. La serpiente estaba metida en el agujero de una sombrilla que el marido de Rosa había quitado; era un agujero muy grande, y se metió allí y movía la cola cuando alguien se acercaba, que era su manera de decir: «Cuidado, que estoy aquí.»

Pero yo estaba hablando de la belleza.

lo regaló León Felipe, y vivió diecisiete años. La serpiente estaba metida en el agujero de una sombrilla que el marido de Rosa había quitado; era un agujero muy grande, y se metió allí y movía la cola cuando alguien se acercaba, que era su manera de decir: «Cuidado, que estoy aquí.»

II

Mis padres

Yo no conocí a la madre de mi madre, o sea, a mi abuela Antonia, porque se murió de corazón muy joven. El padre de mi madre, o sea, mi abuelo Juan, tenía tierras, araba; eran tierras propias, con lo cual quiero decir que no era gañán como mi padre.

Mi abuela Antonia y mi abuelo Juan eran de La Solana, y allí se casaron. Yo he visto en la iglesia el certificado del matrimonio. Cuando se casaron, se trasladaron a Argamasilla y allí tuvieron a sus hijos: mi tía Gabriela, mi tía Pepa… Mi madre tenía siete hermanas y un hermano, mi tío Luis, que era el único varón.

Yendo mi abuelo de caza, llevaba la escopeta con el seguro sin poner, y al cruzar una acequia se le disparó, se le metieron todos los perdigones en el vientre y se murió. Mi madre era muy pequeña cuando mi abuela se quedó viuda.

Mi abuela llevaba una casa; era en aquel tiempo, como si dijéramos, la gobernanta de un hombre casado, muy rico, y mi abuela se ocupaba de todos los asuntos de la casa. Pero mi abuela no vivía con este matrimonio, sino en su propia casa. Sin embargo, la que tenía la comida para los gañanes, la que mandaba en la casa y hacía lo que quería, era ella. No era una criada.

Este hombre, al que llamaban el Jaro, enviudó. Le habían puesto ese mote porque era rubio, y ya se sabe que en La

Mancha se conoce a la gente por el mote. Su mujer murió de parto, y entonces este hombre se encontró muy agobiado, así que le dijo mi abuela:

—No te preocupes, porque yo traigo a mi María.

El nombre de mi madre era María Vicenta Fernández, pero la llamaban siempre María. «Yo traigo a mi María de niñera para que cuide al niño recién nacido», eso dijo mi abuela.

Mi madre era la menor de las hijas de mi abuela. Tendría once o doce años cuando murió la esposa del Jaro, pero parecía mayor porque era muy alta desde pequeña, muy mujer. Para entonces, las hijas mayores de mi abuela estaban ya casadas: mi tía Eduvigis, que tuvo veintiún hijos, y mi tía Juana, que tuvo once. Y luego se casó enseguida mi tía Sagrario, que no tuvo hijos. Se casaron en muy poco tiempo, y ya estaban casadas cuando mi abuela cogió a mi madre y la llevó a casa del Jaro, y el Jaro se enamoró de ella.

El Jaro tendría entre veintisiete y treinta años cuando enviudó. En aquel entonces se casaban muy jóvenes: la mujer que con veintiséis años no estaba casada, ya era una vieja para vestir santos. Para mi abuela, el Jaro era como su hijo, porque ella ya trabajaba con los padres de él y lo había visto crecer. Cuando enviudó, el Jaro tenía un chico y una chica, Pascual y María Lucía, aparte del pequeño recién nacido. Mi madre entró para cuidar a este último, mientras mi abuela seguía dentro en la casa, de gobernanta como siempre. «No te preocupes, que a mi María la ponemos aquí y que tal y que cual», le había dicho mi abuela al Jaro, y, como al año, mi madre no sabía cómo decirle a la suya que no quería estar allí. Ese hombre se había enamorado de ella locamente, y cuando digo locamente quiero decir locamente. Aunque era el jefe, ni mi madre ni mi abuela le llamaban amo, pero a mi madre le agobiaba, porque era apenas una cría y veía que la atosigaba. Y claro, lo peor era que no podía decirle nada concreto a su madre porque se hubiera muerto de vergüenza. Total, que mi madre le dijo a mi abuela:

—Mira, madre, yo no quiero estar aquí; yo quiero irme a casa, a casa.

Y mi abuela decía:

—Pero, hija mía, ¿cómo vas a marcharte a casa? Pero por Dios, si eres el alma del niño, tú no puedes dejar al niño; pero ¿cómo lo vas a abandonar?; pero el Jaro, fíjate…

Y mi madre sin atreverse a decirle la verdad: que el otro la atosigaba.

Esta es una historia muy larga que yo supe de mayor. El Jaro la violó, y ella se calló. La violó queriéndola, pero sin quererlo ella. No debió de ser algo de «aquí te pillo, aquí te mato», sino que se enamoró de ella. Pero ella no podía decir nada, y cada vez que le decía a su madre que se quería ir a casa, mi abuela insistía:

—Pero ¿cómo vas a dejar al niño? —Porque el niño adoraba a mi madre, que era la única mujer que había conocido.

Mi madre era muy guapa. O, más que guapa, una real hembra: una mujer muy mujer. Muy alta, con caderas y piernas muy bonitas. Mi madre ha sido preciosa siempre. No con mi belleza de pequeña, pero era una mujer imponente. Cuando pasaba, se la quedaban mirando. Como se decía entonces, era una mujer de bandera.

Y el Jaro se enamoró de ella; intentó estar con ella, hasta que estuvo con ella y la dejó embarazada. Y ella callada, odiándolo a muerte. Y va el Jaro y le dice a mi abuela que se quería casar, y mi madre que dijo que no: «Yo siempre he dicho que me quería ir de la casa, porque esto no podía ser.» El Jaro insistía, pero mi madre repetía que no, que no, que no; que no lo quería ni ver y que lo odiaba a muerte. Imagino perfectamente lo difícil que debe de ser el que una persona a la que tú no quieres ni ver esté cada día forzándote y forzándote, aunque queriéndote. Hasta que él le dijo: «Como estás embarazada, yo veo a tu madre y me caso.» Y cuando mi madre supo que él iba a decírselo a mi abuela, se adelantó y fue ella la que primero se lo dijo: «Estoy embarazada. Me ha pedido este hombre porque me quiere, pero yo no lo quiero; no lo puedo ni ver.» Y entonces a mi abuela, del disgusto, le dio un ataque al corazón y se murió antes de nacer mi hermano. Mi abuela murió con cincuenta y dos años, y mi madre tendría catorce cuando nació mi hermano Antonio.

Mi madre me contó que mi abuela era una mujer muy fuerte y muy buena, muy de sus hijos, muy entrañable. Según mi madre, el disgusto le dio cuando se enteró de que el Jaro había estado con mi madre, que la había violentado, no violado sino violentado, porque estaba enamorado de ella; y todo a sus espaldas. Ella veía por los ojos del Jaro, porque era un hijo para ella, y se sintió traicionada por los dos sitios. Fue un desengaño para mi abuela: aquello era un incesto. No lo era en realidad, pero para mi abuela era como si lo fuese, un auténtico incesto, porque el Jaro era un hijo más de ella.

El Jaro no pudo nunca casarse con mi madre. Con el paso del tiempo la llamaron María la Peinadora, porque iba por las casas, desde las cinco de la mañana, a peinar, a hacer las ondas y el moño, como se usaba entonces, con las tenacillas. No se quitó el hijo, ni muchísimo menos, porque ella no quiso, pero tampoco quiso casarse.

Me parezco a mi madre en la manera de ser, pero a quien me parezco más es al abuelo de mi padre y padre de mi abuela Ángeles: mi bisabuelo paterno.

Mi bisabuelo se llamaba Juan y medía casi dos metros. Era de la Guardia Real; concretamente, alabardero del Palacio Real. Cuando la historia que cuento, él estaba casado y tenía a mi abuela Ángeles ya grande, aunque aún no estaba casada con mi abuelo Tomás. A mi bisabuelo le gustaba montar a caballo, pero no era gente de campo, sino de ciudad. Vivían en Madrid, en la calle Leganitos, y vaya por dónde mi bisabuelo se echó una amante en la misma calle de Leganitos; y estando con la amante en la cama, llegó el marido y los sorprendió: me imagino que ya los seguiría. Se fajaron, pero mi bisabuelo no llevaba arma blanca, en cambio el otro tenía una navaja. Lucharon, perdió una oreja, le hirió en el pecho, en un brazo; se le cayó al marido la navaja, la cogió mi bisabuelo defendiéndose, y le mató.

De resultas del juicio fue a la cárcel. Le salieron catorce años y un día, y lo llevaron al penal de Cartagena. Y mi abuela Ángeles y su madre iban en carro, en tartana, desde Campo de Criptana, de donde eran, hasta Cartagena. Iban a verlo una vez al año; no más porque el viaje en tartana dura una semana. Le llevaban comida, pero lo veían poco. Estaba para muchos años, y él los cumplía. Y entonces mi bisabuelo, como era tan rebelde, tan «echao p'alante» y tan guapísimo, hizo amistad con los Mestre aun llevando grillos en los tobillos.

Los Mestre, que son dueños de medio Murcia y de La Manga, eran también dueños de las minas de La Unión, y desde el penal de Cartagena bajaban los presos a trabajar en las minas. No tenían que hacerlo, pero los llevaban porque eran forzados, y los tenían con cadenas en los tobillos, como si fuesen esclavos, igual. Cuando mi abuela iba al penal una vez al año, siempre veía a su padre con grilletes, que es algo que ha pasado de ella a mi padre y de mi padre a nosotros.

Una vez, el alcaide del penal de Cartagena los llevó al mar para dragarlo, para comerle terreno, espacio, al agua. O sea, que parte de donde está el aeropuerto militar de San Javier está cogido al mar, y ahí estuvo mi bisabuelo trabajando.

Lo del mar era muy duro; más que lo de las minas, porque era más trabajo. ¡Lo que había que echar de tierra y piedra y de todo para ganar al mar y hacerlo casi una laguna! Porque La Manga es artificial y lo tiene todo comido al mar.

Pero entonces, yendo a las minas de La Unión, dio la casualidad de que uno de los dueños, un Mestre, lo vio distinto a los otros. Mi bisabuelo tendría menos de treinta años, era joven. Hizo amistad con este Mestre, y aquello cambió y lo pusieron, ya sin grilletes, de jefe de cuadrilla a dirigir lo del mar, aunque los guardias estaban presentes. Ya no estaba como esclavo, y los otros de la cuadrilla tampoco.

También pasó que mi bisabuelo jugaba a no sé qué de entonces, como una especie de mus, para lo que tenía que saber de cuentas; y él sabía leer y escribir, no era un don nadie mi bisabuelo. Total, que se hizo con el alcaide y este lo mandaba llamar para que jugaran donde tenía su vivienda. Mantenían una relación amistosa, pero la mujer del alcaide, que también era joven, se enamoró de mi bisabuelo. Y quedaron de acuerdo los dos en que, cuando él fuera a jugar a las cartas, ella lo esperaría.

Todavía llegaba el mar a las paredes del penal. Luego no, porque lo fueron retirando y se quedó a unos setenta y cinco metros; pero entonces el agua llegaba hasta los muros, antiquísimos, porque el penal de Cartagena es de viejo como el penal de Chinchilla, quizá de cuatrocientos años, y ahí sigue. Y la mujer del alcaide lo esperó en una barca y se fugaron, y la corriente los llevó a Túnez. Mi bisabuelo no sabía remar ni nadar, porque era hombre de tierra, pero es que ella tampoco, y aun así llegaron a Túnez y desaparecieron. De esto nos enteramos al cabo de los años porque mi padre, ya mayor, recibió noticias de unos familiares de Túnez. ¡Qué manera de ser! ¡Lo que es enamorarse de la mujer del director de la prisión en la que estás!

Decía mi abuela que mi bisabuelo tenía un carácter muy fuerte, muy enamoradizo, que era un hombre muy guapo, muy bien plantado. Mi padre y ella fueron los primeros que me dijeron que me parecía a mi bisabuelo, aunque mi padre no lo había conocido en persona porque su madre era muy pequeña cuando desapareció. Repasamos luego a quién me parecía, y llegamos a la conclusión de que me parezco a mi padre y a mi bisabuelo. A mi abuelo Tomás no, porque era un hombre sencillo, del campo; pero sí a mi abuela Ángeles, que era guapísima. La recuerdo en la boda de mi hermana Elpidia, que yo era muy pequeña: rubia, con ojos azules como toda la familia. Mi bisabuelo también tenía los ojos azules; verdes, nada más que mi padre y mi tío Juan.

Me habría gustado conocer a mi bisabuelo. A mi abuela Ángeles la conocí bastante tiempo, y como yo de pequeña era tan inquieta y me fijaba en todo, ahora mismo la estoy viendo: ¡con un genio! Mi abuela era demasiado fuerte; era una mujer muy dominanta. Después de morirse mi abuelo Tomás, y sin decirle a sus hijos nada, una madrugada se fue y se casó con su segundo marido. Ella era ya una mujer mayor, porque yo había nacido, y así conocí a mi otro abuelo.

Si mi abuela era muy dominanta, el abuelo Bautista, en cambio, era un hombre que no decía nada; era muy bueno. A él lo conocí mucho; al que no conocí fue a mi abuelo de verdad, mi abuelo Tomás. El abuelo Bautista era un hombre simple, muy de pueblo. Yo, con los ojos de niña, lo veía muy mayor. A mi abuela también, pero ella era muy guapa: rubia, jara, con el pelo rizado. Tengo dos tíos con el pelo rizado, árabe, pero mi padre tenía el pelo liso, y mi hermano José y mi hermana Elpidia también. Yo estoy entre mi abuela y mi madre, que era pelirroja, con los ojos azules y pestañas muy negras.

En Campo de Criptana, mi abuela Ángeles trabajó en las casas. Entonces no se llamaban criadas; eran simplemente las mujeres que iban a las casas a hacer faenas pero que entraban sin contratarlas. Le decían: «Pues mira, Ángeles, que tengo un niño pequeño y que tal y cual.»

Ya casada, mi abuela seguía trabajando en casas, pero nunca trabajó en el campo. Sus hijos —mi padre y mis tíos— sí, pero ella no.

Isidoro Abad, mi padre, nació en Tres Juncos, un pueblecito muy bonito de la provincia de Cuenca. Fue el pequeñín de cinco hermanos, y en Tres Juncos pasó siete años de su vida.

Nació en este pueblo porque mis abuelos se habían marchado a trabajar allí en una finca. No iban como mayorales, sino como guardeses y para trabajar la tierra. También mi padre empezó de gañán cultivando la tierra, las uvas, haciendo labores del campo. Después regresaron a Campo de Criptana, de donde eran mis abuelos y mis tíos.

Mi padre era un hombre con talento natural. No había estudiado, pero aprendió a escribir, a leer y hacer cuentas ya un poquito mayor, aunque no mucho: con diecisiete o dieciocho años, cuando se fue a Melilla a hacer la mili.

Se lo pasó bien en Melilla; no se quejaba. Eso lo tengo yo sabido por mi madre y por mi hermana la mayor. Fue un soldado muy bueno, apreciado, cumplidor, con mucha disciplina. Nunca estuvo en contra del servicio militar. Pero luego creo que cambió, porque él era un hombre de izquierdas, aunque siempre se hablaba con gente de derechas: sus amigos, los amos.

En Melilla estuvo cuatro años, y durante ese tiempo se escribía con Loreto, su novia, la que luego sería su primera mujer y madre de mis hermanos. Se habían conocido en Campo de Criptana. Ella era una mujer normal, mona, de cara muy bonita. Loreto estaba trabajando en la casa de los padres de ese decorador tan bueno que es Enrique Alarcón, y la madre de Enrique Alarcón le escribía las cartas para mi padre. Durante cuatro años mantuvieron el noviazgo por carta, y al regresar se casaron.

Isidoro, mi padre, era un hombre muy agradable, muy guapo, con unos ojos verdes preciosos, unos dientes igual que los míos, una boca muy bonita. No era muy alto para lo que es hoy. Mediría uno setenta. No era un hombrón de uno ochenta, ni era como su abuelo, que medía casi dos metros. Pero sin embargo era más alto de lo normal para aquella época.

Así como sus hermanos eran gañanes y de tierras y no iban con gente de más nivel social, los amigos de padre eran los condes de Cabezuela —esos que le decían: «Isidoro, tráete a la chicota»—, los Enríquez de Luna, los Simó. Luego se hizo catador, y lo contrataban los Terry y los Domecq en Andalucía, y también iba al norte, a La Rioja. Lo llamaban para que fuera a las bodegas y viera cómo se estaba haciendo el vino, y decía: «Bueno, pues le falta esto. A este le falta fermentar. Esto ha salido un poco claro. Este es muy joven, no tiene cuerpo.» Era muy bueno en su trabajo, y estaba reconocido como buen catador. También entendía de caballería; iba a las ferias y trataba en caballos buenos, árabes. No era de mulas y borricos, de animales de tiro, sino de monta.

Su vida con Loreto fue bien, porque era muy buena mujer, aunque creo que no estuvo muy enamorado de ella. Mi padre tenía un carácter muy fuerte. Era un hombre muy serio, muy recto. No era un hombre débil de «ahí me las den todas». No; era el que mandaba en la casa y tenía mucha disciplina. Pero lo que tenía de particular mi padre es que, hasta con su oficio de siempre, trabajador de la tierra, gañán, él no iba vestido nunca de gañán. O sea, se destacó desde muy pequeño, siendo que se crió igual que sus hermanos y en la misma casa con mi abuela, pero él se distinguía.

Loreto tuvo tres hijos con mi padre: mi hermana Elpidia, mi hermano José y mi hermana Ángeles, de cuyo parto murió. Al casarse se lo pasaron mal porque, aunque tenía trabajo, ganaba poco. Era la época en que estaba de gañán, y sólo empezó a subir después de quedarse viudo y casarse con mi madre, y a los dos o tres años de nacer yo comenzó a prosperar.

Al morir Loreto, mi abuela quiso casarlo con una viuda de dinero, Rosa, por uno de esos arreglos que se hacen en los pueblos. Pero él era un hombre libre y fuerte, y no se hubiera casado por dinero. La prueba es que se casó con mi madre, que no tenía ni un duro, la pobre. Sin embargo, mi padre tenía hacia su madre ese respeto de entonces, cuando se trataba a los padres de usted. Mis hermanos también han tratado a mi madre y a mi padre de usted; yo era la única que les hablaba de tú, porque era la pequeña de la casa.

Mi padre trabajaba como un negro en la finca de Las Monjas, que no es que perteneciese a ningún convento sino que se llamaba así. Él cobraba muy poco. Era un arriendo, y sólo se quedaba un diez por ciento de la cosecha de trigo o de habichuelas que producía, además de tres perras gordas para vivir. Para solucionar esa pobreza, mi abuela había querido casarlo con la viuda, que tenía hijos también pero que estaba muy bien de dinero. Era lo que se llamaba una buena boda, en la que ella aportaba una dote muy grande.

Yo he llegado a conocer a Rosa, pobrecita. Ella estaba enamorada de mi padre, porque era guapísimo y muy joven, pero él le dijo que la quería mucho, que la apreciaba porque, cuando murió Loreto, mi abuela había cogido a los chicos y los había llevado a casa de Rosa para que los cuidase y les diera de comer al tiempo que a sus propios hijos; pero que no estaba enamorado.

Al poco de enviudar, mi padre fue a Argamasilla a casa de la hermana de mi madre, mi tía Eduvigis. Su marido, mi tío Anselmo, trataba de caballos y cepas. Esos no tenían amo. Eran muy ricos y poseían una finca muy grande. Mi padre sabía que había unas vides que las traen de otro sitio para hacer injertos y mezclar el vino, y fue a casa de mi tío Anselmo —«el señor Anselmo», le decía—, que tenía también reata de mulas, porque de la finca de los condes de Cabezuela le habían pedido que viese cómo podían cruzar unas cepas con otras.

Cuando mi padre llegó a casa de mi tía Eduvigis, mi madre estaba allí, en casa de su hermana. Habían pasado ya doce o trece años desde lo del Jaro.

A mi madre le salían novios, pero ella no iba con nadie. Tenía mucho amor propio, era tremenda, muy suya; no se quitó el hijo y la respetó todo el mundo. A mis tías no les había pasado nada parecido: todo el mundo bien casado, sin sinvergüenzas, ni borrachos, ni pendencieros. Tengo una familia por parte de madre maravillosa, y por parte de padre igual. Los de la parte de mi madre no tuvieron nunca amos; eran de familias de dineros, con casa grande en el campo, de labranza, con sus campos de viñas y también de trigos; por ejemplo, mi tía Eduvigis tenía campos de cebada y trigo. Mi madre salió adelante porque tenían tierras.

Conoció mi padre a mi madre y se gustaron, y mi padre quedó con mi tío Anselmo en que ya volvería y se interesó por mi madre, y se enteró de toda su historia, pero como se habían enamorado no le importó.

Se casaron en 1925 sin saberlo mi abuela. Yo creo que estuvieron hablándose tres o cuatro meses nada más, porque se casaron a los nueve meses de estar viudo. Mi madre se fue a la iglesia a casarse a las seis de la mañana y no la acompañó ninguna de sus hermanas, porque ellas querían a toda costa que se casase con el Jaro. Y en la iglesia, cuando el cura les decía la última amonestación, esa de «¿tienes algún impedimento que te impida casarte?, etc.», salió el Jaro con una pistola dando tiros —que parece mentira que todavía no hayan arreglado los desperfectos—, y diciendo que no podía casarse porque tenía un hijo de él. Y mi hermano, que tendría trece o catorce años, estaba todo el tiempo al lado de ella, viéndolo todo. Después del tiroteo, llevaron al padre de mi hermano a la cárcel por el escándalo de miedo que fue la boda.

Pero se casaron, y mi padre le dijo a mi madre:

—Mira, María, con mi madre tienes que llevar mucho cuidado y tener mano izquierda, porque es tremenda.

Como mi madre era tan buena y tan lista, se hizo con mi abuela; sin embargo, mi abuela era la que mandaba, igual que había mandado cuando Loreto vivía. Entonces le prohibió a su hijo que tuvieran hijos: «Es que si tenéis uno, os mato.» Y es que, al enviudar de su primera esposa, mi padre se había quedado tan mal de dinero que no podía cuidar más hijos.

A pesar del mucho temperamento de mi abuela, mi madre, a los tres años de casarse, se quedó embarazada:

—Ay, ¿cómo se lo vamos a decir a tu madre? Ay tu madre.

Le tenían pánico a mi abuela, porque era dura, la que mandaba en la casa. No quería marcharse con ningún hijo para vivir; ni hablar. Ella hacía y deshacía en las casas ajenas a pesar de que vivía en la suya propia, en el centro de Criptana, donde después celebraron la boda cuando se casó mi hermana. Y mi madre, embarazada:

—Ay, tu madre. ¿Cómo se lo vamos a decir a tu madre?

Se entera mi abuela, coge a mi madre y se la lleva a abortar.

III

Campo de Criptana

En Criptana, mis padres vivían en una casa que todavía está en pie, aunque arreglada. Ahora parece un palacio, pero la habitación donde yo nací no la ha revocado el dueño.

Es una casa pequeñita, con dos habitaciones, aunque imagino que ahora habrán hecho más, porque el dueño habrá tapado el patio y la gorrinera. Allí dormía mi hermano Antonio, pobrecito, y luego una habitación enfrente donde dormían mi hermano José, de siete años; mi hermana Ángeles, de tres; y mi hermana Elpidia, que tenía ya quince años cuando nací. Yo dormí con mis padres hasta que cumplí tres o cuatro años; entonces se casó mi hermana Elpidia y me llevó con ellos.

Pero yo pude no haber nacido.

No sé cómo harían los abortos en aquella época de tan poca higiene que todos nacíamos en las casas; porque no sólo mis padres, sino también la gente rica tenía a sus hijos en casa, y enseguida les daban el caldo y se morían de parto porque se infectaban.

A mi madre la llevaron fuera de Criptana, en secreto. Mi madre no quería, pero era muy prudente, muy buena mujer, enamorada de mi padre y mi padre enamorado de ella. Ella podía haber abortado cuando se quedó embarazada la primera vez, y no había querido. Pero esta vez le tenían miedo a mi abuela, y se dejó.

Ella abortó y siguió tan fenomenal, y a los dos o tres meses vio que no le venía la regla. Después se sintió rara, y le dijo a mi padre:

—Isidoro, yo no estoy bien.

Y le dio por beber diariamente no sé cuántas botellas enteras de gaseosa, y por tomar huevos: huevos hervidos, huevos en tortilla, huevos fritos, huevos crudos, huevos batidos, huevos, todos huevos. Y le decía a mi hermana:

—Ay, vete a casa de tu abuela a que te dé un par de huevos, que no voy a poder comer pisto ni nada.

Aborreció totalmente la comida normal que comían: las habichuelas, las lentejas, el cerdo, que eran el pan de cada día. Y notaría algo, quizá que yo me moví, y le dijo a mi padre:

—Creo que tengo algo aquí que no aborté. Yo sigo embarazada —y se alegró muchísimo.

Mi madre había tenido dos placentas; habríamos sido gemelos, pero se cargaron a uno. No sé si sería hombre o mujer; sólo sé que, cuando lo echaron, yo me quedé dentro sin que nadie lo supiese. A mi madre le dio una alegría tremenda, y a mi padre lo mismo, porque mi padre, a pesar de la pobreza, era muy de niños, muy padre. Era un hombre muy cariñoso y muy enamorado de mi madre. Mi hermana Elpidia reconoce que estuvo más enamorado de mi madre, de su segunda mujer, que de la primera, aunque con esta se llevaba muy bien.

A mi abuela se lo dijeron y pasaron de ella. Y mi abuela dijo:

—Pues nada, hijo; que venga lo que sea.

Cuando llegó a Campo de Criptana recién casada, mi madre, la forastera, se quedaba en la casa cuidando a los niños, a los cuatro, sobre todo con una tan pequeña como Ángeles. En Criptana ya no peinó. No volvió a trabajar y siempre estuvo con mi padre en mi casa. Entonces sólo trabajabas cuando eras soltera: sirviendo en casa de los amos, cosiendo…; trabajos de gente pobre de la época. Pero una vez que se casaban cuidaban de la casa. También daban de comer a los gañanes que trabajaban con el marido, como mi tía Eduvigis, que era muy rica y tenía mucho dinero, pero hacía la comida para los trabajadores de su campo.

Al principio, los hermanos de mi madre no la ayudaron, porque no se quiso casar con el Jaro. La única que acudió a la boda fue mi tía Magdalena, que era con la que tenía más intimidad. A mi tía Eduvigis tampoco le gustó que se casara con mi padre. Después no tuvieron más remedio que venir a Campo de Criptana a verla, y ella iba también a Argamasilla a ver a sus hermanas, pero no entendieron el odio que le tenía al Jaro, y lo que aguantó. Pero mi padre siguió tratando con mi tío Anselmo y con mi tío José y con mi tío Luis… Pero todos eran mucho mayores que mi madre y llevaron mal toda esa historia.

En Criptana, mi madre se hizo con todos los hermanos de mi padre, y también aprendió a torear a mi abuela, porque era muy lista y muy diplomática, y sabía cuándo se tenía que callar y dejar que mi abuela gritase.

Luego mis padres empezaron a estar mejor, y venían a Aranjuez o a Madrid a ver los toros. Ya conté que recién casados vinieron a Madrid de viaje de novios, que mi madre no había conocido el tren hasta entonces, y fue entonces cuando vieron a Celia Gámez en el teatro Eslava. Y como mi padre recogió el balón que Celia tiraba al público en un número que se llamaba «El gol», entraron los dos después a ver a Celia.

Mi padre era un fetichista en cuestión de zapatos y collares. Mi padre le regalaba a mi madre collares de cristal de azabache, que se llevaba mucho, y zapatos, porque le gustaban mucho los zapatos de señora y las medias. Eso incluso recién casados, con lo mínimo que ganaba con sus trapicheos y sus cosas de catar. Le decía: «Mira, María, he ido a Jerez a catar»; y venía siempre con un mantón de Manila pequeño, o un collar, o zapatos, o las medias de seda que entonces eran tan dificilísimas de conseguir que sólo lo lograban los que usaban monedas de plata. Yo no conocí duros de plata hasta que fui muy mayor; en mi casa no vi nunca ninguno.

A mi madre le encantaban los regalos, no le parecían un derroche. A mi abuela sí, un poco.

Mi madre, muerto mi padre, tenía siempre conmigo la manía de los bolsos y los zapatos limpios: se acostumbró por mi padre. Y era limpísima, con unas manos maravillosas para coser. De una sábana rota nos hacía a mi hermana y a mí un vestido de percal. Iban a las ferias, como la de Tomelloso, y se acercaba a los gitanos que tenían los montones de telas en los suelos, y por dos reales nos hacía vestidos preciosos, con capotas ribeteadas con flores. En las fotografías se ve que me llevaba como un bombón. De donde no había, ella sacaba.

Yo estuve a punto de nacer en Herencia. Con lo del aborto, mi madre perdió la noción del tiempo, y el 9 de marzo, ya de nueve meses, estaba en Herencia porque mi padre había llevado a la feria unos caballos que había comprado en Marruecos. Él, que hacía de todo, lo mismo era labrador que cazador, catador o tratante de ganado.

Primero había vendido algunos en Andalucía, creo que en San Fernando y Cádiz, y los demás los traía aquí. Pero le hizo prometer mi madre que no vendería cierto caballo que le gustaba mucho y con el que mi padre iba a la finca de Las Monjas, donde araba. Se fue mi madre a Herencia para asegurarse de que no iba a venderlo, y aun así, pobrecita, lo vendieron; a mi padre no le quedaba más remedio porque no tenía ni un duro.

Y estando en Herencia, a mi madre le empezaron a dar los dolores del parto; pequeños aún, pero ya apuntando. Era el día 9 por la noche. Y mis padres salieron al momento de

Herencia, donde se encontraban solos, y se marcharon a Campo de Criptana para dar a luz. El regreso iban a hacerlo en una tartana tirada por dos mulas, pero se rompió un eje y tuvieron que montar en los animales. Llegaron a Criptana entre las cuatro y las cinco de la mañana, y a las seis y media nací yo. Era el día 10 de marzo de 1928, y el parto fue muy malo.

Las hermanas de mi madre no estaban, y fueron mi hermana Elpidia, y sobre todo la partera de Criptana, las que la ayudaron.

Yo vine de nalgas. Primero asomó una pierna, luego la otra, y lo último fue la cabeza. Nací muy gorda, de casi siete kilos. A causa de los genes, tengo los lípidos altos; por eso puedo engordar de pronto y encontrarme con ocho o nueve kilos de más, lo que me obliga a ponerme a régimen y adelgazar. No soy una persona delgada, nunca lo he sido. Tampoco de niña, porque fui redondita, gordita. A los doce años era estilizada, pero con tendencia a tener mucho pecho. Estaba bien formada, pero hacia los dieciséis o dieciocho años tuve unas subidas de peso terribles.

Mi padre no registró mi nacimiento el mismo día 10, a pesar de la multa que podían haberle puesto por no hacerlo, sino el 11. Por eso aparezco como nacida el 11 de marzo, aunque realmente fue un día antes. Y en el bautizo me pusieron seis nombres. Mi nombre completo es María Antonia Alejandra Vicenta Elpidia Isidora Abad Fernández. Elpidia es por mi hermana, que fue mi madrina de bautismo. Por un amigo de mi padre, Alejandro, me pusieron Alejandra. Antonia, por mi abuela. Vicenta por mi madre e Isidora por mi padre. Mis padrinos, que tuve dos, fueron los hermanos Simó, Alejandro y Fernando, que eran íntimos de mi padre, aunque el nombre de Fernando no me lo pusieron.

De pequeña me llamaban Antonieta, pero para mis padres y mis hermanos era la chicota, porque era la pequeña. Y siempre me ha parecido estupendo tener tantos nombres; nunca lo he encontrado raro.

Luego tuve un hermano más pequeño, Tomás, que nació a finales de 1935, a los siete años de nacer yo. Vino tan tarde por lo mismo de siempre: por la presión de no tener muchos hijos.

Tomás nació en Campo de Criptana. Enseguida nos fuimos a vivir a Orihuela y allí se murió de meningitis con once meses. Tenía los ojos azules. Era el único hermano mío de padre y madre. El suyo fue el último entierro que se hizo en Orihuela con cura y monaguillo, que vinieron a la casa y luego lo llevaron al cementerio. Después dejaron de hacerse estos entierros por la guerra, y en Orihuela ardieron las iglesias y los conventos.

De Criptana, sinceramente, lo que más me gustaba era el ir a la Virgen; no por el mero hecho de ir a la ermita, sino por la belleza increíble de esa llanura con diferentes colores. En mayo, con las amapolas, hay unos rojos preciosos. Y me gustaba tanto ver aquello de pequeña, que siempre le decía a mi madre, a José y a Elpidia: «¿Por qué no nos vamos a la ermita de la Virgen de Criptana?» Y era sólo por ver el paisaje.

La ermita está en una lomita, y luego todo es totalmente llano y tienes una perspectiva preciosa del campo. Se junta el cielo con la línea del horizonte. Yo tendría sólo tres años, y lo recuerdo perfectamente. Había que echar una caminata de ir con tartana, como aquel que dice, que hasta para ir al cementerio parecía que había que echar la comida en las alforjas, pero yo me escapaba para ir a la ermita. Mientras, me estaba buscando en todo el pueblo porque no decía adónde iba. Mi hermana Ángeles era muy ignorante, y le preguntaban:

—A ver, ¿dónde ha ido la chicota?

—No sé. Habrá ido al pozo del tío no-sé-qué.

Se refería a una zona donde había bodegas de vino, y le insistían:

—¿Pero cómo que ha ido al pozo?

—No sé dónde ha ido Antonia. No sé dónde ha ido mi hermana.

—¿Cómo que no lo sabes?

Les di unos disgustos de miedo mientras me buscaban por todo Criptana como si estuviese desaparecida, y era sólo que me iba a la ermita de la Virgen para ver atardeceres, caer el sol… Luego lo he repetido y he ido a rodar allí, y también grabé en ese lugar una canción para mi programa *Sara y punto*. Es una vista maravillosa, y un día vi unos cuadros de Benjamín Palencia que, si llego a tener el dinero que tengo ahora, se los compro todos; porque yo los veía y me decía: «¿Dónde he visto esto?» Y es que eran los campos de Montiel. Una preciosidad.

Yo iba a la ermita de la Virgen de Criptana sólo por la vista. Mis padres me llevaban a misa, aunque no mucho, y yo no me meto con nadie y respeto todas las religiones y todos los pensamientos de la gente. Luego estuve con las monjas dominicas en Orihuela, que son admiradoras mías y yo de ellas; pero nunca, nunca, he entrado en una iglesia por entrar en la iglesia, sino por ver las obras de arte. En Orihuela me hacían arreglar las flores de los altares para las comuniones, por mayo, porque los hacía maravillosamente bien, pero lo de la iglesia nunca me ha ido.

Mis padres no insistían en llevarme a misa porque ellos no eran muy de misa tampoco. Si no, me acordaría. Pero en Orihuela, después de la guerra, sí estuve con las monjas dominicas que daban clase a las pobres que no podían pagarse el colegio. Con ellas aprendí a bordar, que he bordado fantásticamente bien, sor Leocadia me enseñó a cantar… Me enseñaron muchas cosas buenas, pero no he sido religiosa. Tampoco he despreciado la religión, ni muchísimo menos. Me encanta leer acerca de la vida de Jesucristo; he leído mucho sobre él y me gustaría leer aún más; pero el que me gusta es el Jesucristo hombre. Sobre esto, yo tengo mis teorías, mis ideas, pero respeto todas.

Aparte de mi primer recuerdo de la falsa muerte de mi madre, también me acuerdo de cómo dominaba a las amigas de la calle: Nati, Petrita, Paz... Yo las llamaba y ponía la colcha con cabezas de moros; también los serijos de esparto, con piel de cordero o de cabra, para el asiento. Todo era de tipo árabe. Mi madre siempre estaba detrás de mí, porque yo, con tres o cuatro años, cogía la colcha y la colgaba del tendedero con las pinzas de la ropa, y con eso hacía el escenario. Tenía sábanas bordadas de colores, de punto de cruz, que a lo mejor mi tía Gregoria le regalaba a mi madre, y las poníamos de cortinas para que no se viese sólo la colcha. Allí yo cantaba y hablaba, y ponía a mi hermana y le decía: «Venga, tú vas a hacer esto.»

Hasta los siete años, cuando me fui de Campo de Criptana, estuve haciendo las obras de teatro. En ellas cantaba canciones de antes y flamenco por soleares. Yo cantaba mucho flamenco, pero luego se me olvidó. Tengo dos primos hermanos, Nicolás y Emilio, que cantan flamenco de maravilla.

Esas canciones no las escuchaba en la radio, porque no teníamos. Ni tampoco en el cine, porque no fui hasta que estuve en Orihuela. Las escuchaba en la cocina, porque eran canciones populares. En Criptana no había radio ni teatro. Cine sí había, pero yo no iba porque era pequeña; en cambio, mis padres sí iban al cine.

En las actuaciones ponía a todas mis amigas tiesas, derechas; y también a mi hermana. En Criptana se cantaba mucha zarzuela, sobre todo en mayo. En Orihuela también se cantaba porque había un grupo de gente que cantaba muy bien, y el señor Genovés, que cuando era joven había sido persona de teatro, montaba zarzuelas con coros de allí.

Con tres o cuatro años me sabía todas las letras, y ponía a mis amigas a cantar. Pero antes hacíamos entradas con papel y nos poníamos en la puerta para venderlas. Había una vecina, Joaquina, que era coja, que nunca se perdía una función y era de las primeras en entrar al corral de mi casa. Se llevaban sillas de anea o se sentaban en los serijos. Mi amiga Petra, que escribe y le gusta el arte, y es dos o tres años mayor que yo, aún me lo comenta: «¿Te acuerdas, Antonia? Tú tenías que llegar a ser lo que eres, y yo también.» Ella era de una familia vecina que estaba mejor situada, trabajando el campo pero con tierras propias.

La señora Joaquina era una vecina de la calle que ayudaba a mi madre. Para mí era mayor, pero tendría veintitantos años. Lo que pasa es que cuando eres pequeñito crees que las personas de veinte años son ya grandes, y ella sería sólo un poquito mayor que mi hermana Elpidia. A Joaquina le encantaba verme actuar, y nos echaba una mano de vez en cuando. Me ayudaba a poner los telares, y también me traía los peludos que ponía en el suelo para que se sentase la gente y para que nosotras actuásemos. Y también me ayudaba a poner la colcha moruna de colores y las sábanas bordadas, antiguas, que ponía a los lados.

Yo no había visto nunca teatro, y esa disposición fue invención mía. Será porque siempre he tenido una visión muy estética de las cosas, no sólo del teatro. Pero la intuición del escenario no sé de dónde habrá salido. Nunca he hecho teatro de texto, tan sólo un poco en Méjico con Sekisano, cuando me llevó León Felipe para que aprendiese a actuar con la técnica de Stanislavsky. También ponía a mis amigas a recitar, y eso tenía que hacerlo de oídas, porque yo nunca he recitado, ni he sabido leer bien hasta ya de mayor.

¿Cómo podría imaginar estas cosas? Pertenecían a un mundo que todavía no era el mío, porque vivía en una casa pobre, mi hermano Antonio dormía en la gorrinera, comíamos todos juntos en la sartén de cuatro patas donde se hacía la comida… Esta, por cierto, es una costumbre que he conservado para la ensalada y el arroz, que lo voy cogiendo de la sartén haciendo un cerco. Era algo que por una parte no me gustaba, pero por otra sí, porque éramos muy limpios. Cogíamos el pan, lo pinchábamos en la navaja y lo usábamos para las gachas. También comíamos habichuelas blancas con ajos y cerdo, que era comida de diario en La Mancha. Fruta no recuerdo, salvo naranjas.

De pequeña pensaba que de mayor dormiría entre sábanas buenas y con una almohada buena, y que tendría mi baño y mis camisones. Y el caso es que yo ahora no duermo en pijama, sino en camisón; y siempre es de seda. Lo delicado me ha gustado siempre, y ahora me gusta que la colcha sea de seda y las sábanas de hilo. Nunca me ha gustado mancharme ni estar sucia, y he sido muy ordenada; jamás desordenaba nada en casa. Muchas veces me acuerdo, como en sueños, de que el placer de mi vida era que mis padres me dejaran dormir con ellos. Y esto pasaba mucho, porque sólo teníamos otra cama donde luego dormiría con Ángeles y Elpidia, pero al nacer dormía en la cama de mis padres.

Tengo una imagen que la recuerdo como algo velado, como si apareciese entre gasas; sé que estaba durmiendo con mis padres, me levanté de madrugada y no encontraba el orinal, pero no quería hacer caca fuera de su sitio o manchar el peludo; al día siguiente, un zapato de mi madre amaneció lleno hasta arriba pero limpio por fuera, sin nada alrededor. Mi madre y Elpidia se echaron la culpa por no haber preparado un orinal, que se estilaba ponerlo debajo de la cama o dentro de la mesita de noche. A los tres años ya iba al retrete que había en nuestro corral, con una tabla y un agujero redondo, y siempre me decía que eso no lo tendría de mayor, sino que viviría en una casa maravillosa con almohadas de plumas estupendas, porque no me gustaba todo aquello.

A los cuatro años ya sabía que quería cantar y ser lo que soy ahora. No pensaba en casarme con un marido rico que me diese mucho dinero. Pensaba en mi propio trabajo, en que iba a ser una artista muy grande y saldría de esa pobreza. Cuidado, yo esa pobreza la amaba porque he querido mucho mi casa, mis padres y mis gentes, pero era como si todo aquello no fuera conmigo, como si yo estuviese allí de paso. Sabía que yo iba a tener algo distinto.

Mi fijación por la seda y la pintura la tengo desde entonces. Como tengo joyas y me gustan, hay gente que cree que eso es lo primero que compro, pero no. Cuando he tenido dinero, he comprado discos de música buena y pintura: tal vez un retrato, un paisaje que me haya gustado… No me importa que el autor no tenga nombre; lo he podido comprar por su belleza, por el efecto que me haya causado. No sé a quién me parezco con ello, porque mi madre, que, aunque era pobre y había luchado mucho, era una mujer muy fina, no tenía sin embargo el gusto tan desarrollado como yo lo tuve desde chiquitita.

Esto no se lo reproché nunca; al contrario. Mi madre, siendo yo Sara Montiel, gastaba mucho dinero en lotería. Yo había hecho unos contratos fabulosos de un millón de dólares por película, que nadie los tenía ni en Hollywood, y mi madre me decía:

—Tengo ganas de que me toque la lotería para poder darte algo, porque nunca te he podido dar nada en la vida.

—Pero María —le decía yo—, si me has dado la vida, ¿qué más me quieres dar? Si me has dado una vida maravillosa. He nacido de ti.

—Sí, hija mía, pero nunca he podido darte nada, y yo quiero comprarte cosas y dártelas.

Y ella estaba llena de anillos, collares, pulseras de oro y brillantes que yo le regalaba. Veía que yo no tenía ningún problema económico, pero así y todo le cayeron doscientas cincuenta mil pesetas de aquella época, y me apareció con un reloj de brillantes que mucho después le regalé yo a mi hermana Elpidia.

—María —le dije—, si ya tengo un reloj y además no lo uso nunca.

Pero ella me lo compró porque quería darme algo. Tenía finura y delicadeza, y quizá eso sí lo lleve de sus genes.

Mi madre tenía unas manos maravillosas y, con dos reales que le daba mi padre, nos llevaba a Ángeles, a Elpidia y a mí vestidas como muñecas. Le gustaban mucho el teatro, el cine y la música, aunque todo eso lo conoció más tarde. Cuando se casó, a quien sí le gustaban era a mi padre, porque había tenido ocasión de salir de joven y siempre se juntaba con gentes de más nivel. A mi padre le agradaban el teatro y la pintura, y leía muy bien. Tenía un talento natural. Mi madre también, pero era más modesta; seguramente más inteligente, pero más prudente, no era de exhibirse y demostrarlo. En cambio, me lo demostró a mí cuando estaba haciendo *El último cuplé* y, después de grabar la canción «Tú no eres eso», me dijo:

—Tienes que pedirle un favor a Juan —se refería a Juan de Orduña, que era el director—. Que la vuelvas a repetir.

—Pero qué va, madre. ¿No ves que no tiene dinero para otra grabación?

—Dile que la repita porque no la has cantado bien. Y tú canta de otra manera, con menos brusquedad, porque queda muy azarada.

Y se lo dije a Juan y la volvimos a hacer, y esta nueva grabación es la que está en la película. Ella tenía una gran intuición musical, y además me conocía muy bien. Hay madres que, aunque estén con sus hijos y los quieran mucho, no llegan a conocerlos; pero mi madre conocía mi manera de ser y lo que quería. Lo que soy no se lo debo a nadie, excepto a mi madre. Ella fue la que verdaderamente me ayudó, porque sabía que yo tenía que conseguir lo que he conseguido: a la masa, al público, al cine. Yo estaba loca por el cine, y mi meta sigue siendo el cine. Incluso hay películas malas que veo y que me parecen buenas, porque amo el cine; y cuando es buena, lo disfruto y me fijo en todos los detalles. Pero nadie más que ella me ayudó. He pasado muchísimo y he luchado mucho, pero donde he llegado ha sido por ella.

Mi madre sabía que yo quería conmover a la audiencia. No que dijesen lo guapa que era, sino hacer algo que los conmoviese y los hiciese sentir, y eso lo conseguí con *El último cuplé*. Y lo comprobé en el cine Rialto en julio de 1957: aunque se había estrenado el 6 de mayo, no acudí porque estaba en Estados Unidos, y al volver a España fui con Vicente Parra y entré con la luz ya apagada. Nadie sabía que yo estaba allí, contemplando la película en una silla que me trajeron de la oficina del cine, sentada en el pasillo. Vi la reacción del público y me dije: «Este era el sueño de mi vida, y creo que lo he conseguido.»

Mi madre adivinó lo que yo quería cuando era pequeña y antes de contárselo, porque ella tenía premoniciones desde mucho antes de casarse con mi padre. Esto lo he hablado mucho con ella, porque siempre vivimos juntas y estábamos muy unidas. Éramos como Pili y Mili.

—Fíjate —me decía—, cuando yo tendría diecisiete o dieciocho años y ya había nacido tu hermano Antonio, lo vi todo: el casorio con tu padre, lo de la abuela Ángeles cuando me llevó a rastras para que no nacieras y yo no quería pero lo hice por que no nos hiciera la vida imposible; todo eso lo había visto yo antes. Y sabía que iba a viajar muchísimo, y ya había estado en los sitios a los que he ido contigo.

Porque mi madre venía conmigo a todas partes; se tenían que casar con ella antes que conmigo. Me dijo de Los Ángeles que ella ya había estado antes, y yo le dije que lo habría visto en una película. Pero luego fuimos a San Antonio, y ella, sin haber estado, me describió cómo era la ciudad.

Esta capacidad de anticipación quizá tenga que ver con el único hermano de mi madre y mis tías, mi tío Luis, que era médium. A mi madre la operaron de un fibroma en Méjico, en 1955, después de hacer yo *Veracruz*, y, cuando le pusieron la anestesia y estaba totalmente dormida, habló en cuatro o cinco idiomas distintos. El médico que la operó, que era holandés, reconoció un idioma de los Países Bajos que ya no habla nadie, y dijo que mi madre estaba reencarnada de una o varias personas con las que el subconsciente habría entrado en contacto durante la anestesia, aflorando las personalidades de esas mujeres que ya había sido.

Igual que mi tío Luis, ella conectaba muchísimo con mi hermano José y con mi padre; y no solamente con familiares nuestros, sino también con los de otra persona que estuviese en el grupo con nosotras. Eso lo he visto yo; que lo crea o no lo crea, es otra cuestión.

A los cuatro años enfermé de difteria, y eso me marcó totalmente. Necesitaba inyecciones, y tuvieron que traerlas de Madrid pasando por Alcázar de San Juan, y transcurrieron varios días hasta que pudo hacerse. Esto fue en 1932, cuando ya se había proclamado la República y estaba con nosotros mi cuñado Paco, que se había casado con mi hermana Elpidia.

Con la difteria casi me muero, no podía hablar, me ahogaba, y yo lo que quería era cantar. Lloraba porque me ahogaba y porque quería cantar, «cantal», con ele, porque perdí los dientes de leche y todo lo hablaba con la ele. La difteria y las inyecciones destruyeron mis dientes, y no los tuve hasta los seis años o tal vez después. Tenía las encías desnudas, y me alimentaba de puré de patata.

Al estar sin dientes, me acostumbré a no sonreír, y sólo empecé a sonreír de mayor para las películas. Tuve un complejo terrible, incluso cuando comenzaron a salirme; el primero fue una pala horrible y solitaria, y luego otras. Sin embargo, los dientes fueron poniéndose en su sitio, ajustándose ellos solos, y el caso es que nunca he tenido que ir a un dentista para que me colocase un corrector.

Yo no sonreía pero ponía la boquita de piñón, y es curioso que todavía tengo el gesto. Pero una cosa es tener la boca suave porque la quieres mover así, y otra es cerrarla porque no quieres que se vea lo horrible que estás de mellada.

Estando enferma, me sentí muy cuidada. Mis padres, mi hermano Antonio y mi hermano José, pobrecitos, velaban por mí. Yo no era dulce de pequeñita; tenía un genio muy fuerte y una forma de ser dominanta, y se tenía que hacer lo que yo decía. Si veía que el pelo estaba mal, hacía que me lo cortaran o me lo arreglaran, porque a mí me gustaba estar limpia, muy puesta, con un lazo que sacaba mi madre de donde pudiese o que me hacía de papel.

También era muy animalera, y aunque entonces no tuve perro, sí tuve gatos que se criaban en el corral. Cuando nacían pollitos, los ponía en cajas y los llevaba junto al fuego, para que se calentasen. Me encariñaba con ellos, y, como en cuanto eran grandes los cocinaban, yo no podía comer si veía que eran nuestros pollos. La muerte de los pollos era un trauma para mí, porque he querido a los animales con locura, los adoraba. A uno de los gatos le hice un entierro increíble, a la una de la noche, cayendo nieve, con ese frío tan grande de los inviernos en Criptana. Siempre quería tener conmigo ese gato, y, cuando se iba por los tejados a hacer su vida, ahí estaba mi hermano Antonio buscándolo para traérmelo. Cuando se murió me negué a comer, cogía berrinches, lloraba.

Cuando no me daban lo que yo quería, me rebelaba llorando. Si tenía las braguitas o el delantal sucio, si no tenía el pelo arreglado, armaba unas de padre y muy señor mío. Me encerraban en la habitación a oscuras y decían: «El rey ha venido por ti.» Pero no el rey de España, sino un rey malo que se llevaba a las niñas que lloraban. Por encerrarme en la oscuridad, me quedó un miedo y nunca he podido dormir sin luz.

El de la luz es de los pocos traumas que me habrán quedado de la infancia. No puedo tener ningún trauma de que mis padres me hayan pegado, de follones en casa, de gritos…, porque eso no ha pasado. La única vez que oí gritar a mi madre fue en 1968, cuando se rompió la séptima vértebra, la clavícula y el codo. Pero en casa de mis padres nunca hubo gritos ni disgustos; al contrario, había un amor increíble.

Además de la difteria, me tuvieron que operar de las amígdalas porque era muy débil. De la difteria casi me muero, y me pusieron treinta y cinco inyecciones alrededor del ombligo, parecidas a las de la rabia. Lo sé porque en 1960, yendo para Santiago de Chile, íbamos a coger el tren andino para hacer un poco de turismo desde Mendoza, Argentina; y el perro del jefe de estación, con el que yo estaba jugando, me mordió un poquito, un enganche, y no pasó nada. Nos fuimos con Herreros, mi madre y toda la gente, y a los cuatro o cinco días me avisó la policía de Santiago de que me estaban buscando porque el perro que me había mordido estaba rabioso. Así que me pusieron allí las inyecciones contra la rabia.

Después de las inyecciones contra la difteria, me puse bien de la voz, y mi madre no quería que me lavase las manos con agua fría para que no me resfriase, porque yo era muy, muy limpia, demasiado limpia. Y me lavaba el cuello con alcohol, que no me gustaba en absoluto. Y me rizaba el pelo con las tenacillas, y me daba angustia porque no me agradaba que me tocasen las orejas.

Con la gente, yo era una niña que me hacía con todo el mundo. Dentro de casa era distinta. Es como el niño pequeño que llora y llora, y no se sabe por qué es, pero es por algo. A mí igual: me daban unas barraqueras por algo que no me gustaba, o porque no hacían lo que quería, o porque no podía conseguir lo que me apetecía. No lo sé, pero siempre lo pagaban la almohada y las sábanas, que, aunque estaban hechas por mi madre, no eran sábanas finas. No me gustaban, y odiaba también el colchón porque tenía hoyos y era muy duro, de borra de lana, horroroso. No me gustaba en absoluto esa ropa, y eso que mi madre nos ponía muy bien. Y esas rabietas que me daban era consecuencia de que yo pedía otra cosa, y cuando ya me di cuenta, con siete u ocho años, me dije: «Esto lo cambiarás. Esto no es para ti.» Y lo primero que me compré con el primer dinero que gané fue una almohada. Era una fijación que todavía tengo. Yo he estado viajando por América con mi almohada debajo del brazo, siendo hoteles maravillosos, pero yo tengo mi almohada. Esas pequeñas cosas que no tienen importancia, en realidad tienen mucha importancia.

Yo tenía un carácter muy, muy fuerte. Después he aprendido a transigir en muchas cosas, como es lógico. Hace muchos años que me he dado cuenta de que, para conseguir ciertas cosas, conviene hacerlo de determinada manera, negociando. Yo habría sido una gran diplomática de carrera. Ahora bien, en mi trabajo he sido muy dura conmigo misma y, cuando he podido, con los demás; cuando no he podido, me he tenido que aguantar. He exigido muchísimo de la gente y de mí.

Tengo un recuerdo de mis padres muy grande y muy bueno. Siento mucho que ahora no se respete a los padres. Es triste que no se los adore. Yo los he querido mucho, y no importaba que no tuviésemos ni para comer. Recuerdo que, cuando prohibieron a mi padre que fumase, porque se había puesto peor del asma que tenía desde antes de casarse con mi madre, el médico don Honorio Leal le redujo la dosis de tabaco a tres cigarrillos al día. En realidad se lo había prohibido totalmente, pero mi padre no podía dejarlo y entonces le permitió esos tres. Yo tendría ya siete u ocho años, estábamos en Orihuela, y me sentaba en sus rodillas y él me decía «Princesa»; la gente de la calle me llamaba «Muñeca», pero para mi padre yo era su princesa. Allí sentada le hacía el cigarro, lo liaba, lo chupaba y se lo encendía.

—Fíjate cómo enciende el cigarrillo la chicota —le decía mi padre a mi madre, porque yo lo hacía con elegancia.

No es por alabarme, pero es muy difícil saber coger el puro y el cigarrillo. Yo nunca los he cogido compulsivamente, sino con un ritmo más pausado, con otra clase, más elegante. A mi padre se los preparaba con un rito que había que repetir muchas veces. Es un rito como el de los indios piel roja cuando fuman en pipa. A mí me gusta ver ese ceremonial; sé que si fumase una cachimba de esas, que no me gusta, lo haría como ellos.

Pero aunque le encendía los cigarrillos, yo no fumé hasta los veintidós años. Mi padre sí fumaba muchísimo, y mis hermanos José y Antonio también; pero es curioso cómo ellos no fumaban jamás delante de mis padres. Incluso mi hermano Antonio, cuando ya era grande y tenía hijos, no fumaba delante de mi madre. Yo sí, pero él no; igual que tampoco he tratado a mi madre de usted, como se hacía antes. No sólo eso, sino que yo la llamaba por su nombre: María.

A veces se confunde el respeto con la distancia o el miedo, y la confianza con la falta de respeto, y son cosas distintas. Una vez, no sé por qué, mi madre quiso que me pusiese flequillo. Nunca le gustó el moño que suelo llevar. Y ella insistía en lo del flequillo y yo estaba harta. Estábamos en casa de mi hermano Antonio, en Ciudad Real, donde trabajaba de panadero, y yo le grité un poco, le discutí: «Ay, María, déjame en paz. No quiero flequillo. Póntelo tú.» Y de pronto la cabeza me hizo cloc-clac. ¡Mi hermano Antonio me había dado una bofetada!

—¡Delante de mí no le alces la voz a madre! ¡Ni se te ocurra!

Si le había alzado la voz, era igual que otras muchas veces, sin importancia, con un trato que era como entre dos hermanas, pero mi hermano no lo entendió así. Y mi madre, no por echarme un capote, sino por decir la verdad de lo que era normal entre nosotras, le dijo: «Hijo mío, si no me ha levantado la voz.»

Las cosas eran así de normales y de naturales entre nosotras. Si yo me maquillaba o me hacía un peinado para una película, y no le gustaba a mi madre, ella decía:

—Hija mía, te hace cara de torta.

—María, ya me lo han hecho y no tengo tiempo de cambiármelo.

—Pues te lo podrían cambiar —insistía—. Te hace cara de torta. Te han hecho un chongo.

Un chongo era un moño de los que se hacían en Méjico con una trenza arriba, y a mi madre no le gustaba. Yo tenía esas discusiones con ella, pero eran discusiones absurdas, menores, sin importancia. A ella le gustaba el pelo corto, rizado, o largo y también rizado. También le gustaba el pelo tirante, porque decía que yo tenía unas facciones muy bonitas y que con ese pelo se veían, pero que no lo tenía que usar continuamente.

A mi madre la he adorado y no he sabido nunca con ella lo que era gritar ni decir malas cosas. Lo único malo que decía es lo mismo que yo digo, «hostia»: «¡Hostia, qué caro es esto!» También decía «coño», pero cerrando la voz, como si lo pensase y no lo quisiese decir.

Mi madre era muy bonita; más que guapa, era fina. Se comía los años; llegaba a los cuarenta y a los cincuenta, y no los aparentaba. Era muy vistosa, muy alta, porque medía 1,70 sin zapatos. Y era muy delgada.

Yo he hecho muchas cosas por estar con mi madre y convivir con ella. No le debo nada a nadie más que ella. Es verdad que Juan de Orduña me ofreció el guión de Antonio Mas Guindal para *El último cuplé* y me dijo: «Quiero que lo hagas tú, porque estás muy guapa y tal.» Pero la que cantó fui yo, y la que lo estudió fui yo. La película era muy buena, el guión era estupendo, pero yo también puse de mi parte, sin quitarle a Juan lo suyo; pero nadie me ayudó. Me daban doscientas pesetas al día; venía de Estados Unidos ganando también poco dinero, pasando penurias, pero dispuesta a trabajar y hacerlo lo mejor posible. También el pobre León Felipe me ayudó mentalmente, me enseñó cosas, me abrió culturalmente, pero no podía hacer nada más por mí porque era un pobre refugiado en Méjico, con sus poemas y su mujer. Nadie se inventó un éxito para mí.

Nadie puede decir que me ayudó, que me creó, que me

puso en el lugar que tengo. Nunca me han gustado los «padrinos». Las gentes de aquel momento creían que todas las artistas éramos unas putas; ¡si levantara mi madre la cabeza…! Eso me da mucha tristeza. Un protector me hubiera ayudado a vestirme mejor, pero nada más. Tampoco me habría casado por dinero o poder. Yo sólo me hubiera casado enamorada; si no estoy enamorada de un hombre, ni lo miro, y ya me pueden cubrir de dólares de oro. Me he tenido que quitar a patadas montones de hombres así, pero es que entonces no llegabas a nada si tú no valías.

Hoy es facilísimo darte a conocer, y con un poco de talento aprovechas la televisión, pero antes todo era a fuerza de lucha, de estar en la pantalla. Y aunque parezca mentira, teniendo palmito y siendo una mujer joven y bella, fabulosa física y moralmente, seguía siendo muy difícil triunfar. Con cada película que me daban en Méjico, creía que estaba haciendo el *Quijote*. Aunque una película no fuese buena, yo la hacía como si se tratase de la *Divina Comedia*.

En todas mis películas he procurado hacerlo bien; con los medios que he podido, claro, que también hay un director que mete baza y tienes que confiar en la gente y en su trabajo. Pero he luchado sola y estoy muy cansada, porque he sobrevivido gracias a mi manera de ser, y he sido muy dura. No me he dejado dominar nunca. Me han querido humillar, y uno pudo hacerlo porque me engañó, pero me sale el genio interior y me levanto y digo: «Pero ¿qué es esto? ¡Si tú eres un desgraciado!»

No sé si es un defecto, creo que sí, pero si me quieren humillar o me ponen el pie en el cuello, reacciono muy mal. Es una fuerza que tengo desde pequeña, que me viene de ver a mis padres luchar por prosperar.

Nos marchamos de Campo de Criptana por la enfermedad de mi padre. Los inviernos son muy fríos allí, muy duros, y el médico le recomendó que encontrase un lugar con una temperatura más suave. Los amigos de mi padre le aconsejaron que se fuese a la zona de Levante, y así decidió instalarse en Orihuela para vender al por mayor el vino de los bodegueros que conocía. El clima de Orihuela era muy benigno, muy adecuado para él.

No se fue, por tanto, para prosperar; siempre se quiere prosperar, pero no era ese su objetivo principal; sino por la salud. Tengo clavada en mí la imagen del practicante sacándole sangre en Criptana, donde siempre estuvo enfermo, asaltado por sus ataques de asma.

El viaje de toda la familia a Orihuela no se organizó de la noche a la mañana, pero casi. Primero se había ido mi padre a Valencia con los Simó, pero Valencia no le había gustado, porque era una ciudad muy grande para él. Además, el clima era demasiado húmedo, y, según le dijeron, era húmedo en verano y seguía siendo húmedo en invierno. Le convenía un clima más seco, y fue mi padrino, Fernando Simó, quien le habló de Orihuela y quien le ayudó a buscar un almacén para los fudres de vino. Era una bodega en la que se podía tomar el vino, aunque no se trataba exactamente de un bar. Allí el vino se vendía al por mayor en pipas, que están hechas de madera sujeta por aros de hierro.

Mi padre se instaló en Orihuela, y entonces mi hermana Elpidia y mi cuñado Paco cargaron en un camión los muebles y las cosas para vivir allí. Era septiembre de 1935 y yo fui con ellos, y en ese viaje cometí el primer y último robo que he hecho en mi vida.

En septiembre, Albacete celebra su feria, que es enorme y tiene mucho nombre y prestigio. De camino a Orihuela paramos allí y nos bajamos del camión. Paseando por la feria, vi en un puesto una figura preciosa del Niño Jesús con una cunita pequeña cubierta de pajita. Yo no alcanzaba a verla y me empiné, y caí de lleno en una tentación que tuve: sin que nadie me viera, cogí la cuna y me la guardé debajo del vestido. Yo llevaba un vestido blanco de volantes, con un cinturón de lazo que se ataba atrás, y unas manguitas pequeñitas también con volantes blancos. Lo veo como si fuera ahora mismo.

Cuando subimos al camión, me puse a sudar y sudar, estaba nerviosa y empecé a llorar.

—¿Qué te duele? —me decía mi hermana.

Yo me agarraba las faldas y balbuceaba sin decir nada. Y mi hermana insistía:

—¿Qué te pasa, chicota? Pero, chiquitina, ¿te duele la barriga?

Y me toca la barriga, nota algo raro, encuentra la cuna y me la saca:

—Pero mala. ¡Ay, que la ha robado! ¡Que la ha robado!

Fue el primer robo que he hecho en mi vida, y el último; y lo digo cuando tengo setenta y dos años. La robé porque era preciosa y no podía comprarla, y me dije: «Para mí.» Pepe, que en paz descanse, me asustaba, porque él tenía mucha gracia robando cositas. Tenía ese don. No te dabas cuenta de lo que hacía, aunque era en broma. Llegábamos a un restaurante y decía: «¡Huy, qué cenicero tan guapo!» No eran cosas graves, pero no lo puedo perdonar, porque es terrible coger cosas que no son tuyas, y que si las quieres las puedes pedir.

Mi hermana se dio cuenta de que yo no era nada más que una niña pequeña y asustada:

—Anda, chiquitina —me calmaba.

Pero yo tenía un ataque. No paraba de temblar porque sabía que había hecho algo que estaba mal, y me arrepentía. En cambio no me arrepentía de algo que había hecho en Criptana con mi hermana Ángeles, siendo ambas muy pequeñas.

La cosa era que había una churrera que iba vendiendo por la calle con un cesto de dos tapas, y en un lado llevaba las porras y en el otro los churros. Yo le decía a mi hermana Ángeles:

—Venga, yo le hablo y la entretengo —y me acercaba a ella y le decía no sé qué, pero con una media voz de cría que le hacía gracia. Y mientras, mi hermana pasaba por detrás de ella y le cogía un churro.

Entonces la churrera iba a mi padre y a mi madre, y les decía:

—María, Isidoro; mirad vuestras hijas, que la chicota y Angelines me han robado otra vez, y ya no me puedo acercar a ellas.

Mi padre la calmaba:

—Ah, pero será que están jugando. Anda, toma una perra gorda.

Todo eso lo consideraba una gracia. En cambio, lo de la cuna no; eso fue muy grave para mí. Pero mi hermana Elpidia y mi Paco, que era divino, comprendieron que yo había hecho una cosa mal y que estaba arrepentida:

—Pero, chicota, si no pasa nada. Hija mía, cálmate.

—No, no. Lo he lobao, lo he lobao —porque yo hablaba con la ele—. Sí, mama Elpi; lo he lobao.

Yo quería regresar y devolverla, pero ya estábamos lejos y, total, era una cosa barata. No sé si valdría un real de entonces, que no era nada; si me pagaban a mí tres reales en Orihuela por hacer dobladillos durante y después de la guerra. No valía nada la cuna, pero el robo se me quedó grabado y no he vuelto a hacerlo.

En cuanto a la reacción de mis padres, no hubo ninguna porque no lo supieron.

Mientras mis padres estaban en Criptana, mi hermana arregló la casa de Orihuela. Era un piso pequeñito, interior, que no tenía nada más que un balcón, sin agua corriente ni nada. Regresamos a Criptana y mi madre se quedó embarazada. Hicimos un segundo viaje a Orihuela con mi hermana Ángeles, mi hermana Elpidia y mi hermano Antonio, y mi hermano José se quedó con mi madre hasta que dio a luz en Criptana a mi hermano Tomás, que a los once meses murió en Orihuela.

Orihuela me gustó mucho, más que Criptana. Era otro tipo de ciudad. Había más vida porque era un pueblo muy importante, cabeza de partido de Alicante, cercano a Murcia. Yo soy y me siento manchega, pero también soy oriholana, porque llegué con seis años y estuve hasta los catorce. Toda mi niñez la pasé allí, al menos la parte consciente de mi niñez, porque de Criptana tengo recuerdos vagos, flashes muy claros pero sin tantas vivencias como las que he tenido en Orihuela.

IV

Orihuela

Durante la guerra me llamaban «la muñeca de trapo». Si había un corro de gente, decían:

—Mira, la hija del señor Quintana, la muñeca, está cantando.

A mi padre le llamaban Quintana de mote, porque sabían que veníamos de Criptana pero les costaba pronunciarlo correctamente, y por derivación decían Quintana.

Orihuela es el sitio que me marcó realmente en la infancia, mucho más que Campo de Criptana. En Orihuela seguí creciendo, y la sentí muy dentro de mí porque era una ciudad muy abierta, de gente muy cálida. Como le había ocurrido a mi padre, también yo hice amistad con chicas que no correspondían a mi nivel, sino que estaban socialmente por encima. No sé cómo me las apañaba, pero la hija de los marqueses de Rubalcaba era amiga mía, también la de los marqueses de Arneva, Angelita Cardona, Ramona Montero… Eso, durante la guerra.

Después de la guerra estuve en el convento de las dominicas, donde, además de estudiar, se aprendía un poco de música y trabajos de mujeres, como coser. Educaban a las niñas pobres que no podíamos pagar otro tipo de escuela.

Antes de eso, me pasó algo que me gustó, y es que me hicieron cantar en el Hospital de Sangre. Mi padre me llevó a este hospital, al cual acudían los soldados para curarse, porque daban un festival para los heridos. Allí canté, con ocho años. No recuerdo exactamente qué es lo que canté, pero creo que fue una canción española que cantaba Imperio Argentina, «El día que nací yo», que después utilicé en *Carmen la de Ronda*. Y también canté un trozo de «Katiuska». Esto era en 1936.

A mis padres les gustaba la zarzuela, y no es extraño que yo la conociera. Debí de haber oído en Criptana «Soldado de Nápoles», porque me sonaba mucho. Luego, como ya dije, en Orihuela escuché mucha zarzuela gracias a los coros del señor Genovés; yo iba a los ensayos y pronto me supe todo de memoria. Después hicieron ópera, y así conocí *Madame Butterfly* y *Tosca*. Y algo que también pude descubrir y amar en Orihuela fue el flamenco.

Después de las representaciones de zarzuela en el Teatro Circo, se hacía un fin de fiesta. Entonces yo salía y cantaba flamenco, cosa que después casi no he vuelto a hacer.

Más tarde, sor Leocadia, de las dominicas, me puso en el coro como solista. También empezó a enseñarme guitarra, y a cantar saetas. Sor Leocadia era malagueña, y a veces cantaba por fandangos.

Sin embargo, no todo era felicidad en Orihuela. Seguíamos estando mal en casa, y mi hermana Ángeles y yo nos íbamos a pedir fruta. Nos poníamos en la puerta de unos amigos de mi padre, que eran huertanos, y nos quedábamos mirando. Entonces nos decían: «Id al huerto, que hay lechugas.»

La huertana nos daba una cesta con una botella pequeña de aceite para que mi madre nos pudiera freír los huevos que también nos daba. Y yo esperaba que hubiese sandías, porque me gustaban muchísimo.

Yo sabía que esta vida iba a pasar. Me decía que llegaría a tener otro tipo de vida, y que mientras, aunque por dentro me rebelase, tenía que conformarme y esperar a que cambiase ese mundo que no era el mío.

Sabía que yo tenía que cantar; que después sería actriz y haría cine, pero lo primero cantante.

El seminario de Orihuela fue transformado en prisión: la cárcel de San Miguel. Yo subía allí con mi padre a ver a los presos que estaban encerrados por haber participado en las Brigadas Internacionales. Después de la guerra escondimos en casa a un extranjero que era muy amigo de Miguel Hernández, y se quedó con nosotros hasta 1941; entonces se marchó en una barca desde Torrevieja.

Mi padre había hecho en Orihuela relaciones con gente ilustrada; en eso yo salí a él. Hace relativamente poco, el que fuera presidente del Congreso, Federico Trillo, estuvo junto a mí en una cena ofrecida por Lorenzo Sanz, que entonces presidía el Real Madrid. Trillo estuvo simpatiquísimo conmigo, y empezó a contarme cosas de cuando yo era pequeña. «¿Pero cómo sabes eso?», le preguntaba asombrada. Y resultó que su suegra era Paloma Molinuevo, que había sido compañera mía de juegos.

Paloma iba al colegio de Jesús y María con otras amigas mías, entre ellas Chitín Bandosell, hija de los marqueses de Arneva y hermana melliza de Rodolfo, el actual marqués. Precisamente estábamos jugando un día en el terrado de un tío carnal de Chitín y Rodolfo, y vimos cómo la calle se llenaba de gente con banderas, entre vítores y algarabía: la guerra había terminado.

También me ocurrió hace poco que, en el portal de mi casa, me dice una chica:

—¿Tú eres Sarita, verdad?

—Sí —le respondo.

—Es que tú has llevado vestidos de mi madre —me dijo.

—¿Yo? Yo sólo he llevado vestidos de la hija de la marquesa de Rubalcaba.

—Pues esa es mi madre.

Y es verdad: los vestidos que no le servían o que desechaba, me los daba a mí.

También mi madre se aclimató bien a Orihuela e hizo muchísimas amistades entre las vecinas, que eran muy buena gente y muy trabajadora. Y yo sigo manteniendo buena relación con los hijos y los nietos de sus amigas.

Mis padres trabajaron muchísimo en Orihuela, y nosotras también. Mi hermana y yo llevábamos los fudres a la estación rodándolos, lo cual, aunque no lo parezca, entrañaba peligro. Tengo la pierna izquierda señalada por dos antiguas heridas que me hice con el aro de un fudre. Al rodarlo, el aro de metal se soltó y me traspasó la pierna. Me la destrozó.

Fuimos al hospital y me llenaron de puntos. Durante años he tenido un bulto que con la edad se ha ido rellenando, pero la pierna la tuve muy, muy fea.

Mi hermana Ángeles y yo tuvimos caminos distintos, a pesar de que hemos estado tan cerca que incluso hemos dormido en la misma cama hasta 1950. Teníamos una relación fabulosa, pero éramos diferentes. Yo le hacía cantar, tanto en Campo de Criptana como en Orihuela, y le daba mucha vergüenza. Antes de decirnos «hola», yo le decía «Katiuska». Quería que cantase «Horchatera valenciana», y ella empezaba pero se paraba: «Me haces pasar una vergüenza horrorosa.» Ella no ha tenido nunca mi obsesión por el triunfo; ha preferido otro tipo de vida: tuvo dos novios, se casó con Teodoro, un transportista de Campo de Criptana, y se hizo ama de casa. Y cuando ya fui Sara Montiel se vinieron a Madrid porque a él lo metí a trabajar en la fábrica de Chrysler.

Mi hermano José murió muy joven. Era un chico muy majo, pero tengo de él un recuerdo vago, porque tenía catorce años cuando se lo llevaron a la guerra formando parte de la Quinta del Biberón, y estuvo desaparecido todo un año.

Mi hermano Antonio se fue también, pero con su quinta. Conviví mucho con él y nos queríamos mucho. Desde que éramos pequeños decía que, cuando yo fuese famosa, él sería mi representante y nos íbamos a llenar de dinero.

José murió de tuberculosis en 1945. Nos llevaron a los dos al doctor Navarro Gutiérrez, un tisiólogo muy famoso, masón, que había tenido pena de muerte y se la conmutaron porque la gente se estaba muriendo de tuberculosis y él podía ayudar.

Mis padres sufrieron mucho por la ausencia de mi hermano José. Yo era consciente de lo mucho que lloraron, de sus disgustos. Estuvo luchando en el frente y, como se terminó enseguida, estuvo escapándose de un sitio para otro para que no lo cogieran prisionero.

Mi hermano Antonio estuvo defendiendo Madrid contra los moros, que estaban en la Casa de Campo. Junto al palacio de Liria le hirieron con dos balas, y estuvo en un hospital hasta después de la guerra. Luego no encontró trabajo y se fue a Criptana de panadero.

Mi hermano Tomás había muerto de meningitis.

Me acuerdo de lo sucio que venía Antonio del frente. De los piojos. Nosotros no teníamos agua corriente. Íbamos al río a lavar los cacharros de casa, las ollas, los platos. Llevaba un rodete sobre la cabeza, y encima una bandeja enorme. De la fuente de San Antón sacábamos el agua para beber y lavarnos en casa, y la traíamos con dos fudres que nos servían para nosotros.

Hervíamos la ropa de mi hermano para que se murieran los piojos. Venía totalmente pelado al rape, pero lleno de piojos que se nos pegaban. En cambio no tuvimos sarna en casa, aunque sí la hubo en la vecindad y la gente se untaba con una cosa amarilla para que se les fuera.

La única vez que oí un tiro durante la guerra fue en Alicante, adonde había ido con mi padre. Estaban bombardeando el puerto, y esa fue también la primera vez que vi el mar. Decir que el mar me llamó la atención sería mentir o quedarme corta: fue el impacto de mi vida. Me impactó tanto, o incluso más, que cualquier hombre, que cualquier amor. Me quedé enamorada del mar, y ese fue mi primer amor.

Vi el mar desde el tren: vas por las vías en medio de la tierra, llega una curva, el tren tuerce para aproximarse a Alicante, y entonces se descubre el mar.

El mar.

A causa del bombardeo del puerto, que estaba muy cerca, el tren se paró antes de llegar a la estación. Mi padre y yo, como el resto de los pasajeros, nos bajamos, y nos llevaron en camionetas hasta la ciudad.

Mi padre viajaba mucho. Ya antes de vivir en Orihuela había ido a Torrevieja, San Juan… También a Cartagena, donde había estado mi bisabuelo. Fui a Alicante en esa ocasión porque le gustaba que yo le acompañase a veces, pero esa misma noche nos volvimos.

Gracias a ese gusto suyo por llevarme con él, conocí también Murcia, adonde fuimos en una tartana tirada por un caballo que estaba medio muerto de hambre, y al que mi padre le daba un pan grande con vino para que pudiese caminar.

Nosotros comíamos palmito, que aprendí a coger subiéndome a las palmeras. También cáscara de naranja asada a la lumbre, tortilla de patata con harina y huevos, las lechugas que nos daba la huertana… Mi hermana y yo, cuando estábamos muertas de hambre, nos íbamos a la huerta a coger regaliz.

Pero en las huertas también cogía otra cosa; en concreto,

lo hacía en las acequias. Orihuela es una zona muy mora, muy de acequias. Allí vivían muchas ranas, y yo las cogía, las limpiaba, mi madre las guisaba en la lumbre y me las comía. Sé que hay mucha gente que no puede con ellas, pero a mí me encantan las ancas de rana. Más tarde, las llevaba al mercado para vendérselas a los pescateros, y también ponía un puesto de higos chumbos, que estaban maravillosos. Para ganar dinero, también aprendí a coser. Utilizaba unos dedales grandes para coser zapatillas de cáñamo, y me daban cinco reales por cada tres pares; o sea, una peseta y un real, porque una peseta eran cuatro reales.

Después de la guerra pasamos más hambre. Mis hermanos habían regresado, aunque mi hermano Antonio viajaba mucho a Criptana donde se había ennoviado con la que luego sería su mujer, Manolita. Estaba yendo y viniendo, hasta que se casó en 1943 y se quedó en Criptana. De todos modos, también ayudaba a mi padre, igual que José. En cambio, Ángeles y yo dejamos de llevar los fudres, y yo entré en las dominicas.

Un amigo de mi padre era cura, y había estado escondido durante la guerra. Este hombre le dijo a mi padre que era una pena que yo no aprendiese algo con estas monjas que ayudaban a las niñas pobres, enseñándoles a bordar y cantar. Así entré y me hice una bordadora maravillosa, porque era muy buena con las manos. Con las monjas he bordado casullas en unos bastidores enormes, con hilo de oro, piedras, lentejuelas. En cambio, también probé a pintar, pero muy poquito, sin empuje.

Tengo un recuerdo muy bueno de estas monjas, que han sido y son fuera de serie. Y aunque yo no haya sido muy religiosa, sí he respetado la Iglesia y he hecho mi Comunión. He ido muchas veces con Pepe a Orihuela para ver a mis monjas, aunque él no quería entrar porque no le gustaban las monjas en general.

Cuando nació mi hija, la llevé para que la conocieran,

pero ya antes de eso íbamos y él se quedaba en la calle esperando. Yo no les mentía, y les decía que él estaba fuera. Y aunque estaba esperando la anulación, ellas me querían, me respetaban y me comprendieron. Así hasta que yo le dije:

—Mira, entra porque no son de otra galaxia. Cuando las conozcas, te vas a enamorar de ellas.

Y así pasó. Entró, las conoció y se quedó prendado de cómo me querían, cómo hablaban de mí, cómo eran...

En cambio, de las de Jesús y María, con las que estuve después de las dominicas, no tengo ningún recuerdo especial. Eran distintas, tal vez más estiradas; no sé. Mis amigas estudiaban con ellas, y fui porque Chitín medió para que me preparasen para la Primera Comunión. Allí usábamos un catecismo que era de hoja de estraza, muy feo, que yo ojeaba porque apenas sabía leer. Y es que a veces me digo que cómo podían tener tal atraso las personas que me cuidaban, tanto las monjas como mis amigas o mis padres, que no se preocupasen de darme lecciones de lectura. Porque parece imposible pero es cierto.

Estuve muy poco tiempo con las monjas de Jesús y María. Mientras que las niñas bien iban al colegio normalmente, con un uniforme azul marino, a las pobres nos daban la preparación religiosa por la noche. A mí me mandaban poner adornos de flores en la iglesia, porque se me daba muy bien vestir el altar, y las velas se me dan de maravilla. Lo hacía muy rápido y con un gusto exquisito.

Una vez hice una maldad. No sé por qué lo hice, porque no soy así de mala. Debí de sentirme humillada, herida; no sé. El caso es que, para las primeras comuniones, había que poner velas en el pasillo de la iglesia, y me lo dijeron a mí. Y no sé qué reacción tuve ni por qué, pero regué con cera el pasillo y más de una se cayó al pisar.

Tal vez sería porque me hubiesen tratado bruscamente, porque eran secas y ásperas al hablar del infierno, del purgatorio, del limbo para los no bautizados. Eso no lo decían las dominicas, o no así. No sé; y el caso es que esa iglesia, la de San Agustín, que es preciosa, me gustaba mucho y fue la primera en la que vi a san Elpidio, que es el santo de mi hermana. Por eso no sé por qué esta maldad; y no creo que fuese una maldad gratuita, porque yo no soy así. Pero no sé cuál sería la razón. Luego, ya de mayor, lo he hablado mucho con mi madre, porque me impresionó.

La iglesia estaba toda preparada con azucenas, con campanillas, con unos centros maravillosos que había hecho. Era una preciosidad, y las niñas parecían novias con sus vestidos blancos. Tuvieron que humillarme para que yo hiciese algo así, porque es algo que nunca he consentido, y eso que me han humillado mucho de pequeña por ser ignorante. Porque yo tengo mucho orgullo, y luego de mayor han intentado humillarme pero lo ha conseguido poca gente; y además es una humillación que no me ha calado. En cambio, la humillación de pequeña sí me caló, y he tenido un complejo terrible con la ignorancia. Creo que la virtud mejor que he tenido, y que tengo, es que, cuando estoy delante de gente importante, no hablo y escucho. Sé escuchar, y me acuerdo después de lo que han dicho, y los admiro. Me recreo con la sabiduría de los otros.

Pero me dolía que se rieran de mí. Y lo hacían cuando ya era una mujercita. Me veían tan bella físicamente y decían:

—Qué bonica —porque en Orihuela no se decía «bonita» sino «bonica»—. Qué mona. Qué pena que no sepa nada, que sea tan ignorante.

Las monjas de Jesús y María debieron de decirme algo así, y por eso me vengaría. Y no me descubrieron.

En cambio, las dominicas eran distintas. Cómo serían, que hubo una fiesta benéfica para poder arreglarle los dientes a la madre sor Carmen y, aunque éramos más pobres que pobres, ayudamos todas; y yo puse una perra gorda que le pedí a mi madre. Y mi padre me dio una botella de anís.

—¿Cómo voy a llevar una botella de anís, padre? —le dije—. Que me van a decir que no.

—Es para que se enjuaguen. —Me lo había dado para la infección que tenía sor Carmen en la boca.

Una de mis compañeras se metió a monja muy joven, y allí está todavía.

Mi Comunión no fue importante para mí. Era 1941, y la hice en la iglesia de Santa Justa y Santa Rufina, que está enfrente de donde viven los marqueses de Arneva y es preciosa, muy bonita. Y es que Orihuela es una ciudad muy hermosa, con conventos antiguos, con jardines, con el río Segura que la atraviesa por la mitad y tiene dos puentes en el centro para comunicar una parte con otra...

Hacía un calor de miedo, y yo llevaba un vestido que se lo habían dado a mi madre de otra chica que ya lo había usado, y me venía corto. Yo quería un vestido largo, pero aunque me bajaron el bajo no llegaba al suelo. Mi fotografía de Comunión no me gusta, porque tengo un velo horroroso, y el vestido me venía a media pantorrilla. Llevando la vela en la mano, me manché de cera, y entonces me riñeron. Pero yo ya estaba disgustadísima por mi cuenta, porque soy doña antimanchas.

Sé que hice la Primera Comunión porque tenía que hacerla, pero por nada más. A mí me hablaban del infierno y esas cosas, y no las creía. En cambio, otras chicas de mi edad que estaban más puestas y mejor preparadas que yo, habiendo estudiado, sí creían. Todas mis amigas creían en el infierno, el purgatorio y el limbo. Yo preguntaba por esa cosa del limbo, y me decían:

—Si te mueres y aún no estás bautizado, no vas al cielo, porque no tienes derecho. Vas a otro sitio, y eso es el limbo.

A mí me parecía injusto:

—¿Cómo va a ser malo un niño recién nacido? ¿Por que

no lo bauticen los padres, ya no puede ir al cielo? ¡Si no es su culpa!

Era una contradicción que yo, en mi pobre cabeza ignorante, no entendía. Y lo pensaba y lo decía. Pero quería y quiero a estas monjas, y siempre hemos respetado a la Iglesia en casa, aunque ni mi padre ni mi madre fuesen de misa. De todos modos, mi madre sí iba de vez en cuando en Méjico, cuando vivíamos en la Avenida Insurgentes. Pero al morir, en lugar de pedir un cura preguntaba que cuándo llegaba yo, que estaba de camino desde Moscú, porque quería morirse agarrando las manos de nosotras tres.

V

El cine

En Orihuela descubrí el cine.

La primera película que vi fue con Dolores del Río, *Volando hacia Río*. Me impactó ese musical, aunque después dejaron de dar ese tipo de película. Luego vi a Imperio Argentina en *Carmen la de Triana*. Me entusiasmó la musicalidad, lo que proyectaba en pantalla. Eso era lo que yo quería hacer. No me refiero al mismo tipo de cine, porque he hecho un cine distinto al de Magdalena Nile del Río, la maravillosa Imperio Argentina, pero sí a su impacto y su fuerza en la pantalla. Yo me inclinaba más por el melodrama internacional, pero Imperio tenía una voz preciosa y actuaba espléndidamente.

En Orihuela descubrí también a Ingrid Bergman durante la guerra, en una película alemana: *El pacto de las cuatro*. La vi y me quedé para verla otra vez, porque era sesión continua, a las que ibas con la merienda y la cena. El portero del cine Novedades, que era además nuestro zapatero y vivía en nuestra calle, me dejaba pasar.

En el Rialto de Valencia, viendo *Carmen*, me quedé obnubilada con Vivianne Romance. En cambio no me gustó la película, porque yo me veía más en el cine americano. Cuando la vi, me fascinó Jean Harlow, la rubia platino, que ya había muerto. Las comedias americanas me iban mucho, si bien yo quería cantar. Aunque también estaba interesada en la interpretación; eso sí, solamente de cine: jamás pensaba en el teatro.

Tengo mucho de la interpretación del cine francés. Jeanne Moreau me encantó, también Michèlle Morgan. Tenía una intuición por la cual me iba a lo bueno. Enseguida notaba si el actor o la actriz gesticulaba demasiado, entonces no me llegaba y me decía que así no actuaría nunca.

Yo tuve la suerte de trabajar con Imperio en *Bambú*. Magdalena me gustaba porque jamás era exagerada. Si se ve cualquier película mía, se puede comprobar que yo actúo como si nada, con una técnica de cine distinta a lo que se hacía aquí; no sólo en España, sino en Europa.

Imperio era muy suave, con mucha gracia, sin ninguna afectación, y eso lo he llevado muy dentro. Del año 1944 que llegué a Madrid, al 1950, que me fui a Méjico, los pasé viendo películas americanas, fijándome en las actrices. Vi *Los cuatro hijos de Adán*, y allí descubrí ese mismo rostro de Ingrid Bergman que me había entusiasmado de niña. Ha sido la actriz que más he admirado. La seguía por todos los cines, y salía desmoralizada. Tenía unas lloraderas y unas depresiones cada vez que la veía, porque me decía: «¿Y yo qué voy a hacer? Después de esto, ¿qué más se puede hacer?» Pero mi madre me calmaba: «Tranquila, si ella ha llegado, tú también llegarás.»

Cuando vi *Gilda* desde la cabina de proyecciones del Palacio de la Música, porque no era apta para menores y me llevó Enrique Herreros, que era jefe de publicidad del cine, la vi una y otra vez y llegaba a mi casa destrozada. Y me decía mi madre:

—Pero ¿cómo llegas así, en lugar de alegrarte?

—Pero fíjate, esta mujer, esta Rita Hayworth, lo que consigue nada más que con el gesto del pelo.

Rita era una mujer fantástica, y una gran actriz. La recuerdo también en *Las modelos*. La veía en todo, pero luego me sentía mal. Pero mi favorita era Ingrid. En 1949 fui a Salamanca al estreno de *La mies es mucha* con Fernando Fernán Gómez —la habíamos hecho dos años antes, pero es que con las españolas nunca se sabía cuándo se estrenaban—, y todo el mundo se metía con ella. Yo no comprendía cómo la criticaban tanto porque hubiese abandonado Estados Unidos para marcharse con Roberto Rossellini. Me costó una lloradera:

—Si se ha enamorado de este hombre, pues seguirá haciendo películas.

Yo era muy ingenua, y ella era mi ídolo como actriz.

Ya en Orihuela veía la línea que me gustaba. Me gustaban las películas con Kay Francis, Robert Taylor, Greta Garbo… Me moría por ella en *La dama de las camelias*. Yo seguía la interpretación de esta gente por intuición, porque no sabía nada de ellos. Me iba descubriendo a mí misma a través de las películas, hasta que ya vine a Madrid con dieciséis años, conocí a Miguel Mihura, y empecé a comprender un poquito más sobre el cine. Pero no me equivoqué nunca acerca de la carrera que yo debía hacer y de los personajes que debía interpretar.

Me gustaban las comedias americanas, porque tengo sentido del humor. Vi a Myrna Loy en *Ella, él y Asta*, y enloquecí. Luego vi *Historias de Filadelfia*, con Katherine Hepburn, y ¡madre mía de mi alma! Y en el Callao, que no sé cómo me dejaron entrar, vi a Veronica Lake en *Me casé con una bruja*. Esa era una línea de películas que quería para mí. Desde que hice *Empezó en boda*, y luego *Se le fue el novio*, cogía las fotografías de las revistas y las copiaba, porque quería parecerme a ellas. Del cine español, quitando a Imperio Argentina, no me interesaba nadie. Pero sólo la vi en Orihuela. *Nobleza baturra* era una maravilla; en cambio de *Carmen la de Triana* me gustaba ella, pero no la película. Sólo después me enteré de que la había hecho en Alemania, y quizá eso explique lo que de falso veo en la película. Sin embargo, *Morena Clara*, que había hecho con Florián Rey, era otra joya y me encantó.

Me interesaba cómo se hacía el cine. En *Bambú* trabajaba Sara Ontañón como montadora; hice amistad con ella y aprendí montaje. También aprendí doblaje. Me interesó el cine por la parte de dentro, y eso comenzó viendo a los actores actuar.

Dolores del Río tenía un vestido blanco de raso, que yo me hice de mayor uno igual, atravesado por flecos. Impresionante. Después vi otra de ella, pero ya en Madrid, que fue *María Candelaria*. Una joya. Luego en Méjico la conocí, porque fuimos vecinas en Cuernavaca y venía mucho a casa de don Alfonso Reyes. Yo la trataba con mucho respeto porque ella era una gran estrella y la admiraba mucho. En cambio María Félix, en quien me fijé cuando salía yo con Miguel Mihura, que le estaba escribiendo un guión, no me dejó llegar a ella. Sólo la pude tratar en la vejez, pero era una fuera de serie, inteligentísima y preparadísima.

Otro pequeño robo sin importancia fue el de los carteles de la película de Dolores del Río, porque quería ser como ella. Y también me llevé unos carteles de una película de Lola Flores. Era una de sus primeras películas, en los muy primeros años cuarenta, cuando era secundaria, pero me impresionó interpretando un número. Esto fue posterior a lo de Dolores. No era la línea que yo quería, pero me gustó su arte, que una cosa no tiene nada que ver con la otra. Vi en ella una artista fantástica, y luego, con el tiempo, la conocí en Méjico y volví a admirarla.

Cuando hice *Locura de amor*, que era un papel pequeño, yo era muy ingenua. Me decía Juan de Orduña: «Camina como una princesa.» Y yo me ponía altiva. Y no se me ve anticuada. Parece que mi interpretación es de ayer, actuando como si nada. Jorge Mistral y yo nos salimos de la pantalla, porque él era también gran actor y tenía un espléndido primer plano, que llenaba la pantalla. Hay actores a los que conviene coger con un 50, porque no aguantan el primer plano, pero Jorge lo aguantaba de maravilla.

Todo esto no lo sabía cuando iba al cine en Orihuela, pero me fijaba en cómo actuaban. No había información, ni revistas ni nada. Todo era visual y de oído. Nadie sabía nada. Nos daban una hojita y nada más. Se conocía más a Imperio por ser española, pero yo aprendí a conocer a los americanos.

En Madrid me ponía tacones para poder entrar. Y a las chicas de catorce o quince años que querían ver *El último cuplé*, les hacían lo mismo sus madres.

A Greta Garbo la vi decenas de veces en *María Walewska*. Me sabía los diálogos. Notaba que no era lo mismo la actuación en un plano general que cuando se acercaba la cámara, y eso no lo veía en las películas españolas. ¡Quién me iba a decir al cabo de los años que llegaría a hacer *La bella Lola*, que es *La dama de las camelias*! Pero no imité a Greta, como no he imitado a nadie. Ningún crítico podrá decirlo. Me he nutrido, que es distinto, pero no he imitado. Mi Carmen no se parece a la de Magdalena, que es también estupenda. Y por mucho que yo la había oído y canté sus canciones, cuando hice *Carmen la de Ronda* la llamé y le dije lo que iba a hacer, y ella estuvo maravillosa y encantadora conmigo. Una película mía gustará o no, pero no imito a nadie.

En Estados Unidos, y antes en Méjico, estuve estudiando objetivos. Con todos los directores de fotografía empecé a aprender técnica y a adecuar mi interpretación al plano y al objetivo: si era un 40, tenía que ser más regia, gesticular más; y si era un primer plano, había que reducir, adecuándome. Nadie sabe la técnica de cine como los americanos. Yo soy una trabajadora del cine, y me molesta cuando me dicen que me salgo de la pantalla, cuando se fijan más en la belleza que en mi trabajo. En muchas películas de Méjico no canto, sólo trabajo como actriz, pero mi hándicap era la belleza. Sacaba al público fuera de la historia, quizá, pero yo no podía hacer nada. Primero hice *Furia roja* con Arturo de Córdova, y después *Necesito dinero* con Pedro Infante, que era una primera estrella y un hombre encantador, un divo en toda Sudamérica y un maravilloso actor cantante. Yo hacía de hija de unos españoles nacida en Méjico, para que no se me notara el acento. Y me decía Miguel Zacarías, que fue el que descubrió a María Félix, que los primeros planos míos eran como subirse al cielo:

—Te voy a hacer un 120, un 150.

—¿Tanto?

—No te puedes mover, porque te sales de campo.

Y es que me hacía unos planos que iban de la mitad de la frente a la mitad de la barbilla. Son dificilísimos, y sólo los hemos tenido Liz Taylor y yo. Soy la actriz de la historia del cine que más planos de 150 tengo. Me han cogido sólo la boca, sólo los ojos, en toda la pantalla, y no se me ve exagerada. Y aun así agarraba unos berrinches de miedo porque el crítico de turno sólo se quedaba en la belleza y no en la dificultad de sostener esa interpretación. Tengo unas críticas fatales, horrorosas, de *El último cuplé*: que si no cantaba, que si no actúo. Anda, que si no llego a cantar… A los tres meses de salir el disco al mercado, ya se compraban al mismo tiempo el disco y el tocadiscos, el que no tenía, para poder oírlo. No puedes decir que quinientos millones de personas están equivocados; que los que piensan que canto de maravilla y soy buena actriz están equivocados. El equivocado es el crítico.

En cambio no me llamaba la interpretación teatral. No en Criptana, que son momentos de mi edad que no tengo muy claros, a excepción de que yo quería cantar. Tampoco en Orihuela, donde desarrollé el gusto por el cine. Pero el teatro no me iba, a pesar de que yo empecé saliendo en el Teatro Circo de Orihuela con músicos que me acompañaban para cantar. Miguel Mihura me veía en el cine, pero no en el teatro. León Felipe quiso que actuase, porque decía que yo era un animal de la escena, por cómo pisaba y se me veía. Pero nunca me lancé al escenario como actriz, tan sólo como cantante y para alguna escenita cómica en los espectáculos, pero nada más. En cambio, me encanta como espectadora, y admiro a los actores de teatro. León me echaba unas broncas de miedo y me mandó a Sekisano. Sekisano era un profesor extraordinario que enseñaba la técnica de Stanislavsky, y venían muchos actores muy buenos de Estados Unidos para aprender con él. Cuando hice *Veracruz*, también acudí a clases de Elia Kazan, pero aún tenía problemas con el idioma inglés y no estaba preparada. Sin embargo, a pesar de las clases de Sekisano no hice teatro, y es que hacía demasiadas películas al año, y terminaba una para empezar otra. Además tenía a Gabriel Figueroa, que yo era su conejito de Indias. Él vivía entonces con una bellísima mujer de Yucatán, maya, preciosa. El maya hombre es bajito, no es tan hermoso como el tolteca, pero la maya que sale bella es una joya. Era maquilladora, y Gabriel me decía:

—Vamos con mi mujer, que quiero probar contigo unos filtros en exteriores.

El amor a la fotografía me viene por Gaby. Todo mi tiempo libre, que era muy pequeño, lo dedicaba a la fotografía, a buscar la luz, que es algo que muchos actores, incluso americanos, ignoran. En uno que sepa de luz, tiene el fotógrafo una ayuda maravillosa. Por eso yo servía hasta de script. Me decía la script:

—Perdona, Sara, que me he distraído un momento.

—Pues mira, tenía la pierna así y el brazo a esta altura, etc.

Yo podría ser script, y, como también estudié montaje, tenía buenos recursos técnicos. Lo único que me ha faltado ha sido escribir y conocimiento de números para los objetivos, porque sin eso no puedes dirigir. He dirigido todos los playbacks míos, todos, porque me gusta y me he preparado para hacerlo. Peverell Marley, Pev, que fue el fotógrafo de *Serenade*, me decía que yo sabía muchos trucos. Él, que había estado casado con Linda Darnell, creía que me parecía mucho a ella físicamente, y se dio cuenta de que, gracias a Gaby, sabía la tira de luz. Hay demasiados actores que no saben nada de planificación ni de luz.

En *Veracruz*, los arcos cegaban a Gary Cooper cuando íbamos a hacer los exteriores, y él me veía con los ojos abiertos y se extrañaba:

—Montielito, ¿cómo haces en los ojos?

—Tú también puedes abrirlos si quieres.

Y es que yo tenía un oculista que me había enseñado que los ojos podían aguantar la luz del rodaje con una gota de anestesia. La anestesia te dura cuatro o cinco horas. Y yo llegaba al plató, ensayábamos, y cuando ya íbamos a rodar, me ponía una gotita y ni parpadeaba. Y todos se quedaban boquiabiertos. Así que le puse una gotita a Gary, y se nota cómo hay planos en los que no se la había puesto, y tiene los ojos cerrados, y otros en los que ya le ayudé, y tiene los ojos abiertos.

VI

Cuando los sueños
se cumplen

Sor Leocadia me enseñó a cantar saetas, y en la Semana Santa de 1941, al pasar el paso de Jesús Nazareno, me puse a cantar. Estábamos en la calle, enfrente de la bodega de vino de mi padre. Encima de la bodega, asomados al balcón del piso de un amigo suyo, estaba don Ángel Ezcurra con su mujer y su hija Purita. Me oyeron cantar esa saeta y otra que canté a la Santísima Virgen, que venía detrás.

Al día siguiente, los Ezcurra bajaron a hablar con mi padre y le dijeron que me querían conocer. Y doña Pura, que se había criado en Orihuela, no paraba de decirle a su marido:

—Ay, qué bonica es. Qué bonica.

Y le dijeron a mi padre que Cifesa, la productora cinematográfica, preparaba un concurso que se iba a celebrar en el Parque del Retiro de Madrid, y que, si me iba con ellos a Valencia, podían prepararme para concursar.

Don Ángel Ezcurra, que era dueño de Radio Mediterráneo, presidía la Asociación de la Prensa de Valencia y era amigo de los Casanova, propietarios de Cifesa. Mi padre sabía de don Ángel porque tenía un hermano sacerdote que era muy amigo del cura que me había llevado a las dominicas.

Los Ezcurra tenían tres hijos. Purita era la menor, y tenía un par de años más que yo, mientras que José Ángel y Luis eran ya veinteañeros. José Ángel fundó la revista *Triunfo*, y yo le puse el nombre, porque estábamos en la mesa de su casa discutiendo cómo se iba a llamar, y lo relacioné con mis ganas de triunfar. De ahí salió *Triunfo* y, en 1944, aparecí en la portada de la revista. Fue la época en la que me enamoré de José Ángel Ezcurra. Iba a cumplir los dieciséis años, y fue el primer hombre que me gustó. Entonces yo vivía en Madrid y, cuando él venía, me sacaba a bailar al Pasapoga. También paseábamos por el Retiro, y le molestaba cómo me miraba la gente, porque hasta los niños pequeños, de cinco o seis años, se daban la vuelta para mirarme. José Ángel era una bella persona, pero su familia no quiso que hubiese nada. Cuando supieron que podía haber algo, lo cortaron.

A quien realmente le había gustado yo era a doña Pura, más que a don Ángel, que era un hombre muy seco y muy dominante, aunque amable. Cuando ya triunfé en *El último cuplé*, doña Pura me escribió una carta a Hollywood diciéndome que mi éxito le había sorprendido a todo el mundo, menos a ella. Me decía doña Pura:

—Anda, Antoñica, canta «La otra».

Le gustaba muchísimo que cantase coplas, y me pedía también, precisamente, «La morena de mi copla» pero, aunque me gustaban Concha Piquer y sus canciones, no seguí por ahí porque no era mi estilo.

Gracias al hermano cura de don Ángel, no costó nada convencer a mi padre, quien habló con mi madre y le hizo ver que eso era lo mejor para mí, una oportunidad única. A mi madre no le apetecía mucho, y yo lo entiendo, porque yo era muy pequeña y para ella ir a Valencia era como ir hoy a Nueva York. Pero al final accedió y mi padre fue al notario para dar a los Ezcurra poderes para tutelarme. Cuando todo esto se solucionó, mi padre me llevó a Valencia.

Valencia. Yo no me lo podía creer. Era un sueño que se me cumplía. Llegué, vi la plaza que ahora es de la Comunidad Valenciana, y contemplé esas flores inmensas que había, y casi me desmayo. Es hermosísima; lo era entonces y lo sigue siendo. Con una luz impresionante que nunca se me ha olvidado.

Mi padre me llevó con los Ezcurra, me dejó con ellos y se despidió de mí. Allí me quedé yo, pero no estaba insegura. Sabía que ese era mi destino, la primera parte de mi carrera, y que todavía me aguardaban logros y realidades mayores. Sabía que el ambiente de casa con su pobreza, con la almohada dura, con las sábanas ásperas y las bragas de tres picos, tenía que cambiar, porque esa vida no era para mí. Y un día cambió.

Me despedí de mi padre con entereza, sin llorar, sin pena. Yo le adoraba, y lo he necesitado siempre. Cada vez que me he enamorado ha sido de hombres mayores que yo, y creo que eso ha sido buscando su imagen. Pero no lloré, ni sentí angustia por dentro. Sabía que contaba con todo su apoyo; el suyo y el de mi madre. Sabía que seguían conmigo.

Doña Pura Ezcurra nunca había hecho por nadie un acto como el que hizo por mí. Conmigo lo haría porque descubrirían que había madera. En su vida diaria, los Ezcurra eran gente muy estricta, y lo fueron con su hija y conmigo. Eran incluso demasiado estrictos, por lo menos para mi manera de ser. Aun siendo yo pequeña en aquella época, cuando llegué a su casa, creo que estaba mentalmente más abierta que ellos, aunque sólo fuese por intuición. Debía de ser porque en mi casa había habido una relación muy fraternal, muy amorosa. Jamás me había dicho mi padre «no hagas esto» o «no hagas lo otro». No era necesario. Teníamos una mesa pobre, y poníamos la cuchara para que nos echaran una cucharada de vino que tomábamos con la comida, como se hacía en La Mancha. Y lo hacíamos con alegría.

En cambio, con los Ezcurra se respiraba otro ambiente. Por ejemplo, ellos me llevaron al estudio de Pla, un fotógrafo que estaba de moda en Valencia, porque querían que posase. Para una de las fotografías, me bajé ligeramente el vestido para enseñar el hombro y, cuando estuvo toda la familia sentada a la mesa para ver las fotografías y apareció esa, don Ángel me pegó. Me dio un guantazo, una bofetada, y dijo que una señorita no podía comportarse como una desvergonzada.

Los Ezcurra me daban un trato bueno, pero distante. Al poco de llegar a su casa, se marcharon a Berlín, y recuerdo que me trajeron una blusita de encaje con un lacito al cuello. Y me acuerdo de cómo vestía doña Pura un traje de chaqueta gris maravilloso con zorros plateados, que desde entonces me gustan y es por habérselos visto a ella, que era una mujer elegantísima y muy guapa, con una voz preciosa. Una mujer dulce. En cambio, don Ángel era muy duro; jamás mi padre fue tan duro conmigo como él.

De todos modos, estuve muy poco tiempo en casa de los Ezcurra, porque enseguida me llevaron a vivir a casa de su secretario. Este hombre, don Paco, no tenía hijos, y vivía con su mujer en la calle del Emperador. En cambio los Ezcurra vivían en una casa preciosa en los Jardines de los Periodistas. Estando en casa de don Paco, me pusieron un profesor de baile. Y me digo yo que por qué tendría profesor de baile y no de leer y escribir, cuando la única virtud grande que realmente he tenido es la de haberme codeado con intelectuales y gente inteligente, y haberme sabido estar callada para aprender de ellos.

También me pusieron una profesora de canto, doña Conchita Michó, una mujer buenísima que me enseñaba lírico. Yo daba el tono bien, y habría podido ser mezzosoprano si hubiese estudiado por ahí. Tenía muy buen oído, y no me costaba nada aprender la música, lo que no me ocurría con las letras. Lo mismo me pasaba con el baile, y así aprendí flamenco. Finalmente lo dejé porque sabía que no era lo mío, pero hoy me arrepiento de no haber seguido, porque el saber no ocupa lugar. Al maestro de baile, que estaba enloquecido conmigo, me lo encontré en 1960 en Guayaquil, que también es casualidad, donde se había ido con su familia y tenía una academia, y recordé cómo le decía a doña Pura que yo tenía unos brazos y unas manos que eran la locura. Era algo que podía haber desarrollado, pero tampoco lo hice.

Cuando vine a Madrid para el concurso, lo hice con una señorita de compañía; una mujer muy seria. Vestía una blusa y una falda con cinturón que me habían hecho, y allí conocí a Alfredo Mayo y a Amparo Rivelles; suyo es el primer autógrafo que he tenido en mi vida. El concurso, presentado por Bobby Deglané, era infantil. Yo canté «La morena de mi copla», que cuando la escucho a los tunos me digo: «¡Madre mía! Con lo en serio que yo me la tomé.»

Cuando salí al escenario para interpretar mi canción, me caí. Como nunca había llevado vestido largo, no estaba acostumbrada; tropecé con la falda y me caí de frente. El público se rió, pero yo me levanté tan tranquila, empezó la orquesta, y comencé a cantar. Era eliminatorio, y primero nos quedamos diez chicas, después tres, y finalmente me quedé yo.

Gané, y entonces Cifesa me llevó a Barcelona para hacerme unas pruebas cinematográficas. Si el concurso había sido mi primer éxito personal, las pruebas, en cambio no supusieron ningún triunfo. En Barcelona coincidí con Alfredo y Amparo, que estaban rodando *Deliciosamente tontos*, de Juan de Orduña; y fue precisamente Juan el que me hizo las pruebas. Parecíamos predestinados a encontrarnos. Se utilizó un fragmento de la *Santa Virreina* de José María Pemán, que luego en cine interpretó Maruchi Fresno. Como yo seguía sin saber leer, aprendí los versos fonéticamente. Eso sí que fue una angustia, una desgracia que nunca entenderé. En cambio mi padre sí leía y escribía muy bien y con una letra preciosa, y mi hermano José también; mi hermano Antonio, que aprendió ya de mayor, no sabía tanto como ellos.

Para las pruebas me pintaron las uñas y me maquillaron,

a mí, que hasta entonces no me había pintado ni los labios siquiera. Orduña me daba la réplica fuera de campo, y yo no paraba de mover las manos para que se vieran las uñas. No sé por dónde andará ese material hoy; lo tuvo don Ángel, pero no me lo dio, y tampoco lo he vuelto a ver.

Lo mejor fue poder ver a Amparo Rivelles y Alfredo Mayo otra vez, porque eran dos monstruos del cine. Admiré a Amparo, y la sigo admirando. Ella era lo máximo que se podía ser, una mujer maravillosa hija de actores y que venía del mundo de la escena. Yo era una pobre desgraciada que venía de un pueblo sin tener a nadie. Amparo Rivelles era, y es, una estrella.

En aquel tiempo, Rosa Zabala, que era la peluquera más famosa de entonces, me enseñó a vestirme. También me ayudó Juan Gyenes, el mejor fotógrafo de la época, para el cual posé, aunque yo tenía esa intuición, ese don con la cámara, desde pequeña; y se nota en las fotografías que tengo de chiquitina.

Desde Cifesa me habían enviado a Gyenes para hacerme fotografías. Gyenes era un húngaro refugiado en España y estaba bajo la protección de Campúa, que era fotógrafo personal de Franco. Mientras yo estaba en el estudio, Juan llamó a Ladislao Vajda, que estaba preparando una película sobre un internado de señoritas. A Vajda le gusté, y decidió darme un pequeño papelito en su película, la primera de mi carrera: *Te quiero para mí*.

Sin embargo, pasó cosa de un mes o mes y medio, y aún no me llamaban para el rodaje. Entretanto, Gyenes llevó las fotografías que me había hecho a la redacción de *Semana*. Eran unas fotografías preciosas en las cuales yo estaba muy cambiada, porque había llegado a Madrid un poco paletita. Rosa, que tenía un salón de belleza al que iban todas las mujeres que querían destacar, como la mujer de Franco o las del mundo del teatro y del cine, me había aclarado un poco el pelo. Mi pelo natural era rubio, pero ella lo dejó más rubio todavía, como se llevaba entonces. Así es como aparecí en las fotografías que Gyenes llevó a la familia Montiel, dueños de la revista. Gustaron, y así, en mayo de 1944, salí en la portada de *Semana*, al tiempo que realizaba las dos sesiones para la película de Vajda.

En mi primer papel, yo era una niña interna en un colegio, con mi uniforme, que gastaba una broma a mis compañeras. La broma consistía en que ellas dejaban los zapatos en el pasillo para que los limpiasen, y yo me dedicaba a cambiar todos los zapatos de sitio. Y también les escondía el jabón y las toallas en los baños. Era un papel chiquitito, pero era mi primer paso en el mundo del cine.

El segundo vino gracias a las fotografías de *Semana*. Enrique Herreros, que era jefe de publicidad de Filmófono, una productora y casa de distribución muy buena que estrenaba todas las películas en los mejores cines de la Gran Vía, las vio y le gusté. Y justo entonces estaban buscando una chica nueva para una película que iba a dirigir un italiano, Rafaello Matarazzo, y que protagonizaba Fernando Fernán Gómez.

Herreros llamó a *Semana* preguntando por esa chica de la portada, y allí le dijeron lo único que sabían de mí: que era Juan Gyenes el que me conocía y el que había enviado las fotografías. Y llamó a Juan, y este le dijo:

—Sí, es una nena preciosa, muy fotogénica.

—¿Cuántos años tiene? —quiso saber Herreros.

—Pues no sé —diría Gyenes—. Supongo que quince o dieciséis.

—¿Y es como está en la foto, o la habéis retocado? —porque casi todas las fotografías de estudio se retocaban para quitar arruguitas, agrandar los ojos, aumentar las pestañas...

—No, no. Es como está en la fotografía. Es más bonita todavía.

Gyenes sabía que vivía en la planta 13 del Palacio de la Prensa, en un piso que nos habían puesto los Ezcurra a la señorita de compañía y a mí; y es que yo tenía conmigo a la señorita Fina, una mujer muy buena, francesa, que hablaba muy bien el español y que me enseñó un poquito de francés, que era dificilísimo.

Herreros dio conmigo enseguida, porque tenía las oficinas cerquísima, en el Palacio de la Música. Me llamó y fui a verlo. Y acudí tal como yo era: con mis trenzas, mi flequillo, mis calcetines altos con borlas a los lados, mis zapatos marrones de niña de colegio... No le gusté.

Tenía las fotografías delante, y se encontró con una niña distinta:

—Si es que no eres tú. Pero si eres esta, es que eres esta. Tal vez cambiándote...

Para la película contaban ya con Luchy Soto, hija de Guadalupe Muñoz Sampedro, que entonces tendría unos veinticinco años y era bastante famosa. Pero Enrique Herreros no la quería, y en cambio tenía mucho interés en mí. Me dijo:

—Si en las fotos has dado así, en una prueba también puedes hacerlo.

Me hicieron la nueva prueba en Aranjuez, donde se hizo la película. Antes me llevaron otra vez a Rosa Zabala, pero ya para maquillarme, para arreglarme el pelo de mayor... También me ponían tacones, me hacían caminar con un libro en la cabeza, y sobre todo hablar y hablar, para coger soltura y dicción. Rosa era maravillosa, y logró un cambio total conmigo.

La prueba fue sólo de imagen, no de actuación. Me peinaron como el personaje, me pusieron el sombrero, vieron qué tal daba y dijeron que sí (y pese a eso, luego me llevé muy bien con Luchy y con su madre, porque no estaban metidas en la amargura de la competitividad). Ahí yo me llamaba todavía María Alejandra, que no es ningún pseudónimo, como a veces se ha dicho, sino mi segundo nombre. En *Te quiero para mí* era así como me llamaba, pero no les gustaba. Más tarde se buscaría un nombre artístico y nacería Sara Montiel.

Gracias a *Empezó en boda*, conocí a Fernando Fernán Gómez y a quien todavía era su novia, María Dolores Pradera, con la que se casaría un año después y con quien hice una gran amistad. Fernando fue el primer actor que traté, y también el primero que me besó. Yo no sabía actuar; todos mis recursos eran, todavía, puramente intuitivos. Y tampoco sabía besar.

El rodaje del beso siempre lo he recordado como una humillación terrible. Yo no sabía cómo hacerlo. Me equivocaba. Me llenaba de vergüenza. Volvía a equivocarme… Tuvimos que rodar el plano una y otra vez. Era la primera ocasión en que actuaba de verdad, y me enfrentaba con algo que ignoraba.

Fernando me ayudó mucho, porque se dio cuenta de que yo era muy chica e inocente. Todos éramos muy jóvenes entonces: Fernando, Juan Antonio Bardem, que venía al rodaje a ver a su tía Guadalupe y que, aunque estudiaba para ingeniero agrónomo, quería saber cómo se rodaba…

Fernando me cogía y me decía:

—María Antonia, cántame una canción.

En la sala de maquillaje había un poyete alto para los cacharritos, y él me aupaba allí, me sentaba y me pedía:

—Cántame «Vereda tropical».

Y yo se la cantaba. Luego quería otra cosa:

—Cántame el aria de *Lucia di Lammermoor*.

Y yo se la cantaba también, porque yo quería cantar. Lo que seguía era sin saber leer bien, y Fernando me repasaba el diálogo para que me lo aprendiese de oído, una y otra vez. Y así hasta el final de la película.

Tengo un excelente recuerdo de Fernando Fernán Gómez. Era un hombre que estaba preparado, que sabía hacer cine, teatro, mientras que yo llegaba allí de pardilla. Pero era muy vago, y siempre estaba cansado y le gustaba estar tumbado con las piernas en alto. En las cuatro películas que he hecho con él, era así. Y yo siempre me decía:

—Con el talento que tiene, ¿por qué no escribirá? ¿Por qué no hará más cosas?

Y él:

—¡Ah, qué pesado levantarse temprano!

Era todo lo contrario a mí. Yo era muy enérgica y él era muy tranquilo. Pero menos mal que espabiló, porque menudo cambio dio y en qué maravilla se ha convertido. Y me encantaba que me sentase y me pidiese cantar. Y luego María Dolores fue cantante por mí, porque yo se lo decía:

—Cantas estupendamente bien, María Dolores. Cantas de locura.

Pero ella quería ser actriz y no cantó hasta mucho después. Le tengo mucho cariño a María Dolores porque, cuando finalmente Miguel Mihura me convenció para que me marchase a Méjico, ella me ayudó a arreglarlo todo y estuvo conmigo.

Me sorprendió mucho el rodaje, porque descubrí que había toda una parte técnica que tienes que aprender. Yo no entendía el orden salteado del plan de rodaje. Hacíamos un plano, por ejemplo el del beso; después decían «corten» y pasábamos a otro plano totalmente distinto. «¿Por qué no seguimos con todas las cámaras puestas?», me decía, y me volvía loca: «¿Por qué hacemos primero la secuencia doce, si es el final de la historia?»

Yo creía que las películas se hacían como se ven: desde el principio hasta el final. Eso me tuvo preocupada durante el rodaje de *Empezó en boda*, porque no conocía la técnica: «¿Ahora hacemos el beso y están poniendo el decorado porque dicen que mañana hacemos la escena en que llegamos de recién casados y me entra en la habitación cogida en brazos, y ayer hicimos el final y para el principio tenemos que esperar a irnos a la iglesia y eso tiene que ser otro día?»

También me extrañó otra cosa del rodaje en la iglesia. Fuimos a San Damián, en Madrid, una iglesia de jesuitas, y me pusieron un vestido azul celeste:

—Pero ¿por qué me voy a casar de azul? ¡Qué feo! —decía.

—Que no; que es azul para que en la película dé blanco.

Todo eso lo fui aprendiendo a trancas y barrancas, sobre la marcha.

Empezó en boda se estrenó a primeros de octubre, y mi padre vino al estreno. Es curioso, pero yo no podía acudir al estreno, ya que era una película no apta para menores.

—¿Cómo no voy a poder ir al estreno de mi propia película? —me indigné.

Para solucionarlo, me buscaron un vestido de noche muy escotado, y Herreros y los productores mintieron acerca de mi edad, diciendo que yo tenía dieciocho o veinte años, cuando en realidad había cumplido dieciséis.

A mi padre le encantó, igual que a toda mi familia. Estaba muy delicado, porque el asma había empeorado, y había venido desde Criptana, adonde se había ido a vivir después de que Antonio se hubiese casado allí con Manolita. Elpidia también vivía en Criptana, y Ángeles estaba con mis padres. Sólo José estaba fuera, porque lo habían llamado para hacer la mili y le había tocado Vigo, aunque a veces bajó a Madrid y nos hicimos fotografías callejeras vestido de soldado. Era tan guapo mi hermano, y estaba tan enfermo; decía que no se sentía bien, que le dolía mucho y tenía espasmos en el intestino… La tuberculosis.

Mi padre murió el 22 de diciembre de 1944, y no le vi morir. Había muerto del corazón y sin poder respirar, asmático perdido. Fue la primera tragedia de mi vida, tragedia auténtica.

Unos días antes, habían avisado a la señorita Fina de que

mi padre tenía noches que no pasaba bien, y que a veces necesitaba oxígeno. Era una manera de anunciarnos que teníamos que estar preparadas porque quizá duraría ya poco. Luego fui con Enrique y Rafael Gil al estreno de *El clavo*, en el cine Palacio de la Prensa, que me entusiasmó y de la que tengo aún una impresión bárbara. Amparo Rivelles estaba maravillosa y la saludé, porque cuando las pruebas todo había sido muy rápido. Y enseguida llegó el día 22, nos dijeron que mi padre estaba malo, cogimos el tren y llegamos en medio de una tragedia horrorosa. No quise comer ni cenar ni nada. El mundo había cambiado.

Ya he dicho que siempre había conocido enfermo a mi padre. Lo he visto sufrir muchísimo por su asma. Muchas veces me decía a mí misma: «Por favor, que hoy pase una buena noche, que no tenga tanto sufrimiento.» Lo he visto ahogarse hasta casi morirse, y pasársele después. Pero esta vez no lo aguantó. Le dio un paro cardíaco, se asfixió, se murió.

Murió el 22, el 23 lo enterramos y el 24 era Nochebuena. Estábamos allí mi hermano Antonio con mi cuñada Manuela, embarazada de mi sobrina Toñi, mi hermana Ángeles, mi hermana Elpidia y mi Paco, o sea, su marido. Pero con quien yo quería estar realmente era con mi madre, que se había quedado sola.

La señorita Fina se molestó cuando se enteró de que yo no quería estar más con ella, sino con mi madre. Hablamos con don Ángel para que permitiese a mi madre y a mi hermana Ángeles venir al piso de Madrid, y al principio puso dificultades:

—Imposible. Eso serían cuatro bocas para alimentar —y decía cuatro, no tres, porque daba por descontado que la señorita Fina, al estar encargada de mi educación y saber más que mi madre, tenía que seguir conmigo, acompañándome a todos los sitios.

Don Ángel era muy severo y tajante, pero gracias a doña Pura, que intercedió por mí, conseguí finalmente su permiso.

Pero entretanto ocurrió algo tremendo, como tremendas son ciertas cosas en los pueblos: mi madre dijo que estaba embarazada.

Cuando murió mi padre, mi madre debía de estar al principio del embarazo, y estaba muerta de vergüenza:

—Ay, con mis hijos tan mayores y yo quedarme embarazada. ¿Qué dirán?

—Pero bueno —le decía mi cuñada—, ¿y qué van a decir?

Pero a ella sí le parecía grave lo de, con cuarenta y seis años, quedarse embarazada. Al parecer, ya se lo había dicho a mi padre en cuanto se enteró, y le advirtió:

—A mí no me van a ver embarazada.

Y efectivamente, desde el primer momento se puso una faja para que no se le notase el embarazo. Y así estaba cuando mi padre murió. Y así siguió, hasta que, con tantos sofocos como pasaba, tuvo un aborto natural, espontáneo, y perdió al hijo que llevaba. Eso ocurrió durante las Navidades, al poquito tiempo del entierro.

Mientras, la señorita Fina y yo habíamos regresado a Madrid. Mi madre se había quedado en Criptana para recoger toda su ropa y cerrar la casa, que no era la misma donde habíamos vivido antes de irnos a Orihuela y donde había nacido yo, sino otra que mi padre había alquilado enfrente de la iglesia. Y la verdad es que era una casa bastante decente. La que sí había sido nuestra la habíamos perdido al poco de irnos a Orihuela, porque mi padre no pudo pagar una deuda muy grande, y entonces se la quitaron como parte del pago. Y cuando regresaron a Criptana, ya pertenecía a otra gente. Por esto tuvieron que buscar un nuevo sitio para vivir, y yo les ayudé, porque la parte más importante del premio del concurso era un contrato con Cifesa gracias al cual ganaba quinientas pesetas al mes. De esas quinientas, me quedaba con doscientas cincuenta para mis gastos personales, y el resto se lo enviaba a mi padre.

Las doscientas cincuenta pesetas que me quedaba eran para comer y para vestir, aunque yo no era nada gastadora en ese sentido. Necesitaba calzar, tener algún vestido. Pero un abrigo me duraba cinco inviernos, y así me compré un chaquetón de piel malo, el más barato, que era de cordero. Tenía pocas cosas, pero, salvo ese chaquetón, buenas, y todo en negro.

Mi madre y mi hermana vinieron y vivieron con nosotras hasta que en 1945 me tuve que ir a Barcelona para el rodaje de *Se le fue el novio*, de Julio Salvador, en la que también salía Fernando Fernán Gómez, que estaba ya preparando su boda con María Dolores. En Barcelona estuve varios meses, y fue cuando conocí a la madre de Fernando, Carola Fernán Gómez, que decía de mí:

—Fíjate, es sólo una niña pero qué bien ha cogido la cámara.

Mi madre y la señorita Fina viajaron conmigo, y mi hermana Ángeles se quedó en Madrid; ella ya era una mujer de veinte años, y a veces cogía el tren y se marchaba a Campo de Criptana a pasar unos días con Elpidia y Antonio. Luego, cuando finalmente regresamos a Madrid, Ángeles volvió y ya no nos separamos en muchos años. La que sí se terminó yendo fue la señorita Fina, a la que ya no quería ni me interesaba, porque estaba a las órdenes de don Ángel y era tan poco afectuosa como él.

Mi vida cotidiana en el Madrid de aquella época no tenía nada que ver con la vida de fiestas que se supone que hacen las actrices. Los Ezcurra no me dejaban ni salir a la puerta de la calle. No iba a cócteles. A estrenos sí, que era la única ocasión para codearme con la gente, pero no a las fiestas.

Al morir mi padre, mi madre no sólo vino conmigo, sino

que también revocó el poder que tenían los Ezcurra sobre mí. Así comencé a alejarme de don Ángel. Poco antes, los Ezcurra habían demostrado que yo no estaba a su altura ni servía para ellos. Fue cuando José Ángel empezó a gustarme, aunque debo confesar que no encontré con él ni el amor físico ni el mental, de los que no supe nada hasta que conocí a Miguel Mihura. Es verdad, se ha dicho mucho, que cuando tenía ocho años nos besamos mi amigo Rodolfo y yo, pero eso era una cosa de críos que no lleva a ninguna parte. Él era simplemente un niño que me regalaba lazos de colores. Eso no era un beso, y mucho menos un primer beso.

Con José Ángel sí me besé, pero no hubo nada más. Él no se enamoró de mí. Yo le gustaba, pero nada más, porque había demasiada diferencia de edad. José Ángel era muy joven, pero no un nene; tendría unos veinticuatro años y ya había terminado su carrera de abogado. Cuando venía a Madrid me sacaba a los sitios, porque yo era preciosa. Me arreglaba con mucha intuición y me vestía de negro, que siempre me ha gustado, hasta el punto de que mi madre me llamaba «la viuda alegre» porque tenía poca ropa, pero toda negra. Rosa Zabala me había arreglado el pelo y yo me maquillaba; me pintaba muy poco pero muy bien, porque he tenido personalidad desde pequeña. Así aparentaba ser un poquito mayor de lo que era, porque ser menos entonces era terrible: yo no podía ir a espectáculos ni podía ver teatro, ni siquiera con Miguel Mihura. No podía tampoco ir a la revista. Si fui a ver a Celia Gámez fue porque don Ángel y doña Pura me llevaron por la entrada de artistas.

Con José Ángel, en principio, podía salir, porque era como un hermano. Pero un hermano que me gustó y con el que me sentí mujer. Con él bailé y con él me besé. Luego regresó a Valencia, me olvidó y se casó enseguida. Yo me quedé llorando, hasta que doña Pura me dijo:

—No llores, hija mía, que José Ángel no es para ti.

Y también don Ángel:

—¿Mi hijo? ¡Por Dios!

Ahora comprendo que los padres no querían para su hijo a una ignorante traída de Orihuela. Querían lo mejor. Pero, vaya por dónde, José Ángel se casó con una chica que había salido «miss» en Valencia, y de la que decían que tenía mala reputación. Don Ángel penaba:

—¡Ay, Dios mío, que se casa con una «miss»!

Pues se casó con una «miss», que resultó ser una mujer muy decente y muy honrada. Una chica de lo mejor.

En 1945, cuando ya no estaba la señorita Fina, me vino a hablar Cesáreo González para hacer una película con Imperio Argentina: *Bambú*.

VII

Nace Sara Montiel

Con el tiempo me hice muy amiga de Ladislao Vajda y de su mujer, pero quien realmente me ayudó fue Juan Gyenes, mucho más que Herreros. Miguel Mihura y Enrique Herreros no se llevaban bien; Miguel decía que Herreros no era trigo limpio. En esos años, Enrique aparecía y desaparecía, y sólo lo volví a encontrar cuando regresé de Estados Unidos.

Pero ni Enrique, ni Juan ni nadie quisieron sobrepasarse conmigo. El único que lo intentó fue Cesáreo González. Y lo hizo en su territorio, en su propio despacho, cuando fui a firmar el contrato de *Bambú*.

Cesáreo me acosó, me hizo proposiciones deshonestas, me dijo que quería que yo fuese su «amiga». Pero yo sabía que él tenía una hija y me aferré a ello:

—Eso que me está pidiendo a mí, pídaselo a su hija. A ver cómo le sentaría a usted.

Le paré los pies. Ante mi reacción, Cesáreo se la tuvo que envainar, se calló y nunca logró que yo fuese amiga suya.

Me acuerdo poco de Raffaello Matarazzo, porque yo no hablaba italiano, pero con quien hice muy buenas migas fue con el fotógrafo, Ruiz Capillas, y con la montadora, Sara Ontañón. Después, haciendo *Se le fue el novio* y *El misterioso viajero del Clipper*, conocí a Alejandro Ulloa hijo; entonces no nos hicimos novios pero sí amigos. Luego, ya de mayores, sí tuvimos una relación amorosa muy bonita. En *Se le fue el novio* era foquista, y después se convirtió en un director de fotografía de los grandes.

Ruiz Capillas y Sara me decían en el plató:

—No te muevas.

Y yo quería saber para qué, y era porque estaban midiendo el foco, la distancia. Esos detalles técnicos eran importantes, y yo me volvía loca con ellos. «Di la frase sin moverte. Mira aquí», y me ponían un negro, es decir, una tabla negra alta, en la que pintaban dos cruces de tiza, y me decían:

—Estos son los ojos de Fernando. Mira a esta altura.

Pero yo no entendía que Fernando no estuviese, y es que aún ignoraba la técnica del plano-contraplano.

Conocer la técnica del cine gracias a Ruiz Capillas y Sara Ontañón fue lo mejor de *Empezó en boda*.

Cuando comencé a rodar *Empezó en boda*, todavía me llamaba María Alejandra, pero era un nombre que a Enrique Herreros no le gustaba y me buscó otro. En realidad, no sólo no le gustaba a él, sino que no nos gustaba ni a mí ni a nadie.

Siempre me habían llamado María Antonia, pero, hacia el final de mi temporada en Orihuela, mis amigas empezaron a llamarme Alejandra, no sé por qué. El caso es que ni María, ni Alejandra, ni Antonia eran nombres que me gustasen para el cine.

Fue Herreros el que encontró mi apellido. Cerca de Campo de Criptana están los Campos de Montiel. Eso sí que le gustó a Herreros, por su sonoridad, y me lo puso como apellido, pero seguía sin aparecer un nombre de pila adecuado.

La solución la di yo. Mi bisabuela, la madre de mi abuela Ángeles, se llamaba Sara María; y yo, buscando posibilidades, di con su nombre y me gustó: Sara.

Sara Montiel.

Enrique Herreros, que estaba preparando la publicidad de la película, decidió utilizarlo de inmediato. Así salió publicado en la revista *Primer Plano*, que es donde lo vi escrito por primera vez.

En el reportaje se me veía bañándome en la piscina de los estudios. Salía también Fernando Fernán Gómez, así como Juan Antonio Bardem, que había ido a ver cómo rodaba su tía Guadalupe Muñoz Sampedro. Y aparecía un nombre que al principio no reconocí y que me hizo sentir desconocida: Sara Montiel.

Sara Montiel no era yo, pero era yo, pero no era yo.

Mis padres no dijeron nada por que me cambiase el nombre. Además, era algo bastante habitual cuando el nombre verdadero carecía de musicalidad. Y Sara Montiel era un nombre que sonaba muy bien, con fuerza, pero a mí me chocaba, me parecía algo extraño, ajeno a mí.

Y es curioso, pero después siempre me han llamado Sara, o Sarita en América. En cambio, para la gente más cercana a mí he sido Antonia. Para los íntimos, los que quiero y me quieren, respondo más por Antonia; para el trabajo y la gente que no pertenece a mi círculo, prefiero ser Sara Montiel.

Me costó reconocerme en el nombre de Sara Montiel. No fue hasta mucho más adelante que me acostumbré a él y tuvo algo que ver conmigo. Si Sara Montiel nació en 1944, yo no terminé de entrar en ese nombre hasta 1949, cuando hice *El capitán Veneno*, que fue mi última película con Fernando Fernán Gómez. Hasta entonces, prefería ser Antonia incluso en el ambiente de los rodajes. En esto, había una excepción con Juan de Orduña, que siempre me llamó «Nena». Nena fui para él cuando hicimos las pruebas, y Nena volví a ser cuando rodamos juntos *Locura de amor*. Ya en Méjico sólo fui Sara Montiel, aunque tampoco, porque allí me llamaron Sarita.

Tal vez me sentía un poco desligada del nombre porque, en verdad, los papeles que me daban eran muy pequeños y, más que identificarme con el nombre, lo que importaba realmente para mí era que había una mujer llamada Antonia que luchaba por sobresalir. La lucha de Antonia, su coraje, su valor, estaban muy por encima de Sara Montiel. Por eso Antonia se deprimía cuando iba a ver a Ingrid Bergman o Rita Hayworth y pensaba que no conseguiría ser una actriz como ellas, pero después seguía luchando para alcanzar su sueño.

Cuando regresé a España, yo ya era Sara Montiel, pero no lo era dentro de mí cuando me fui. En Méjico tuve la suerte de empezar como protagonista, con un éxito enorme en todas las películas, lo que no había ocurrido en España. Así me identifiqué con Sara o Sarita Montiel. Y aunque entonces yo me vi más como Sara, el público me llamó Sarita. Y, por empeño de los productores, tuve que ser Sarita Montiel en los títulos de crédito de *Veracruz*, porque opinaban que Sara era nombre de negra y me dijeron que no querían que se confundiese el origen del personaje.

Nunca me he arrepentido del nombre de Sara Montiel, ni siquiera en la época en que no tuvo repercusión en España. Porque realmente *Empezó en boda* fue una película que desapareció enseguida, y que sólo me sirvió para que dijesen de mí lo mona que era. Con *Locura de amor* sí comenzó a sonar el nombre, pero a mí me pilló en una época muy mala, porque la hice con diecinueve años en un momento en el que cumplir años me preocupaba. Yo quería conseguir un éxito de joven, un éxito inmediato. Yo creía entonces que lo normal cuando se tiene éxito era conseguirlo antes de los veinte años; ahora sé que no es así, sino que es después cuando se tienen los recursos y la capacidad para asimilarlo. Se tienen más oportunidades, o al menos es más difícil que pierdas la ocasión si te llega.

Locura de amor sí fue una oportunidad que no perdí. La hice con una fuerza y una garra tremendas, pero la que triunfó luego y se llevó todas las críticas y la atención del público fue Aurora Bautista. Por supuesto, Aurora era la protagonista y estaba fabulosa, mientras que yo sólo tenía un segundo papel, bastante bueno y agradecido, pero al que hice destacar más aún gracias a mi interpretación y mi personalidad. Hasta el punto de que la gente, cuando iba a ver la película, decía:

—La que está buena es la mala. Esa está buenísima.

En *Locura de amor* yo era la princesa Aldara, una mala malísima que iba contra Juana la Loca. Como es lógico, todo el mundo estaba a favor de la reina, y yo pasaba inadvertida. Sin embargo, creo que quedé muy bien físicamente, y también como actriz. Recuerdo que rodamos una escena en la puerta de la Catedral de Burgos y, como hacía un frío terrible, Jorge Mistral y yo teníamos que coger trozos de hielo y ponérnoslos en la boca; cuando decían «¡Cámara!» escupíamos el hielo y empezábamos a hablar. De no hacerlo así, nos salía tanto vaho que parecía que estábamos fumando, y en los primeros planos se condensaba muchísimo. Así cogí una pulmonía.

Lo cierto es que yo ya estaba enferma, aunque no lo sabía, y tuve que pasarme casi todo el año 1948 en un sanatorio antituberculoso en la sierra: el Sanatorio San Rafael. Allí estaba todavía la noche en que se estrenó la película, que fue una de las noches más tristes de mi vida. Y eso que en el sanatorio tuve ocasión de pasar noches muy tristes, porque a través de los balcones que daban a unas grandes terrazas veía cómo bajaban los cadáveres de montones de chicos jóvenes que morían como chinches, enfermos de tuberculosis.

Estuve muy grave tras *Locura de amor.* Mi salud ya era muy delicada desde años antes, y me habían tenido que operar de la garganta a causa de unas paperas. Pero nada fue tan grave como esto. Vi mi vida terminada, los sueños de mi juventud rotos para siempre. Mi hermano José había muerto de tuberculosis en 1945, y yo notaba cómo se acercaba la hora de mi muerte.

Con la primera hemoptisis, me llené de sangre. Salía a borbotones de mi interior, y en el pulmón derecho se me hizo una caverna más grande que un puño. Tenía que haberme operado en Barcelona el doctor Margaret, cuyo hijo, especialista en riñón e hígado, operaría a mi marido. Pero hubo que actuar antes y el marqués de Villaverde, Cristóbal, se portó de maravilla conmigo. Él estaba trabajando con el doctor Navarro Gutiérrez, aquel tisiólogo extraordinario que Franco se vio obligado a sacar de la cárcel para que solucionase los numerosos casos de tuberculosis que se dieron entonces, y fue el que me hizo los neumotórax, insuflándome aire para secar el pulmón. Después se diría que Cristóbal era un mal médico, y que no era más que un enchufado, pero yo le he visto salvar a un niño de siete años que estaba gravísimo del pulmón. Como yerno de Franco, supongo que tendría obligaciones y deberes sociales, pero tengo un gran recuerdo de él. Al morir, no pude ir a su entierro, pero sí fui a su funeral, y me dio mucha pena de que hubiese muy poca gente a pesar de haber ayudado a tantos. Y no lo digo porque fuese amigo mío, porque en realidad no tuvimos mucha relación, sino por justicia. De todos modos, a veces coincidíamos y recuerdo cómo estaba orgullosísimo de no haber dejado que me operasen:

—Te hemos salvado la espalda; de haberte operado, tendrías una cicatriz enorme y no podrías llevar escote.

Miguel Mihura, que fue, junto a mi madre, el único que me acompañó en el sanatorio, también había estado enfermo. De pequeño, se le había deformado la rodilla por un golpe. Se le hizo un hematoma y el hueso se le dañó. De eso se quedó cojo y tuvo que estar muchos años acostado y sin poder caminar. Por eso él pudo comprender muy bien cómo estaba destrozada al verme así, después de luchar tanto para hacerme un hueco en mi trabajo y en la vida.

—Eres muy joven —me decía Miguel—, y te vas a salvar. De esta no te vas a morir.

Pero yo seguía tosiendo sangre.

Así estaba cuando escuché cómo radiaban el estreno de *Locura de amor* por Radio España. Decían los nombres de todos los asistentes, y oí el nombre de Amparo Rivelles. Recordé cómo había estado yo en el estreno de *El clavo* y cómo me había quedado impresionada por su interpretación. En cambio, cuando llegué a Barcelona para mis primeras pruebas y coincidí con ella y Alfredo Mayo, que rodaban *Deliciosamente tontos*, estaba demasiado nerviosa para fijarme en su trabajo. Pero desde el estreno de *El clavo* ella se convirtió en mi modelo de actriz dentro del cine español, igual que Ingrid Bergman lo era en el cine internacional. Delante de una cámara, Amparo era una mujer maravillosa.

También fue al estreno mi amigo Jorge Mistral. Nos queríamos mucho desde que habíamos coincidido haciendo pruebas para *Mariona Rebull*. José Luis Sáenz de Heredia nos rechazó para los papeles principales y se equivocó totalmente. De eso se arrepintió toda su vida; está dicho por él y además es verdad, porque Jorge y yo estábamos en una edad divina: él para hacer el viudo Rius, y yo para Mariona. Fue una desilusión tremenda para los dos.

Por suerte, Jorge Mistral sí tuvo mucho éxito con *Locura de amor*, y su carrera fue para arriba. Dio un salto tan grande y tan descomunal que se fue a Méjico mucho antes que yo y se convirtió en una estrella, y en 1957 protagonizó una película junto a Sofía Loren: *La sirena y el delfín*, de Jean Negulesco.

Y mientras toda esa gente a la que admiraba acudía al estreno, yo lloraba y tosía sangre.

Cuando salí del sanatorio, volví con mi madre al piso de la calle del Carmen 28, en el que vivíamos con mi hermana Ángeles desde 1946. Cuando hicieron la revista *Triunfo*, los Ezcurra requirieron el piso del Palacio de la Prensa, porque lo necesitaban para oficinas. De ahí nos habíamos ido a casa de la duquesa de Huete, donde alquilamos dos habitaciones pequeñas con derecho a cocina: en una dormía yo con mi hermana, y en la otra dormía mi madre.

Cuando nos fuimos al ático de la calle del Carmen, nos

pareció vivir en un palacio, porque eran dos habitaciones pequeñitas, un cuarto de baño pequeñito y una salita de entrada también pequeñita, pero era nuestro.

Todo esto lo pagaba yo con mi dinero, porque ya no tenía dependencia de los Ezcurra. Si al principio Cifesa me pagaba 500 pesetas al mes, por *Te quiero para mí* me pagaron unas 2.500 pesetas, y 7.000 por *Empezó en boda*. También me pagaron bien por *Bambú* y por *Se le fue el novio*, que hice justo antes y que es una película que no he podido conseguir pero que es importante para mí, porque en ella canté un aria de *Lucia di Lammermoor*.

Luego vinieron *El misterioso viajero del Clipper* y *Por el gran premio*. De esta película no me acuerdo mucho, pero lo más importante es que gracias a ella conocí a Tony Leblanc y tuvimos una buena amistad. Tony me presentó a sus padres, que eran guardeses del Museo del Prado y tenían una vivienda dentro del museo. Ellos me invitaron a ver el museo cuando quisiera, y me enseñaron todo. Así empecé a ir todos los días al Prado, y seguí haciéndolo hasta que me fui a Méjico. Mis dos aficiones de esos años fueron el cine y el Museo del Prado, que se convirtió para mí en una segunda casa.

Después he dejado de ir tanto al Prado, entre otras cosas porque las colas para entrar son de miedo. Y también me pongo nostálgica cuando noto los cambios que han hecho, aunque por otra parte me he alegrado mucho de ver cómo han restaurado y ordenado todo mejor de lo que estaba. Pero entonces tenía para mí algo más cercano, de tanto como conocía las salas, e incluso los sótanos, que estaban muy abandonados. Por eso me alegré tanto cuando vi que sacaban la Dama de Elche y la exponían. Era muy triste ver cómo estaban amontonados los cuadros y las esculturas en el sótano, sin ninguna protección.

Estaba muy vacío el Prado entonces. Casi nunca encontrabas a nadie, excepto a los copistas. Rubens, Goya y Velázquez eran los favoritos de los copistas. A veces había cinco copistas para un mismo cuadro. Y de «Las majas» habré visto hacer treinta y tantas copias como mínimo. Yo me quedaba a su lado, viendo cómo pintaban y preguntándoles. Conocí el Prado como la palma de mi mano.

VIII

Miguel Mihura

Aunque se ha dicho que Enrique Herreros me presentó a Miguel Mihura, no es verdad. A Miguel lo conocí en los estudios CEA mientras hacía el doblaje de *Bambú*.

En los estudios, cuando nos conocimos, le caí muy bien, pero no recuerdo por qué.

Miguel supo que Herreros me había puesto el nombre de Sara Montiel, pero él siempre me llamó Antonia. Me dijo que lo conocía porque estaban juntos en la revista *La Codorniz*, aunque no le caía bien. De hecho, fue Miguel quien más me habló de Enrique Herreros, porque en 1944, cuando yo lo había conocido, tampoco supe mucho de él. Sabía que hacía publicidad y que era listísimo, pero no sabía que dibujaba ni que hacía chistes en *La Codorniz*. Pero ya Herreros desapareció de mi vida, en el sentido de que dejó de hacerme publicidad hasta que otra vez volvió a trabajar para mí cuando regresé de Estados Unidos. Lo que sí hizo en 1946 fue invitarme al estreno de una película que había dirigido él y que tuvo lugar en el Palacio de la Música. Se trataba de *María Fernanda la Jerezana*, que era también la primera película de Nati Mistral, en la que, cosa curiosa, hacía de cupletista. Allí conocí a Nati, pero Enrique ya no estaba en mi vida artística.

Miguel me impactó desde el primer momento, aunque yo no sabía aún quién era Miguel Mihura y cuál era su importancia, que entonces, de todos modos, no era todavía lo que había de ser, porque *Tres sombreros de copa* no se estrenó hasta 1952. Me impactó por él mismo, como persona. Me decía:

—Antonia, eres muy rica. Muy rica.

Eso ya desde el día en que nos conocimos, y enseguida me puso al habla con su hermano Jerónimo. Luego escribiría un personaje para mí en *Confidencias* que fue su primer guión original y que lo dirigió Jerónimo en 1947.

Cuando conocí a Miguel, yo tenía diecisiete años y él cuarenta. Y me enamoré de él.

Miguel vivía en un chalet de la colonia del Viso. El mismo día que lo conocí me invitó a tomar algo en su casa con otras personas, y allí me presentó a su madre, que vivía con él.

Antes de ir, yo le había avisado a Miguel:

—Tengo que estar en mi casa antes de las nueve de la noche.

Esto era en 1945, cuando mi madre ya había venido a vivir conmigo en el Palacio de la Prensa. Yo no tenía costumbre de ir a fiestas, ni desde luego llegaba tarde a casa. Si tenía que salir a un estreno, venían a recogerme. Y siempre era gente conocida, como Enrique o Rafael Gil y su mujer Vicenta, con quienes hice amistad cuando todavía no nos podíamos ni imaginar que él me haría una película tan bonita como *La reina del Chantecler*, además de *Don Quijote de la Mancha* y *Samba*.

Así que Miguel me acompañó en su topolino, aquel cochecito pequeñito italiano que fue clave en los años cuarenta —y por el que a las niñas pijas se las llamaba «niñas topolino»—, hasta la Plaza del Callao; pero saliendo de su casa empezó a llover y se le pinchó una rueda. No había ningún café en los alrededores, porque es una zona sólo de casitas, y no podíamos llamar a nadie para que viniese a recogernos; y de todos modos tampoco habría podido avisar a mi madre, porque entonces no se acostumbraba a tener teléfono, que era un lujo asiático, y nosotras no lo teníamos en casa.

Cada vez que paso por aquel lugar, aunque sea de día, recuerdo la oscuridad de la noche, el olor de la lluvia; y recuerdo, sobre todo, a Miguel cambiando la rueda él solo, con su cojera, empapándose y diciéndome:

—Antonia, rica; métete en el coche que te estás mojando.

Llegamos a mi casa a las diez y media. Mi madre y mi hermana estaban muy inquietas, preocupadísimas. Mi madre sabía que yo había ido a los estudios, y mi retraso la intranquilizó, aunque no estaba histérica porque ella jamás fue así. Siempre tuvo plena confianza en mí, y sabía que tenía que haberme pasado algo para no haber regresado a las nueve.

—María —le dije, porque yo siempre he llamado María a mi madre—, he conocido un hombre muy pequeño, muy bajito, pero más majo y más inteligente… Me ha llevado a su casa con unos amigos. Vive en un chalet precioso, y me ha presentado a su madre. Cojea de una pierna, pero es muy simpático y me ha encantado conocerlo.

—¿Y es muy mayor?

—Treinta y ocho o así —dije, quitándole años.

Miguel y yo empezamos a salir. Me decía:

—Antonia, que tengo que ir a ver una obra de Tono.

Y yo iba con él. Todavía no conocía bien el teatro, y Miguel me lo fue descubriendo y me presentó a sus amigos.

Miguel flipó por mí y yo por él, pero él lo hizo de una manera más responsable, más cariñosa y dulce que yo. Yo no era tan dulce como aparentaba. Siempre he sido callada, pero tenía mi genio y mi energía.

Tanta energía tuve que me enamoré y quise casarme con él, pero no quiso:

—Antonia, ¿qué voy a hacer yo contigo?

Ahora entiendo que él consideraba que había demasiada diferencia de edad entre nosotros, pero yo sólo sabía que le quería.

Miguel Mihura y yo estuvimos juntos cuatro años. Ya en Méjico conocí a más hombres y empecé a vivir más, pero

Miguel fue el primer hombre auténtico de mi vida, el primero con el que estuve como mujer, y en todos aquellos cuatro años fue el único.

Antes de Miguel había tenido una relación muy extraña y que duró muy poquito tiempo con un hombre misterioso que conocí en la Asociación de la Prensa por mediación de su presidente, que era Francisco Casares. Aunque yo no sabía leer ni escribir, sí empezaba a meterme en ese mundo del periodismo y las revistas gracias a los Ezcurra, y así es como topé con este inglés, que tendría unos treinta y tantos años, que me gustó, y con el que mantuve relaciones amistosas, pero intrigantes, durante un par de meses, hasta que desapareció.

Me llamaba «pequeña», y me llevaba mucho al cine Avenida a ver los noticieros, porque le interesaba lo que se hacía en Alemania y apuntaba cosas en un papel: que si las fuerzas del Eje, que si han conquistado tal o cual... Pero luego, cuando comenzaba la película, me decía:

—No nos quedemos. Vamos al café de abajo y luego te llevo a tu casa.

Y yo me quedaba extrañada y me tomaba un café con leche, porque entonces no bebía ni siquiera cerveza; lo único era un poquito de vino en la comida, cosa lógica siendo manchega y vinatera.

Una noche me llevó a un cóctel en la Embajada Británica, y le pidió permiso a mi madre, porque era muy respetuoso. Aunque yo le gustaba, y él a mí, no se insinuaba ni intentaba propasarse, porque el trato y las costumbres entre un joven y una chica de diecisiete años que no tenía novio eran muy formales, como correspondía a la educación de la época. Todo con él era amistoso, pero al mismo tiempo novelero, como de película. Me decía:

—Tú no sabes nada de mí. Yo voy a estar muy poco tiempo aquí porque tendré que irme.

Nunca fue mi novio, pero me gustaba salir con él, y a él le gustaba salir conmigo. Tampoco supe su auténtico nombre.

Le llamaba Jacobo, aunque no me acuerdo de los apellidos; pero da igual porque serían falsos.

Tenía una pinta estupenda y era muy educado, además lo había conocido con Casares, Ezcurra y toda esa gente, por eso a mi madre le parecía bien que saliese a veces con él. Tenía un coche negro, y con él íbamos a El Pardo, a la Dehesa de la Villa… También me llevaba a comer a Horcher, y es que era un tío bien.

Pero desapareció, y a mí me entró mi primera depresión. Todo era tan novelero que me quise suicidar tirándome de un tranvía, que ahora me da risa.

Lo de Jacobo fue una fantasía adolescente, en cambio lo de Miguel Mihura sí fue amor. Me entregué a él en cuerpo y alma. Tuve locura por él, y él en cambio me decía:

—Antonia, tú tienes que marcharte de aquí, porque no eres para este mundo.

Miguel sufrió mucho conmigo, porque me quería muchísimo. Tenía unos ojos muy bonitos y una sonrisa preciosa. Además era un cachondo mental increíble, y tenía una inteligencia sobrenatural. Era maravilloso como persona, lleno de humor y de cerebro, puro talento. Y, lo que son las cosas, cuando volví de América me dijo:

—¿Y por qué no te enseñaría a leer y a escribir? ¿Seríamos idiotas?

Miguel escribió mucho mientras estuvimos juntos. Sus grandes estrenos fueron en los años cincuenta, pero algunas eran obras que ya había escrito y que me leía.

También le escribió un guión a María Félix, e hicieron mucha amistad. Yo andaba siempre descalza en el maravilloso piso al que se había trasladado. Y me decía:

—Te pareces a María, porque andas descalza y eres tan bella como María. Sois las dos mujeres más guapas que yo he conocido y que conoceré en mi vida.

María también admiraba a Miguel y fue como amiga a aquel piso, pero nunca quiso conocerme a mí. Sólo nos hemos conocido y nos hemos hecho retratos juntas ya en la vejez, pero entonces no. Miguel me llevó a una fiesta que le daban en un hotel, y se negó a retratarse conmigo. Y en Méjico fui a verla rodar y me echó del plató. Ahora, como decía mi madre:

—En la vida, hija mía, todo llega.

Y es verdad.

María Félix ha sido la mujer que más he admirado como belleza en una pantalla. Y a pesar de esos desplantes no la he rechazado jamás. Lo de Méjico ocurrió cuando ella estaba haciendo *Camelia*, con Jorge Mistral, y yo estaba en el plató de al lado rodando *Necesito dinero*, con Pedro Infante y dirigida por Miguel Zacarías, que había sido precisamente el que la había hecho debutar en *El peñón de las ánimas*. Yo le dije a Miguel Zacarías;

—Don Miguel, quisiera conocer a María Félix, porque en Madrid no pude y tengo unas ganas locas de saludarla, o por lo menos de verla.

—Pues pase, que está ahí trabajando —me dijo Zacarías.

Los platós estaban juntos, con unas puertas correderas muy fuertes para insonorizarlos. Yo entré y saludé a Jorge y a Cesáreo González, que estaba allí. Para la escena que estaban rodando habían montado un comedor con una reja, a través de la cual María le hablaba a Jorge. Yo, muy prudente, me fui a un rincón para verla rodar, pero ella me vio y dijo:

—Aquella señorita no puede estar aquí en el set. Fuera.

Yo me marché llorando, pero Jorge vino a consolarme:

—Ay, mujer; es que doña María es muy difícil. No te preocupes.

Y pasaron los años y estaba yo trabajando en una sala de fiestas en Méjico que se llama El Patio. Y por la noche, antes de salir a escena, nos viene el dueño de El Patio y nos dice a Pepe y a mí:

—Ay, mire usted, señor Tous, ¿no podrían ustedes retrasar un poquito la presentación de doña Sara? Doña Sara, ha llamado María Félix y dice que ha estado en una fiesta benéfica y ya ha salido y viene para acá, pero que ahora está en un atasco de coches. Que si se puede retrasar.

Yo estaba esperando a María Félix desde 1947, así que no me importó retrasar mi aparición. Cuando salí, canté llorando; y a las dos o tres canciones paré y dije:

—Se encuentra con nosotros una mujer maravillosa. Una mujer con la que, además, ella y yo hemos tenido un amigo muy grande. Ustedes la adoran, como la adoramos en España, como la adoro yo: doña María Félix.

Aquello se caía. Empezaron a aplaudir, a golpear las servilletas como hacen allí:

—¡Hua, hua! ¡Chula!

Pero María seguía en su silla, sin levantarse. Entonces volví a hablar, dirigiéndome a ella:

—Señora, haga el favor de levantarse y saludar a todo este público que es el suyo y que tiene derecho a que usted lo salude. Levántese, señora.

Se lo dije así, porque no había otra manera. A mis cincuenta y cuatro años, yo ya era una mujer hecha y derecha y sabía de qué iba la cosa:

—Señora, levántese porque este es su público. Además queremos ver lo bella que es usted, lo maravillosa que es usted. Levántese, señora.

Y se levantó, en silencio. Entonces bajé del escenario, me fui a ella y nos hicieron una fotografía como si nos hubiéramos conocido de toda la vida. Luego, muy seca, se sentó.

Después no vino al camerino a saludar ni nada, porque para la Doña eso era mucho. Pero yo la esperé; desde 1947 la esperé, porque en la vida te tienes que esperar. Porque yo la he admirado mucho y me moriré admirándola. Y hace pocos años, la invitaron a un festival de cine que hubo en Madrid para darle un homenaje. Se hizo en un sitio horroroso, muy alejado del centro, y allí acudí con Gonzalo Presa, con María Rosa... Mis amigos y yo estábamos en la entrada sólo para verla, pero había acudido muy poca gente. Fotógrafos y cámaras sí, pero público había muy poco.

María Félix llegó a este sitio, sola. Entró, y vi que no la recibía nadie. Entonces me acerqué a ella y le dije:

—Señora Félix, soy Sara Montiel.

—Qué preciosa. Sigue tan preciosa como siempre —me dijo con su suave acento mejicano.

—Yo la acompaño —me ofrecí.

—Sí. No me suelte del brazo.

Y me cogió el brazo y se apoyó en él. No se separaba de mí para nada. Llamé a los fotógrafos y se los presenté, y le decía:

—¿Nos ponemos aquí, por favor?

María estaba muy, muy enfadada: «Aquí, tan sola. Aquí, tan lejos, sin nadie.» Pero yo la calmé, y gracias a mí se solucionó lo que podía haber sido algo muy desagradable. La acompañé al escenario, que es grandísimo, y entonces me dijo:

—No quiero salir sola. Quiero salir contigo.

—Usted tiene que salir sola, porque usted es una mujer maravillosa. La adoramos todo el mundo, y la gente que hay aquí está porque quiere adorarla.

Y ella salió sola a recibir los aplausos. Salió arrastrando los pies porque yo se lo aconsejé, ya que ese escenario, que es enorme como una plaza de toros, es muy resbaladizo. Y al acercarse al micrófono, elogió la ciudad:

—Estoy muy a gusto aquí en Madrid, porque Madrid ha significado mucho en mi vida.

Estuvo maravillosa, y al poco añadió:

—Y estoy aquí con una de las estrellas que ni ustedes le dan el realce que tiene en el mundo entero: Sarita Montiel. La conocemos más los mejicanos que ustedes.

El público la aplaudió, y entonces me llamó para que saliese al escenario con ella. Le dieron una placa de homenaje, y yo se la entregué. Me pidieron que hablase por el micrófono, y yo dije lo que pensaba: que María Félix era una maravilla. Y también agradecí a Dios el que me hubiese llegado la hora de poder tenerla cerca:

—Porque desde el año cuarenta y siete voy detrás de ti, y tú no te quisiste hacer ninguna fotografía conmigo —le dije, pero con humor—. Porque eras bellísima. ¿Verdad que para nosotros no ha habido nadie como María Félix? ¡María Félix!

Y el público aplaudía más y más; y ella, que se le acababa de morir el hijo, estaba emocionada. Y entonces me pidieron que cantase «La violetera», y yo dije que por la señora Félix y por el público cantaría sin música y sin nada. Y canté «La violetera». Lo hice a pelo, y se cayó el teatro.

Pedro Olea, que estaba delante, lo podría contar. Me dijo:

—Sara, por favor, preséntamela, porque me muero por ella.

—María —le dije—, te presento a Pedro Olea, que es un chico maravilloso y un gran director del cine español. Y lo más importante es que te adora desde que nació.

Y María habló con Pedro, aunque ella siempre ha sido muy reacia a hablar con periodistas o gente que no conoce. Luego, como además era su cumpleaños, me la llevé a cenar. Como era lunes, no estaba abierto ningún sitio de flamenco, que es lo que ella quería. Suerte que, llamando por teléfono, encontramos un restaurante abierto donde le hicieron una paella. Y cuando íbamos en el coche camino del restaurante me cantó mis rancheras, canciones de mis películas… Decía a lo mejor:

—Me gusta esa que cantas en *La violetera*. ¿Cómo era? «Soy rosa de Madrid, soy rosa de Madrid…»

Se las sabía mejor que yo. Estaba divina y es divina. Inteligentísima. Cuando después de cenar la llevamos al hotel Ritz, me dijo:

—Vendrás mañana, ¿verdad? Que mañana regreso a París.

—¿A qué hora quiere usted que venga?

—Ay, yo duermo tan poco —suspiró.

—¿Quiere que venga para desayunar con usted?

—Sí. Ven como a las nueve y media o diez.

—Yo vengo a las nueve y media o diez, estoy con usted, la acompaño al aeropuerto y la dejo en el avión.

Javier Aguirre, que es un hombre majísimo, y está casado con la divina Esperanza Roy, dirigía el festival. Se presentó en el Ritz con el coche para llevar a María al aeropuerto, pero María se negó a ir con nadie que no fuese su amiga Sarita Montiel.

Y yo le dije a Javier la verdad: que su gente no se había portado bien con María la noche anterior, y que menos mal que había estado yo. El problema había sido que María había llegado antes de tiempo, y a Javier, que es un hombre estupendo y muy tímido, no le había dado tiempo a salir a recibirla, porque ese es un sitio inmenso e inhóspito. Y María, que es una mujer con tanto genio, si no llego a estar yo para presentarme a ella en el mismo momento de su llegada, se da la vuelta y se va.

Así que le dije a Javier que no se preocupase, que yo la llevaría con mi chófer. María, que es una mujer muy puntual, ya tenía la maleta esperándola abajo; entonces desayunamos, la llevé al aeropuerto, y hablé con los chaquetas rojas de Barajas para que la atendiesen especialmente y no le faltase de nada, porque viajaba sola hasta París. Me dejaron entrar en el avión, se sentó y allí me despedí de ella. Y entonces me dijo:

—Sara, te deseo lo mejor del mundo. Pero algo que también te deseo es que nunca, nunca, entierres a un hijo, porque lo más triste que le puede pasar a una madre es enterrar a un hijo.

Yo había conocido a Quique, su hijo, que murió mientras discutía un guión con un productor: se acaloró y cayó fulminado. Era una persona estupenda, enloquecido por su madre, quien aceptó siempre que su hijo fuera homosexual y lo quería con locura. Iba con ella cuando fueron a verme a El Patio, y era un hombre muy simpático y muy accesible.

Creo que la inaccesibilidad de María Félix y su actitud conmigo cuando éramos jóvenes me sirvió para ser yo más accesible con la gente. Jamás me he comportado como ella. Ella armaba unos pitotes increíbles con la prensa en Méjico y en todas partes. Era doña Bárbara, la Doña, y le tenía miedo todo el mundo. Yo me decía: «¡Qué tonta! Yo no seré así. Con esa cara que tiene, ¿qué le cuesta ser amable con la gente?»

No, yo no me he comportado como ella nunca. Yo tenía veinticinco años cuando estaba en Méjico y todavía no había hecho *El último cuplé*, pero ya veía que ese no era mi camino. Jamás ser una estrella distante.

Cuando ya hice *El último cuplé* y no podía ni salir a la calle, por dentro seguía siendo igual. Ni me volví de otra manera de ser, ni egoísta, ni orgullosa. Acepté el éxito porque estaba segura de que tenía que llegar. Y cuando vi la reacción del público en el Rialto, lo comprobé.

Pero ni cuando era la diva número uno de media Europa, América y España, dejé de sentirme totalmente cerca del público. Y lo sigo estando.

Miguel Mihura era un hombre muy dulce al que provoqué yo. Yo fui la que le metió caña y la que quiso casarse. Él no, porque en ese sentido me respetaba muchísimo, pero yo quería estar con él. Y estuve: fue el primer hombre que tuve en mi vida, el que me hizo mujer. Pero yo quería más.

Tuve muchos problemas con Miguel, porque yo creía que no me quería. Cuando me dejaba en casa y se marchaba, yo le seguía. Él iba mucho a un sitio que tenía fama entonces y que se llamaba El Abre. Cuando él se marchaba con su cochecito, yo cogía el autobús número 1 y me bajaba en el principio de la Gran Vía, enfrente de Chicote.

Se trataba de un local de fulanas caras; pero no un burdel, sino un local de copas. Yo me quedaba fuera, esperando a ver si salía con alguna mujer. Y en una ocasión, efectivamente, así ocurrió: Miguel salió de El Abre acompañado por una de aquellas mujeres, una prostituta.

De todos modos, esto pasó antes de estar conmigo, cuando todavía nos veíamos sólo como amigos. Él ya me quería entonces, pero me veía muy joven y no tenía intención de que pareciese que me estaba embaucando con su madurez. Porque él me quería con muchísima ternura y yo en cambio le quería a él con pasión y con deseo.

Deseaba a Miguel, sí. Me tenía totalmente encantada. Tenía la gracia por arrobas, y se veía en sus dibujos, que es una pena que no se conozcan más, porque dibujaba muy bien. Cualquier conversación él la convertía en una obra de arte, y además no me apartaba de su trabajo. Si hacía un dibujo o escribía algo, me llamaba y me lo enseñaba:

—Antonia, mira esto a ver qué te parece.

Cuando me fui a Méjico, me escribió unas cartas preciosas, y yo las guardé en una carpeta junto a otros textos que me había escrito León Felipe. Pero al marcharme a Estados Unidos, esa carpeta se extravió y no logré recuperarla.

Miguel y yo estuvimos viéndonos durante más de un año sin que pasase nada entre nosotros. Yo me quedaba con él hasta muy tarde casi cada día, primero en el chalet de su madre y luego en un piso que cogió en la calle Viriato. Andaba siempre descalza en su casa, fuese invierno o verano, y su madre decía:

—Pero esta chica va a coger un catarro.

Y en esas, aprovechándome de que yo era menor, traté de embrollarlo para obligarle a casarse conmigo. Estaba tan enamorada que, cuando lo vi con aquella mujer, al día siguiente se lo dije y le monté un follón de miedo. Pero yo no tenía ningún derecho a decirle nada ni a reprocharle que se fuese con otra, porque todavía no estábamos juntos y él podía hacer con su vida lo que quisiera.

Esto, como siempre, mi madre lo vio claro. Mi madre me ha conocido mejor que nadie, y yo jamás le mentí ni le oculté absolutamente nada. Y así, cuando le hablaba de mis problemas con Miguel, ella me decía:

—Hija mía, a ti te gusta el hombre inteligente, lo admiras. Y Miguel también te quiere a ti. Pero él sabe que tú eres muy joven, demasiado chica.

Miguel sabía que lo nuestro no podía durar. Él se veía a sí mismo mucho mayor que yo, y tenía miedo de que yo lo eligiera como hombre para mí, porque no quería hacerme daño. Cuando cayó enfermo de joven, sufrió mucho, pero también había madurado como persona más de lo normal, y tenía un complejo físico muy grande que le hacía sentir inferioridad. No sé por qué, porque luego, por otra parte, Miguel era un mujeriego tremendo; no tenía ningún problema con las mujeres, y las conseguía a todas. Pero en mi caso era yo la que acosaba, y mi madre le habló:

—Miguel, ya sé que no te quieres casar con Antonia y además es imposible, porque tú eres un hombre maduro y le llevas muchos años de diferencia.

Y aunque ellos dos estaban de acuerdo, yo seguí insistiendo y avasallándole. Y la verdad es que era fácil para mí, porque yo tenía una figura y una cara estupendas; y aunque no trabajaba tanto como habría querido, lo cierto es que no pasaba inadvertida. Pues aun así, él no se enamoró de Sara Montiel: se enamoró de Antonia Abad.

Aunque nos habíamos conocido en 1945, no empezamos a acostarnos hasta 1947. Pero en los casi cuatro años que estuvimos juntos, podría contar con los dedos de una mano las noches que habré dejado de dormir en mi casa. Me quedaba con Miguel hasta un poco más tarde de lo normal, pero siempre regresaba a dormir en mi cama, y sola. Lo hacía así por un respeto a mi madre que he tenido toda mi vida. Jamás he metido a un amante mío en la casa donde mi madre ha estado conmigo, y Miguel, que fue el primero, tampoco fue la excepción.

Es decir, a casa sí venía, pero no para hacer el amor. No sólo venía a vernos, sino que muchas veces se quedaba a cenar, y le gustaba, como a mí, la tortilla de dos huevos batidos con queso, que cada vez que la como tengo a Miguel presente. Y también le gustaba con cebollinos. Mi madre lo adoraba. Además, como yo era menor de edad necesité su permiso para poder casarme con él, y es que llegué a embrollarlo tanto que fuimos a la iglesia del Carmen para preparar nuestro matrimonio, arreglamos todos los papeles necesarios y hasta nos leyeron las amonestaciones.

Él, que era un hombre maravilloso que valía muchísimo, y además era un señor, tampoco se llevaba las conquistas a su casa del Viso, para sentirse más libre y por respeto a su madre, que era una señora muy agradable y que, aunque era mayor, se sentía vital, joven. Varias veces fuimos los tres a ver al Cristo del Pardo, porque ella era muy creyente. En cambio, Miguel no lo era, aunque no llegaba a ser ateo. Mientras yo estuve en Méjico, la pobre mujer murió, y yo lo sentí mucho.

Cuando ya estábamos a punto de acostarnos, como si fuese algo intuitivo, como si viese el peligro, Miguel cogió el piso de Viriato. En el chalet hablábamos, nos besábamos, pero no llegamos a la cama. Salíamos y entrábamos de allí si teníamos que ir al café o al cine, o también al teatro, aunque a este íbamos menos porque sabía que no me gustaba tanto.

En Viriato pasamos largas horas, hasta que se hacía tarde y él me decía:

—Antonia, te tengo que llevar a casa.

Y es que él también ponía atención a que yo no durmiese fuera de casa. Esto era cuando ya vivíamos en la calle del Carmen. De todos modos, ya digo que mi madre sabía de mi vida, porque con ella hablaba de todo. Pero sí es verdad que alguna vez mi madre empezaba a llorar, porque del mundo de las artistas se decía lo peor; y aún fue más grave cuando ya nos íbamos a ir a Méjico, porque le entraban temores:

—Ay, que dirán que eres una puta. Que te van a poner algo en un vaso y te van a drogar. Que te van a emborrachar y te van a dar dinero.

Pero yo le respondí muy claramente:

—Mira, María: yo nunca seré puta y nunca seré borracha. Atención, María. —Esto se lo diría con veintiún años, y puedo decir que lo que le prometí lo he cumplido.

Ella sabía que muchos hombres habían querido acostarse conmigo: desde Cesáreo González hasta el portero de la casa donde vivía. Tenía tantos pretendientes alrededor, que Miguel decía:

—Pero dónde voy yo contigo, si de un guantazo me tiran y no puedo hacer nada.

Hasta el propio hermano de Miguel, Jerónimo, se enamoró de mí, y eso que sabía que yo estaba enamorada de Miguel, pero es que eso no se puede evitar. Julio Peña, con el que precisamente hice mi primera película con Jerónimo Mihura, *Confidencia*, también. Pero yo no podía hacer nada. Vamos, que si llego a ser un poquito casquivana, al año estoy rodeada de los mejores palacios de Madrid y cubierta con las mejores joyas de Tiffany's. Lo que pasa es que yo no era puta, ni lo soy ni lo he sido nunca. Yo me he acostado con un hombre cuando me he enamorado de él, pero jamás por conseguir algo ni por trepar.

Lo que soy, se lo debo a mi madre. Si hubiera querido trepar, habría empezado con Cesáreo González. Y luego, en Méjico, he tenido de multimillonarios como para parar un tren, pero a quien quise fue a León Felipe, aunque con un amor diferente al de Miguel. De Miguel me enamoré, y además me gustaba.

Tal vez parezca extraña esa franqueza tan extrema que tenía con mi madre. Era inusual para la época, pero es que yo no era de esa época, y mi madre tampoco. Nosotras teníamos una mentalidad abierta. Mi madre podía no saber leer ni escribir, que hasta tuve que enseñarle a poner «Vicenta Fernández Palacios» para hacernos el pasaporte e irnos a Méjico, pero otra cosa era lo que decía. Lo que decía mi madre era una sentencia, porque ella era pura intuición. Tenía la sagacidad del pueblo dentro de ella, y sabía del bien y del mal. Y sabía que yo podía estar acostándome con Miguel porque ni él era un hombre malo ni yo era una puta.

Si yo me acosté con Miguel fue porque estaba loca por él y porque era maravilloso. Antes de acostarme con él, ya tenía celos de las doscientas mujeres con las que salía. Sería tal vez un enamoramiento de adolescente, pero era amor. Y él me decía:

—Antonia, que no. Que tú eres diferente. Eres muy joven y no sabes nada de la vida.

Pero era el único hombre que existía para mí, y jamás me planteé si era mayor ni si era cojo ni nada. Para mí, estar con Miguel Mihura era como si se hubiesen abierto todo el mar y todo el cielo, y descubriese en ellos todos los secretos de la vida.

Fue tan grande lo que sentí por Miguel, y tardé tanto en estar con él, que me convertí en una leona en la cama. Y no me sorprendió encontrar tanta fuerza dentro de mí, porque no era simplemente sexo, sino amor.

Quién me iba a decir eso al principio, cuando pasaba el tiempo y mi madre me decía:

—Hija mía, que puede ser tu padre. Eso sí, es un hombre muy ameno, muy simpático y agradable. Pero yo no te digo nada; tú verás.

—Si no hay nada que hacer, María. No hay manera. Vamos al cine, me meto con él, y no se arranca.

Y no se arrancaba. Yo le provocaba, pero en su casa, en lugar de hacer el amor, nos quedábamos leyendo en el sofá, hablando, pasando las horas hasta que nos besábamos, pero nada más. Tenía miedo a enamorarse de mí y hacerme daño, por eso la conquista fue cosa mía.

Somos animales. La naturaleza te da su sabiduría. Si eres sexualmente fría a los quince años, lo eres a los veinte y a los cincuenta. Pero si estás enamorada, quieres estar con él y sentir placer. A mí eso no me lo había enseñado nadie, ni había tenido contacto con ningún hombre ni nada; pero yo veía el curso de las cosas y sabía que teníamos que llegar a estar juntos, porque eso era lo natural, lo que estaba pidiendo mi amor. Lo anormal habría sido no habernos acostado, y eso no entraba en mi cabeza.

Esa era mi mentalidad, y lo había sido desde pequeña. Y a mi madre le pasaba igual, porque éramos muy parecidas. No era artista, pero llevaba el gusto dentro y el saber distinguir unas cosas de otras; mi madre en eso era maravillosa. ¿Qué pasó? Que cuando estuve con Miguel, yo le manejé.

Yo era completamente virgen, pero me entregué sin pensar. Él, en cambio, sabía muy bien lo que hacía y lo pensaba todo, porque no quería hacerme daño. Él tenía mucha experiencia; yo no tenía ninguna, pero iba a por todas. El matiz es muy importante, porque he hablado con chicas que odian el recuerdo de la primera vez que se han acostado con un hombre. El caso de mi madre es distinto, porque se trataba de una obsesión enfermiza por parte de aquel hombre que la violó, y por eso tenía de él un recuerdo odioso. Pero yo le decía:

—Con el padre de mi hermano, no; pero con mi padre bien que te daban hinchazones de acostarte con él, que te gustaba más que un lápiz a un tonto. Con el otro te hacías la estrecha porque le odiabas, pero mira cómo no odiabas acostarte con mi padre.

Eso se lo habré dicho a mi madre ochenta y ocho mil veces. Y yo soy igual que ella: tengo que enamorarme del hombre para poder estar con él. Y de un hombre me enamoro si lo admiro primero, pero no por su físico, porque he estado con hombres que físicamente no valían nada, como el mismo Miguel. También ha habido excepciones, como Severo Ochoa, que era impresionante, pero aun así me llevaba veintitrés años, con lo cual me doblaba la edad. Los hombres que a mí me han gustado han sido mayores e inteligentes. En medio de esa mentalidad gris y pequeña de la época, con esas mentes cerradísimas, con esa radio en la que lo único que se oía era el ángelus y el rosario, yo sabía que era diferente. Y di con un tío fabuloso, pero aunque no hubiese sido con Miguel, habría tenido que ser con otro igual de fabuloso, porque tenía clarísimo que yo no hablaba con un tonto o un mediocre. Siempre me he fijado en la cabeza, en el talento, y tengo que admirar a la persona, tanto para el amor como para la amistad. A mis amigos, los tengo que admirar.

Nunca en esos años tuve un novio de mi edad. En cambio, al conocer a Miguel me desmayé.

Miguel, mentalmente, me aportó muchísimo. Además, como yo quería enterarme de todo, ponía unas orejas enormes cuando estaba a su lado. Siempre he sido muy callada, porque he preferido aprender de los demás, y de Miguel aprendí mucho. No me enseñó a leer, pero sí a juntar las letras para escribir, que es distinto. Mi caligrafía viene en buena parte de él. También íbamos a los cafés: al del León, al que estaba junto al Teatro Español...

Lo que no cambió fue mi mentalidad. Yo tenía necesidad de estar con él porque lo admiraba y lo quería, pero él se frenaba. Cuando ya íbamos a casarnos, fui a una boutique del principio de Serrano, al lado de la Puerta de Alcalá, y encargué un traje, aunque no blanco, porque pensaba de manera diferente a las novias convencionales, que se pirran por ir de blanco con velo y cola. Yo, en cambio, me compré un traje corto gris perla, de gasa, porque siempre me han gustado los tejidos que tienen caída, amplios. Y los zapatos los había comprado en la Gran Vía, al lado del cine Rex, igual que el sombrero. Siempre compraba allí, y casi todo era negro, que Miguel me decía:

—Antonia, ponte un poco de cal, que parece que vas de luto.

Ese día del traje, vino Miguel al estudio a recogerme y nos fuimos a un restaurante en la Dehesa de la Villa, que era más bien un merendero, como los que salen en *La violetera*. Esto era por mayo de 1949, cuando hice *El capitán veneno* o estaba a punto de hacerla. Yo estaba entusiasmada, contándole cómo era el vestido que me había comprado; y él callaba. Yo le pregunté que qué le pasaba, y él seguía callado.

Fuimos a su piso de Viriato, y debía de ser muy tarde porque el rodaje en los estudios Robtence había terminado a eso de las diez de la noche. Me pone las manos encima y me dice:

—Antonia, creo que nadie te querrá como yo. Igual, puede ser; pero más que yo, nadie. Pero es una locura que sigamos juntos. De casarnos, nada. Tú te vas.

Así me lo dijo, y yo me quedé que creí que me moría.

—Chiqui, que eres muy chiqui —me dijo—. Tú crees que tu vida voy a ser yo, pero yo no voy a ser tu vida. Tú tienes la vida por delante y tienes que ser tú. Debes seguir tu carrera, y aquí no te puedes quedar. No nos podemos casar. Es un disparate y yo no lo consiento.

Y todo eso me lo decía besándome y abrazándome, pero ya era como un padre, no como un amante. Yo me sentí muy mal, porque estaba enamorada y no comprendía. Yo había sido la naturaleza desbordándome sobre él, y de repente se me cayó el mundo a los pies.

Me llevó a casa, me dejó en el portal, subí, él no subió, y no sé cómo estaría que mi madre me dijo:

—Voy a hablar con Miguel.

Nunca he sido numerera, pero ante mi madre me eché a llorar desencajada, con una amargura terrible. Era una tragedia para mí; no porque ya no me fuera a casar con él, sino porque me abandonaba como mujer. Me rechazaba como mujer, y yo no lo comprendía.

No, yo no comprendí entonces el amor tan sacrificado y tan grande de Miguel. Porque, repasando mi vida, veo que el hombre que más me ha querido a mí ha sido Miguel Mihura. Fue un hombre que me abandonó, no por otra, sino por mí, por mí.

Yo me sentí morir, y mi madre me cogió y me dijo:

—Antonia, este es un hombre buenísimo, pero no puede estar en tu vida. Porque tú vas por la vida como una bala, como un torbellino; y rompes con todo. Te quedas con cosas, te quedas con amor, absorbes y te nutres de la gente, pero ellos pasan porque no pueden llegar a ti. Miguel es así. Miguel es un hombre que te ha respetado, que te quiere, y quiere que tú te vayas; que nos vayamos de España. Tú aquí, hija mía, no puedes estar con Miguel ni casarte con Miguel, porque tú eres una persona libre.

Pero no se reacciona así como así. No te lo dicen y de buenas a primeras el cerebro lo explica: «Ah, claro; resulta que me quiere pero que entonces hace un sacrificio. Ah, pues ahora sí lo comprendo.» ¡Qué coño vas a comprender!

Miguel Mihura me entendía muy bien y yo lo entendía muy bien. Era escritor y tenía la mente tan abierta como yo, y pensé que al casarme con él sería la mujer más feliz porque seguiría siendo libre.

Fue mi madre la que me hizo ver el sacrificio que estaba haciendo Miguel al dejarme, y lo maravilloso que era. Me dijo:

—Mira, el agua por medio. No hagas cuenta de una cosa que no puedes unir porque se va a quebrar al segundo. Miguel piensa muy bien al no querer que os caséis. He hablado con él, y es un hombre. Si te tiene que llegar, ya te llegará. Tú, aquí, no tienes nada que hacer.

Lo decía porque *El capitán Veneno* era la primera película desde *Empezó en boda* en que salía de protagonista; y aun así, tampoco era protagonista sino coprotagonista o, como se decía entonces, primera actriz, porque el protagonista auténtico era Fernando Fernán Gómez, que hacía de capitán Veneno.

Había pasado ya cinco años haciendo papeles secundarios, y Miguel se ponía de un furioso que para qué contar. Era algo que no podía soportar: papelitos como el de la sobrina de *Don Quijote de La Mancha*, o el de *Pequeñeces*, que se hacía en un día… Por todo eso, Miguel estaba negro.

Luego vino mi enfermedad, cuando estuve casi todo el año 1948 en el sanatorio. Él venía mucho a verme y me decía:

—Antonia, a lo mejor crees que voy a bailar con alguna chica, pero tu madre sabe que yo no hago eso porque te quiero.

Y yo estaba tan enferma que no sabían si operarme o hacerme el neumotórax, pero él estaba a mi lado.

Cuando rompió conmigo, terminé *El capitán Veneno* muy mal. María Dolores Pradera venía a casa de Miguel y me decía:

—Sara, ya sé que eres tremenda, pero Miguel es muy bueno y te adora.

Como no tenía dinero, porque todo el que ganaba se lo daba a mi madre para la casa y yo no tocaba nada ni lo manejaba —excepto ahora, que soy la madre, el padre, el abogado y el administrador—, Miguel y María Dolores me compraron el vestuario necesario para marcharme a Méjico.

Salimos de Madrid en abril de 1950, un año después de la ruptura con Miguel. Eso quiere decir que todavía estuvimos un año viéndonos y acostándonos, pasando de momentos en los que empezaba a llorar y a no creérmelo, a otros en los que nos liábamos a besos y de ahí a la cama. ¡Y era tan mala yo! Según los hombres que he tenido, he sido bastante buena en la cama, pero con Miguel fui supermaestra. Es algo que no aprendí, pero cuando estaba con él en la cama lo volvía loco y lo dejaba como un trapo. Había amor en mí; había venganza y despecho, sí, pero también amor.

Era lo lógico y lo normal. Era la reacción de una chica de veintiún años que encuentra a un hombre como ese y al que quiere. Y si me quería casar con él era por la clase de vida que se llevaba en España, que estaban tan atrasados. Hoy, una se acuesta con el hombre que quiere y no pasa nada, y jamás he tenido reparos morales o problemas psicológicos para acostarme con un hombre que a mí me haya gustado; pero, como decía mi madre, yo soy un bicho raro, y desde los cuatro años quedó claro que yo no era una niña normal, ni he sido una mujer normal. Según mi madre, yo era la reencarnación de alguien muy raro. A saber.

Pero ahora estoy hablando de una época y de una España en la que me llegaron a tirar piedras por llevar pantalones. Eso fue al regresar de América, y no sólo me ocurrió en mi pueblo, sino también en Madrid. Hablaba con un abogado y me decía a mí misma: «¿Y este tiene la graduación y un bufete? ¡Si parece un retrasado mental!» Pero es que todos eran así, atrasados, con la mente cerrada, sin saber quién era García Lorca ni Miguel Hernández ni Antonio Machado. Gentes que no sabían nada de pintura ni habían acudido jamás a un concierto ni visto un ballet clásico. El tablao flamenco con dos bailaoras, eso sí, y lo demás era cabaret cerrado con putas. ¡Si diese nombres…!

Así ha sido la España que yo conocí y en la que me crié hasta llegar a Méjico. Y cuando volví era lo mismo: porque en Estados Unidos me casé por lo civil, aquí me excomulgaron. Me llamaban «la amante del americano». Para joderse, no hay otra palabra: «La amante del americano.» ¡Yo con veintinueve años y mi marido con cincuenta y dos! ¡«La amante del americano!»

Me fui con mi madre a Méjico en abril de 1950 para hacer una película que había conseguido por mediación de Miguel, quien estaba muy en contacto con la cinematografía de este país desde que había colaborado con María Félix y otros mejicanos. Se trataba de *Furia roja*, y, para crear algo de publicidad, me hicieron representante española de algo así como Reina de la Primavera.

En el aeropuerto nos despedimos de María Dolores y de Miguel. Fue terrible. En las fotografías se me ve con los ojos pequeñitos de tanto llorar y de tanta tristeza.

IX

Balance de una etapa

Tras haber hecho sólo *Te quiero para mí* y *Empezó en boda*, que me llamasen para hacer *Bambú* con Imperio Argentina fue un shock muy grande para mí. *Bambú*, que la dirigió José Luis Sáenz de Heredia, es una película histórica sobre las colonias españolas, y yo hacía de hija del capitán general de Cuba; pero lo que más me importaba de esa película era que significaba trabajar con la artista española que yo más admiraba desde pequeña, cuando tuve clarísimo que el camino que yo quería hacer se parecía al suyo: cantar en el cine.

Como tipo cinematográfico, me iban más Ingrid Bergman y Rita Hayworth, como ya he dicho, pero también quiero nombrar a Vivien Leigh, a quien admiré profundamente desde que vi en el cine Avenida *El puente de Waterloo*, que me encantó. Sin embargo, por Imperio sentía algo especial, y cantaba todas sus canciones —«Échale guindas al pavo», «El día que nací yo»…— cuando yo no abultaba aún más que un piojo; y es que ella tenía una manera preciosa de cantar, muy fina, sin ninguna irritación, y además con una dicción perfecta. Imperio es una maestra. Por eso, hacer *Bambú* fue un honor muy grande para mí.

Conocí a Imperio Argentina, Magdalena Nile del Río, en los estudios CEA, y me encantó. Si esperaba hallar a una mujer algo folclórica y vestida de lunares, me equivoqué, porque me pareció absolutamente maravillosa, además de inteligentísima y muy culta. Una mujer que no tenía nada de vulgar.

Poco antes de empezar la película, ella había dado a luz a su hija Alejandra; y se la traían al estudio para darle el pecho. Cuando llegamos mi madre y yo, nos pasábamos por la sala de maquillaje o por su camerino y nos dejaba coger a la nena. Se me juntó el placer ante la maternidad con la admiración que sentía por ella.

Para mí fue muy agradable poder estar al lado de Imperio, con la que en ese momento tuve buena relación pero, lógicamente, sin intimidad, porque ella era una gran estrella y yo no era más que una cría de dieciséis años. Luego, ya de mayor, cuando ella ya tenía nietos gracias a Alejandra, sí hicimos amistad, y vino a una fiesta de cumpleaños en mi casa de Plaza de España donde estuvo divina, porque tenía, y tiene, un sentido del humor increíble.

El de *Bambú* fue un rodaje fácil. Me costó más el de *Se le fue el novio*, porque era una comedia y además llevábamos todo el peso de la película entre Fernando Fernán Gómez y yo. Por suerte, el director, Julio Salvador, me ayudó mucho. Era la primera película que dirigía, y me había llamado personalmente para ofrecerme el papel porque me había visto en *Empezó en boda* con Fernando y le pareció que dábamos bien juntos.

Se le fue el novio era una película simpática, muy divertida. La recuerdo con cariño porque en ella canté el aria de la locura de *Lucia di Lammermoor*, y lo hice en el tono adecuado. Además salía muy bien vestida, porque era un momento en el que yo cogía muchas revistas americanas y copiaba los vestidos y los sombreros de las estrellas, porque quería salir como ellas, con ese toque moderno. Julio Salvador, que era un hombre muy fino y muy educado, me dio la razón.

Haciendo *Se le fue el novio* probé el yogur por primera vez. Mi madre y yo habíamos alquilado una habitación en una casa particular que estaba justo enfrente de los estudios Kniefón, y, cuando no rodábamos, me iba al cine con Alejandrito Ulloa, que tenía sólo un par de años más que yo y nos habíamos hecho amigos. Mi madre nos preparaba la merienda a los dos. Y en una confitería que estaba en Sarriá, al lado del cine, descubrí el yogur, que todavía no era popular en España, y desde entonces no he dejado de tomarlo.

Alejandro estaba de foquista con Mariano Ruiz Capillas, el mismo fotógrafo de *Empezó en boda*, que siguió enseñándome la parte técnica del cine. Estos asuntos del foco, los cambios de objetivo para ajustarse al plano y esas cosas, no las hablaba con el resto de los actores; ni siquiera con Fernando, aunque él debía de saber de técnica, o por lo menos estar interesado, porque enseguida se convirtió en director.

Estas cuestiones técnicas me sirvieron después de mucho con don Miguel Zacarías, que le gustaba recrearse en primerísimos planos de mis ojos. Decía que no había conocido a nadie con unos ojos como los míos y que los dominase tanto, con la expresividad adecuada. Y es que es muy difícil controlarse y no salirse de campo. Por ejemplo, en *Necesito dinero* hay un momento en el que estoy bailando con Pedro Infante mientras canta; y cuando Pedro decía «si será tu pelo», don Miguel cogía un precioso plano del pelo; «si será tu boca», y aparecía un plano de mi boca; «si serán tus ojos», y entonces salían los ojos. Es decir, don Miguel iba ilustrando la canción con las partes de mi rostro, y eso yo no podría haberlo hecho sin conocer la técnica de los objetivos.

Sin embargo, esto no me sirvió de nada en las películas que hice después de *Se le fue el novio*, porque no tenía papeles de relevancia. Así, rodé *El misterioso viajero del Clipper*, de Gonzalo Delgrás, de la que sólo recuerdo que no me gustaba nada y que tenía ganas de terminarla. Tampoco hay mucho que decir de *Por el gran premio*, de Pierre Caron, salvo que Tony Leblanc llenaba de carcajadas el estudio a cada segundo, porque era graciosísimo y rebosaba talento.

Mientras hacía *Por el gran premio*, oí que se estaba preparando *Mariona Rebull*, adaptación de dos novelas de Ignacio Agustí que habían tenido enorme éxito. Fue Miguel Mihura el que me animó a presentarme a las pruebas, porque insistía en que allí había un papel buenísimo para mí. Miguel me leyó el personaje de Mariona Rebull y me habló de él. Me ayudó a preparar las pruebas: me dio revistas de la época, me enseñó cuáles eran los peinados, los vestidos, los collares… Por fin, José Luis Sáenz de Heredia, que había dirigido *Bambú* y que también dirigía *Mariona Rebull*, me citó para la prueba.

Ya he dicho que en las pruebas conocí a Jorge Mistral, uno de los hombres más guapos que ha habido en el cine español. Jorge, que me llevaba ocho años, me trataba como a una niña. Esa diferencia de edad no parece importante, pero sí lo es cuando una tiene dieciocho años y el otro veintiséis. De todos modos, pronto nos hicimos íntimos y nos quisimos mucho, aunque solamente como amigos, porque yo sólo tenía ojos para Miguel.

Jorge y yo éramos perfectos para *Mariona Rebull*: estábamos en la edad, dábamos el tipo, éramos guapísimos… Pero José Luis prefirió a Blanca de Silos para Mariona, y el papel del viudo Rius se lo dio a José María Seoane, que era muy majo pero a quien no le iba nada el personaje.

Como consolación, José Luis me ofreció un papelito y lo alargó para mí. Así me convertí en la putita Lula, que era un personaje muy tierno, muy bonito, aunque no se puede comparar con el de Mariona. Lula era la mujer a la que el viudo Rius le cuenta su historia, y, como era cupletista —que también parece cosa del destino— del Chantecler, tuve que cantar un cuplé que escribió el maestro Parada. Y el caso es que salgo muy parecida a cuando canto «Ven y ven» en *El último cuplé*.

Cuando rodaba, Miguel venía a recogerme a los estudios Ballesteros, donde la hicimos. Yo estaba muy decepcionada en aquella época. Me parecía que mi carrera, mi éxito, podían haber dado un gran avance con aquella película. Pero estaba claro que mi destino me obligaba a seguir esperando.

Cuando finalmente la vi, no me gustó. Todos los personajes me parecieron horrorosos; nadie tenía nada que ver con lo que había escrito Ignacio Agustí. El que mejor estaba era Tomás Blanco, el amante, que era el más creíble de todos.

Miguel escribió para mí un guión que dirigió su hermano Jerónimo, *Confidencia*, en la que trabajó el maravilloso José Isbert. También salía Miriam Dey, la hermana de Clara Petacci. Yo conocí a los padres de Clara Petacci gracias a Miguel, que me llevó a su casa. Miguel, que era germanófilo, tenía mucho trato con ellos y los había recibido cuando vinieron huyendo de Italia. Se suponía que Clara los iba a seguir, pero ya se sabe que no lo hizo, sino que se quedó con Mussolini. Luego yo seguí siendo amiga de Miriam hasta su muerte. Cada vez que iba a Roma, la visitaba; cuando ella veraneaba en Palma, nos veíamos, y Pepe y ella se hicieron amigos. Tanta amistad tuvimos que una vez me ofrecieron hacer una película sobre su hermana y ella me pidió que no la aceptase, porque no contaba la verdad. Al final la hizo Claudia Cardinale, pero a mí me habría gustado interpretar a esta mujer porque me parece alguien muy humano que murió por amor. Ni por poder ni por dinero: murió por amor. Podía haberse marchado de Italia, pero prefirió ir junto a Mussolini para morirse.

Con Rafael Gil hice *Don Quijote de La Mancha*, la última de mi contrato con Cifesa, y era tan horrorosa la película como mi papel de sobrina, que me tocó salir con el pelo recogido y trencitas. Rafael Gil era muy agradable y buen director; *El clavo* me había encantado; pero en esta no estuvo acertado. Nada, sin interés.

En los estudios Chamartín rodé *Alhucemas*, que dirigió José López Rubio y que tampoco es memorable. De lo que sí me acuerdo es de cómo mi madre y yo salvamos la vida a Nani Fernández. Ella estaba trabajando embarazada, y además con el embarazo bastante adelantado. De repente, antes de rodar una escena que teníamos juntas, se puso muy mala en el camerino y empezó a echar sangre, tanta que podía haber llegado a abortar. Mi madre y yo la tendimos y la pusimos con las piernas para arriba y la cabeza para abajo, mientras llamaban al médico. Cuando este llegó, la tumbó exactamente igual que como lo habíamos hecho nosotras. Luego la llevaron al hospital y lograron que no perdiese a su hija. Y al parecer, no la perdió porque las primeras atenciones que había recibido habían sido correctas. O sea, que a mi madre le salió la mujer de La Mancha que era, de esas que se cuidan los hijos las unas a las otras.

Nani había participado en *Los últimos de Filipinas*. Era la única mujer del reparto, y habían tenido mucho éxito tanto la película como ella cantando «Yo te diré». Luego tardamos en volver a encontrarnos. Pasaron los años y dio la casualidad de que mi madre y ella se sentaron juntas en el cine Rialto para ver *El último cuplé*, y Nani le dijo:

—No sabe usted, doña María, lo que ha hecho su hija. Esto es algo tan grande que no sé qué va a pasar con Sara, porque esto es lo más grande que ha dado el cine.

Y mi madre emocionada y llorando como una Magdalena, porque fue algo de escándalo. Y mi madre lo vivió con Nani; lo que es el destino. Después, aquella niña hija suya ha venido muchas veces a saludarme a los estudios, y también su padre, el actor José Nieto, que nos decía a mi madre y a mí:

—Si tenemos a nuestra hija es gracias a tu madre y a ti.

Y era verdad.

Luego, de lo que fue en sí *Alhucemas* como película, no hay nada que contar.

Otro papel pequeño fue el de *Vidas confusas*, en la que hacía de chica ligera, y que dirigió Jerónimo Mihura también con guión de su hermano Miguel. Era demasiado poca cosa para lo que Miguel quería para mí, pero tampoco él podía conseguirlo todo. Además, también era cuestión de Jerónimo. Por cierto que, cuando Jerónimo se dio cuenta de que yo iba derecha a su hermano, dejó de tirarme los tejos y se puso en el papel de hermano.

Sáenz de Heredia volvió a darme un papel pequeñito en *La mies es mucha*, donde hice de hindú. Fue una película que no me aportó nada, pero la historia que cuenta es buenísima y además significó mucho para Fernando Fernán Gómez, que está absolutamente soberbio, como siempre. La película era para Fernando; para mí, lo mejor fue que, rodando los exteriores en Málaga, Fernando y yo nos fuimos al cine Cervantes y vimos *Levando anclas*, y descubrí a Frank Sinatra y Gene Kelly.

Poco tiempo después de *La mies es mucha*, Juan de Orduña me llamó para *Locura de amor*. Su ayudante, Fortunato Bernal, no estaba muy convencido y no le caí bien, y hubo un momento en el que parecía que yo no iba a hacer la película, pero Juanito insistió y finalmente firmé el contrato. De esta película tengo que destacar, entre todas las cosas que se puedan decir, que fue la primera y la única en la que me tuvieron que doblar la voz. Todas las películas se hacían con sonido de referencia que luego se doblaba; en España no hay sonido directo bueno porque ya al principio no lo hubo. Y como yo caí enferma antes de poder doblar, tuvo que doblarme otra actriz. No sé quién fue, pero era muy buena imitándome la voz, y no se nota.

No sé por qué no le caí bien a Fortunato Bernal, pero lo cierto es que él era un hombre con talento y que sabía mucho de cine. Luego trabajamos juntos en *El último cuplé*, y fue por él y por Enrique de la Riva que yo hice el contrato con la Columbia para el disco con las canciones de la película.

Yo era muy nena cuando hice *Locura de amor*, demasiado joven. Miguel me hacía andar con libros en la cabeza para coger la apostura del personaje, y es curioso cómo yo creía que me iba a comer el mundo y sin embargo aún me faltaba mucha experiencia de la vida.

Con mi enfermedad, se me vino el mundo abajo, pero

Locura de amor tuvo mucho éxito, muchísimo. En cuanto me puse bien, Jorge Mistral y yo volvimos a coincidir en otra película de Juan de Orduña: *Pequeñeces*. Era otra vez con un personaje pequeño, que no me gustaba nada y que hizo que Miguel se encabronase aún más, porque veía que yo no tenía salida. Y así estuvo él, enfadado más y más, hasta que, haciendo *El capitán Veneno*, estalló y me marché.

Y el caso es que hice *El capitán Veneno* gracias a Miguel, porque era muy amigo de Luis Marquina, que era el director. En lo poquito que yo podía hacer en la película, sobresalía, pero el que estaba genial, como siempre, era Fernando Fernán Gómez.

Me fui de España sin haber triunfado. Fue algo que en ese momento me dañaba, porque era muy impetuosa, impulsiva, y quería abarcar más y más. Quería el éxito inmediato, quería conmover al público como a mí me conmovían las películas americanas que veía continuamente. Quería conseguir un impacto como el de *Gilda*, pero no lo conseguí.

Sin embargo, aquella fue una época de la que, vista con distancia, no puedo ni debo arrepentirme. El éxito me vino cuando tuvo que venir; cuando aún era joven, porque tenía veintiocho años cuando hice *El último cuplé*, pero ya no era una niña, sino una mujer con experiencia y que había aprendido muchísimo.

No creo que el éxito temprano sea bueno. Si triunfas demasiado pronto y con algo muy fuerte, pero no consistente, entonces no llegas a ser alguien nunca. Hay que tener solidez y experiencia para saber aprovechar el momento, la oportunidad, y no perderla.

Puedes tener un éxito, pero si no vales no lo consolidas; eso en aquella época, en esta y en cualquiera. Tienes que tener tu momento; tienes que cogerlo; pero no puedes cegarte y creer que con eso ya está hecho todo.

Por ejemplo, cuando hice *Veracruz* tuve una publicidad enorme en toda América: la del Norte y la del Sur. Me introducían («introducing Sarita Montiel») en el cine americano con una categoría inmensa, y quedé bien, pero sabía que no podía quedarme ahí. Después hice de mejicana en *Serenade* (*Dos pasiones y un amor*) y de india en *Run of the arrow* (*Yuma*), y me dije: «Hasta aquí.»

Veían en mí a una india de la hostia. Pues muy bien, pero eso no tenía nada que ver conmigo, ni mi meta era hacer de india toda la vida, ni muchísimo menos. Yo quería interpretar y cantar, y Hollywood no me daba la oportunidad de desarrollarme así. Harry Cohn, el productor de la Columbia, que había hecho *Salomé* con Rita Hayworth, me llamó y me ofreció un contrato por siete años que sólo tenía que firmarlo. Yo cogí el contrato y le pedí a una gran amiga que tengo en Los Ángeles, Lidia Ibarrondo, que me buscase un abogado y que me lo tradujesen. Me lo tradujeron completamente y yo dije que no.

No era un contrato: era una condena. Eran siete años atada. No me podía casar, no me podía quedar embarazada, no podía viajar sin su permiso, no podía hacer ningún trabajo fuera de ese contrato ni en Europa ni en Méjico. Me convertía en una esclava según ese contrato, pero yo no tenía nada de esclava. Yo era libre como un pájaro, y lo he sido toda mi vida.

Me hicieron unas pruebas en las que coincidí con Marlene Dietrich, y además me pagaban muy bien, que eran seiscientos dólares a la semana para gastos y aparte treinta mil dólares por película, que para una desconocida estaba muy bien, pero dije que no.

Podía haber agarrado el contrato, podía haber agachado la cabeza y amainado mi carácter, pero yo no podía estar haciendo de india toda la vida. No, no y no.

Y creo, simplemente, que no me equivoqué.

X

En Méjico
con León Felipe

Yo no sabía nada de Méjico. Absolutamente nada. Lo único que conocía del país era lo que había visto a través de las películas de María Félix, de Jorge Negrete, de Cantinflas, del Indio Fernández…

La única idea clara que yo tenía era que se trataba de un país en el que se hablaba español y se hacía mucho cine. Es más, en aquel momento se trataba de una cinematografía de gran potencia, que dominaba casi todo el mercado del cine en Hispanoamérica.

Eso era todo lo que yo sabía cuando Miguel Mihura habló con los productores de Hispamex y estos me contrataron para *Furia roja*. Otra de las razones por las que Miguel insistía en que debía marchar a este país era su proximidad con Estados Unidos, y es que Miguel sabía de mi fijación por el cine americano. Y para que no me encontrase totalmente sola allí, me recomendó a un señor muy mayor que había sido secretario, o algo así, de Vicente Blasco Ibáñez en la época en que se habían adaptado varias de sus novelas en Hollywood. Miguel lo conocía de cuando varios amigos suyos, entre ellos José López Rubio y Tono, habían ido a Estados Unidos para encargarse de las versiones en español de las películas americanas, si bien el propio Miguel no había podido ir debido a su enfermedad en la pierna.

Otra persona que me ayudó a no encontrarme sola en

Méjico fue Antonio del Amo, con quien tenía mucha amistad y al que había conocido cuando todavía era sólo ayudante de dirección. Antonio era comunista, cosa que ignoraba entonces, y tenía muchos amigos y contactos entre los exiliados españoles en Méjico. Él fue el que me facilitó, entre otros, el nombre del doctor don José Puche, que tan importante sería para mí, y que estaba muy bien considerado porque el presidente Lázaro Cárdenas le había encargado que coordinase el viaje de numerosos exiliados desde Francia hasta Méjico, en un barco que salió de El Havre. Otro de los nombres que me dio fue el de Juan Plaza, un escritor y crítico de cine que era además un destacado miembro del Partido Comunista; Plaza, por cierto, era también manchego, porque había nacido en El Pedernoso, aunque había hecho toda su vida en Valencia, de donde tenía mucha relación con el cartelista cinematográfico Renau.

Al poco de llegar, y cuando aún no sabía que el de los exiliados era un mundo en el que se conocían todos, tuve necesidad del doctor Puche. Me habían hecho Reina de la Primavera, había conocido al productor, que era un mejicano bastante joven casado con una cubana, y enseguida nos pusimos a rodar. Todo muy rápido, como rápido fue que yo cayese mala de la garganta. Me dio un catarro tremendo, y entonces me acordé de ese doctor del que me habían hablado, lo llamé y me presenté a él.

Don José Puche era una persona maravillosa. Había sido ministro de Sanidad durante la República, y era íntimo amigo de otro médico y político muy importante, don Juan Negrín, que había presidido la República en el exilio hasta 1945, y que había sido uno de los maestros de Severo Ochoa. Pues bien, con don José Puche hice amistad rápidamente, y él me llevó a su casa y me presentó a Carmen, su esposa, que era pequeñita y majísima, y a sus hijos. Carmen y él me ofrecieron su protección y me acogieron como a una hija.

Mientras, yo seguía rodando *Stronghold*, que en unos países se llamó *Furia roja* y en otros *Misión peligrosa*. Su director era Steve Sekely, estaba interpretada por Carlos López Moctezuma y Arturo de Córdova, y transcurría en el Méjico de Maximiliano y Carlota. El caso de *Furia roja* es muy parecido al de las películas que hicieron los amigos de Miguel Mihura en Hollywood, porque se trataba de una doble versión, y se rodaba a la vez una versión en inglés y otra en español. A mí me habían contratado para protagonizar la versión española, y mi papel en la otra versión lo hacía Veronica Lake.

Al principio me llevé una desilusión tremenda con Veronica Lake, porque no tenía nada que ver conmigo: pequeñita, rubia, muy poca cosa. Además, estaba pasando una época muy mala, porque estaba a punto de divorciarse de su marido, el director André de Toth, con el que tenía una pésima relación; y también sufría por sus hijos. Luego las cosas empeorarían tanto para ella que *Furia roja* es casi el final de su carrera en el cine; haría otras dos películas más, pero más de quince años después y cuando le quedaban pocos años para fallecer de una muerte muy triste y muy solitaria.

Cuando hizo *Furia roja*, Veronica era joven todavía. No tendría más de treinta y uno o treinta y dos años. Al conocerla, descubrías que era muy buena mujer, siempre con sus tres hijos rondando por ahí. Una mujer finita, muy mona. Yo apenas sabía hablar inglés entonces, pero nos hicimos amigas gracias a Pili. Pili se llamaba en realidad Blanca Suárez, y en aquel rodaje era medio traductora, medio script. Pili me ayudaba a hablar con el director y con el fotógrafo, que era el gran Stanley Cortez. Esto era muy necesario, porque el rodaje consistía en que Veronica hacía un plano, y yo lo repetía inmediatamente después, para lo cual tenían que retocar toda la luz debido a lo muy diferentes que éramos Veronica y yo.

El doctor José Puche me presentó a mucha gente interesante en su casa. Un día me llamó y me dijo:

—Ven a casa, porque vamos a tener una tertulia y quiero que conozcas a dos españoles que son tremendos.

Así es como conocí a León Felipe y a Luis Buñuel. Don José era amigo de Buñuel y de su mujer, y en esa época conocí también a su hijo Juan Luis, que entonces era muy joven. En aquellos años, Buñuel me propuso hacer dos películas, *Subida al cielo* y *Él*, pero yo rechacé los dos proyectos.

León Felipe, en cambio, sí fue muy importante en mi vida.

A León le caí como venida del cielo, y casi de inmediato empecé a acompañarle a sus tertulias del Café de París. Mi madre y yo vivíamos juntas, y ella venía conmigo a los rodajes siempre que nos íbamos de exteriores —como Acapulco, que lo conocí cuando no era nada más que una playa enorme con unas casitas de nada y un hotelito regular—, pero ya empezaba a aceptar invitaciones a las que ella no tenía necesariamente que acudir. Tampoco me sentía en la obligación de regresar a casa a las nueve de la noche, y en ese sentido mi vida dio un cambio.

Con esto no pretendo dar la impresión de que antes mi madre fuese represiva conmigo y ahora me estuviese tomando más libertad. Mi madre tenía un sentido de la libertad igual al mío, y yo le contaba toda mi vida porque quería hacerlo y porque tenía una confianza absoluta con ella. Simplemente, ahora iba sin ella a más sitios que antes.

Hubo una vez, sin embargo, en que mi madre se asustó. Fue por algo que me dijo don José, estando delante mi madre y Carmen. Yo era algo despampanante, increíble, y don José me advirtió:

—Mira, cuando te inviten a un cóctel, a una cena con gente o algo así, no pidas alcohol ni ninguna copa. Si te invitan los productores, tú ve tranquila porque eres una señorita, una chica bien, y no una golfanta —y es que, gracias a la recomendación de Antonio del Amo y a lo rápido y bien que me conoció, don José Puche vio que yo era una chica formal, que no tenía nada de putita ni de trepadora, sino que estaba loca por el cine y por trabajar, pero que tendría la dificultad de los moscones y la gente que se me iba a querer arrimar—, pero pide sólo un refresco con la botella cerrada.

—¿Cerrada? —preguntó mi madre.

—Tapada, vamos; y que te la destapen delante de ti o la destapas tú misma. Pero nunca tomes nada en una copa o un vaso ya servido. Tampoco el champán: bebe sólo cuando te lo destapen delante de ti.

Mi madre se asustó mucho, y Carmen intentó tranquilizarla:

—Sarita, tu hija, es muy guapa, pero es muy buena chica y eso se ve a la legua.

Y entonces, delante de don José y de su mujer, le dije a mi madre:

—María, nunca hemos venido a Méjico y tú estás asustada. Pero yo, francamente, no estoy asustada, y no lo estoy porque nunca seré una borracha ni una puta, María. Acuérdate de lo que siempre te he dicho y que te vuelvo a repetir: No voy a ser ni borracha ni puta. Puedo ir a los cócteles o a donde me lleven porque yo seré siempre como soy, y tú me conoces. No te preocupes de nada de lo que diga el doctor, porque yo no bebo ni agua sin saber de dónde viene.

Para mi madre, el viaje a Méjico era una gran experiencia, y me animó mucho a hacerlo. Desde que Miguel lo planteó, ella comprendió que yo no tenía nada que hacer en España, que necesitaba más mundo.

Las dos nos compenetrábamos perfectamente, y Méjico le

encantó tanto como a mí. Y también estaba encantada con las amistades que hicimos.

Así, a veces venía mi madre a las tertulias del Café de París. Y, como era listísima, se dio cuenta de que algo podía pasar. Me dijo:

—León es muy brusco contigo.

León Felipe tenía sesenta y cuatro años cuando lo conocí, y era muy exaltado. Para él, yo venía de la España franquista, de la España de los retrasados, y por eso se metía conmigo:

—¿De dónde vienes tú? No sabes ni leer. Hay que ver, que no has podido decir ni una frase junta.

Yo leía muy mal, silabeando y parándome, y León esto no lo podía soportar. Y mi madre, en su ignorancia, decía:

—Sí, ya, es un señor mayor —mi madre tenía cincuenta y dos años, y era más joven que León—; pero fíjate cómo te pone delante de todos.

Sin embargo, todo era fruto del carácter tan fuerte de León. Porque a la vez me adoraba y, cuando ya tuvimos una amistad más cercana, mi madre se dio cuenta de que León se había enamorado:

—Hija mía, date cuenta de que León es un hombre. Aunque supongo que tú no sentirás nada por él, porque puede ser tu padre.

—Yo le admiro —le dije a mi madre—, y siento por él un amor platónico de tanto como lo admiro.

Llegar a esta situación me costó todo un año de rozarlo, de estar en las tertulias a su lado, de ir a su casa con Berta, su mujer, que era divina y buenísima. Y no es que se insinuara, porque no se insinuó, pero con el paso del tiempo mi madre notó que algo había cambiado.

Yo era muy chica, muy ingenua. Había tenido solamente relaciones con Miguel, y lo que sentía por León era admiración. Empecé a escribirle cartas a Miguel, y entre otras cosas le decía que había conocido a León, que era maravilloso, un hombre paternal, que sabía mucho, que todo el mundo lo respetaba... No sé adónde habrá ido a parar la correspondencia con Miguel, pero en algún sitio debe de estar; quizá la tengan sus herederos, que no sé quiénes son. Fueron muchas las cartas que escribí a Miguel, hubo gran cantidad de ellas, porque entonces no se hablaba por teléfono como hoy; entonces, coger el teléfono y llamar era como hablar con Casablanca en tiempo de guerra: algo rarísimo y casi imposible. Hoy, hasta haces el amor por teléfono, pero en aquella época lo importante eran las cartas. Así es como, en aquel primer año en Méjico, empecé a escribir con más fluidez.

Y también en aquel primer año, León me puso a estudiar y me mandaba deberes. Por ejemplo, él estaba muy interesado en que conociese la figura de Malinche y su relación con Moctezuma. Así, me dio una historia de Méjico para empezar a descubrirla, y también para soltarme en la lectura: Cuautémoc, Moctezuma, Cortés... Lo que leía, lo copiaba; y luego León corregía mi lectura y lo escrito. Y de este modo, gracias a León, hacía tres cosas a la vez: leer, escribir y aprender sobre Méjico.

A León le gustaba mi alegría, mi sentido del humor. Al tiempo, yo le hablaba de la gente que había conocido con Miguel, y eso lo escuchaba. Pero con lo que se ponía muy duro e intransigente era con la España de entonces. No comulgaba ni con los socialistas, ni con los comunistas, ni con los republicanos. León era anarquista, pero anarquista-anarquista, completo. Yo no tenía aún las cosas muy claras, pero al tratarlo más me di cuenta de que era un hombre muy paternal con todos, y que en la audiencia de sus tertulias había comunistas y republicanos. Pero, como era muy peleón —tanto que, cuando su hermana y yo fuimos vecinas en la Plaza de España, no me atrevía a hablarla porque sabía que León no la quiso y se había llevado muy mal con ella— y al enfadarse podía dar un puñetazo en la mesa, nadie hablaba de política allí. Y es que todos lo querían y lo respetaban, porque la suya era una voz realmente importante.

Y a pesar de relacionarse con todo el mundo, conmigo era como si se desbordase. Fue la locura, porque, como he dicho muchas veces, yo fui para él su último tren como hombre, y al mismo tiempo como poeta, como político, como persona. Él, tan intelectual, tan inteligente, vio en mí una bocanada de aire fresco. Pero yo no tuve hacia él un amor como el que él sentía por mí. Jamás estuvimos juntos. Yo le tenía un cariño muy grande, pero no podía estar con él. Le caía bien porque yo era una chica abierta, clara, despejada a pesar del mundo del que provenía en España, pero yo sólo pensaba en Miguel y en el desengaño que me había quedado al creer que no me quería. Por primera vez, yo me había enamorado: de Miguel. Por primera vez, había estado con un hombre: con Miguel. Y aunque aún no lo sabía, él me había querido tanto que renunció a mí por mi bien. León, en cambio, era un hombre que me arrastraba, pero al que no amaba.

Cuando digo que me arrastraba, quiero decir que hice muchas cosas por indicación o sugerencia suya, por su fuerza. León vio en mí posibilidades como actriz, y me envió a estudiar teatro con Sekisano, un discípulo de Stanislavsky que recibía muchas visitas y consultas de actores americanos. León quería que hiciese teatro porque ese era un mundo con el que él estaba muy relacionado. Había en Méjico una tradición teatral muy buena, y la sigue habiendo, pero yo no quería hacer teatro sino cine. Aun así, estudié porque él quiso.

Era muy fuerte León Felipe, pero cuando se enamoró de mí me dio abrazos, me lloraba; se me declaró pero sin llegar a ofenderme como hombre, y yo le decía:

—León, si yo te quiero muchísimo, pero…

Ya he dicho que mi madre se dio cuenta antes que yo. Tenía un sentido especial, una sensibilidad que le permitía saber qué gente era buena, y de otros que no le gustaban me decía:

—No, hija mía; no me gusta. Ha tenido un detalle, ha dicho esto…

A mí me salían hombres por todas partes, me daban serenatas, pero sin yo comerlo ni beberlo, porque no daba pie con nadie. Y a mi madre le bastaba una frase corta, un gesto, un ademán de algunas personas para decirme:

—Este, ni para amigo.

Y en el caso de León, mi madre me dijo:

—Antonia, tú eres mucha mujer, y León está como avisándome o diciéndome que está enamorado. Trátalo con mucho cariño y cuídalo, porque es un hombre mayor y le puedes hacer daño. Contigo está perdiendo la cabeza.

A las tertulias de León acudía gente del calibre de don Alfonso Reyes, que era un superdotado, o de Pablo Neruda, que era guapísimo. ¡La de veces que habré estado con Neruda en el Café de París o en casa de León y Berta! A Octavio Paz también lo conocí entonces, porque era una especie de alumno de don Alfonso Reyes, y era como una versión suya en joven. Pero el más divino era don Alfonso, y también Manuela, su mujer; él era pequeñito, rechonchón, con ojos profundos y muy parecidos a los de Picasso, pero Manuela era altísima, ancha y robusta. No nos conocimos en la tertulia, sino en el hotel de unos amigos en Cuernavaca, adonde llevaba a mi madre porque la altura de Méjico capital no le venía muy bien; por eso terminamos alquilando una casa humilde pero mona, con jardincito y una piscina pequeña, como todas las casas de allí, que son para turistas; en 1954, cuando ya tuve dinero, sí compré una casa buena.

Quise mucho a don Alfonso, y él a mí, que su mujer decía:

—Hija mía, yo no existo, ni sus nietas existen. Eres tú la que existes.

Pero lo importante de esto es que, a pesar de reunirse personas de tanta calidad, el centro de todo era León. Y no sólo se relacionaba con escritores; junto a él acudían también músicos, pintores... A Diego Rivera y a Frida Kahlo, que me entusiasma, los conocí con León; en cambio, a Alfaro Siqueiros y a su mujer Ángela los conocí en Brasil en 1952, porque habían salido de Méjico después de haber estado en la cárcel por el intento de asesinar a Trotski; a Botero lo conocí en Colombia y a Guayasamín en Quito. A quien sí conocí con León fue a un dirigente comunista, Juan Plaza, del que ya me había hablado Antonio del Amo y con el que tuve algo más que palabras.

Así de importante era el hombre que se enamoró de mí; el hombre que se me declaró, aunque sin decirme a las claras algo como: «Antonia, estoy enamorado de ti.» No, él lo hizo de otra forma.

Ocurrió una tarde en su casa, aprovechando que Berta estaba fuera. Berta solía hacer muchos viajes por el interior de Méjico, porque le gustaba seguir el trabajo de los pintores huajaqueños. Era una mujer divina, maravillosa, pero para León era como el otoño. Berta era también mayor, casi de la misma edad que él; tenía el pelo canoso y unos ojos azules muy bonitos, parecidos a los de la mujer de Luis Buñuel.

Esa tarde, habíamos estado comiendo en su casa antes de ir al Café de París y luego al teatro. Había muchas pinturas y una biblioteca de dos plantas con una escalerita de caracol. Allí fui después de comer para coger unas notas que necesitaba para su tertulia, y él vino, me cogió y me abrazó. Y empezó a decirme que yo era la niña que él había soñado toda su vida, que yo había llegado de España y era como un sueño hecho realidad para él, que era muy joven... También me llamó «Pies bonitos», porque andaba descalza continuamente en Méjico; y es curioso, porque ya con Miguel iba descalza y lo mismo he hecho después.

No me pilló de sorpresa la actitud de León porque ya mi madre me lo había advertido, aunque yo le había quitado importancia y le había dicho que simplemente me admiraba pero parecía otra cosa por lo fuerte y fogoso que era. Pero mi madre había tenido razón.

Es extraño lo mío con León, pero es que yo era muy virgen de mente y tenía muy poca experiencia, porque sólo había conocido el amor de Miguel. Pero no entiendo cómo no me acosté con León y sí en cambio con Plaza, siendo que a León Felipe lo he querido y admirado mucho más que a Juan Plaza. Es verdad que lo de Plaza fue una cosa de muy poquito tiempo, como de pasada, pero no entiendo que, con el amor que me tenía León y tanto como lo quise, no me di a él.

Es algo que después he pensado mucho: con León Felipe me hice la estrecha. Yo me sentí amada por él, y egoístamente me gustaba sentirme amada por él. Unos más y otros menos, todos somos vanidosos, y creo que me salía la vanidad al pensar que un hombre tan grande me quisiese a mí. Yo lo volvía loco, a mí me llenaba de orgullo, y sin embargo lo rechacé físicamente. ¿Por qué?

Tengo de León un recuerdo muy tierno, y a la vez de muy hombre. Él tenía una personalidad muy fuerte, y yo le dejaba que me besara y le respondía con mis besos y con mis abrazos, pero no me acosté con él y sé que le decepcioné. Yo, su musa, su aparición, su último tren, no podía dañarle como poeta ni como personalidad, porque eso lo tenía superadísimo; en cambio, como hombre lo herí.

Me atrevo a decir algo que he dicho pocas veces, pero a mi vanidad le gustaba el que un hombre tan importante se fijase en mí y me admirase. Me gustaba que estuviese pendiente totalmente de lo que yo hiciese. Me gustaba hasta cuando me echaba unas broncas de miedo por no hacer teatro, mientras que él decía que bastaba ver cómo caminaba, cómo me movía, para entender que yo era un animal de escena. Me gustaba que me abrazara, que me adorara. Pero lo rechacé.

Nunca más he vuelto a decirle a un hombre algo tan fuerte: «No te quiero.» Nunca más lo he dicho sabiendo que ese hombre me quería a mí. He procurado no volver a herir a nadie al rechazarlo. Incluso me he acostado con alguien antes de desengañarle, sólo para que no se sintiera despreciado por mí, por no hacerle de menos. Cuando he notado que alguien me quería de verdad, he procurado no dañar su interior. Con León, por desgracia, no fue así.

Yo me he dejado querer por León, y siempre lo he dejado a mitad de camino. Y luego, para empeorarlo, apareció Juan. Porque a pesar de todo él me seguía queriendo, seguía siendo una de las personas más importantes para mi vida: el que me hizo darme cuenta de que había otro tipo de cine, otro tipo de pintores, otro tipo de amistades. Con él leí, con él escribí. De él me nutrí como de un manantial de sabiduría. Pero yo le fallé.

Fue León el que me presentó en el Café de París a Juan Plaza, de quien era muy amigo. Luego, cuando se enteró de lo que surgió entre nosotros, tuvo un arranque de celos que casi me mata. León Felipe me pegó, por eso sé que yo lo herí.

León Felipe ha sido el único hombre que me ha pegado: me zarandeó, se le fue la mano y… Se enteró porque el amigo de Plaza, Renau, se lo había dicho. Renau y su mujer sabían, como todos, de la estrecha relación que yo tenía con León. Conocían la locura que tenía León por mí, pero no sabían si yo me había acostado con él o no, porque eso era algo que nosotros no íbamos a decir.

Se lo dijeron, y, cuando fui a verle, sola, se lanzó sobre mí. Y yo me sentí como si le hubiera traicionado, pese a que, en rigor, no lo había hecho.

Tras el verano de 1950, mucho antes de que mi relación con León Felipe diese este giro, regresé a España para rodar *Aquel hombre de Tánger*, una coproducción dirigida por Robert Elwyn. Mi papel era pequeño, cosa habitual en mis películas españolas, y estuve nada más que mes y medio antes de regresar a Méjico. El tiempo libre que me dejó el rodaje lo pasé junto a Miguel.

A Miguel le había escrito regularmente contándole mis progresos en Méjico. Posiblemente había algo de vanidad por mi parte, porque había pasado de un mundo pequeñito, en el que prácticamente sólo tenía relación con Miguel y su gente, a un panorama maravilloso que se había puesto a mis pies; porque había sido llegar y enseguida relacionarme con don José Puche, con Luis Buñuel, con este, con aquel. Todos gente importantísima que me habían acogido como a alguien que ha abandonado la España de Franco y ha hecho bien en venirse. Todos estaban a favor mío, como es lógico, y yo tenía de mi parte una familia de izquierdas y mi mente totalmente antifranquista, aunque todavía no tuviese la conciencia política tan formada como ahora la pueda tener.

Y había tenido pretendientes de altura. Haciendo *Furia roja*, Arturo de Córdova me había echado los tejos como un loco, él, que se llevaba de calle a las mejores mujeres de América. Y Cantinflas, recién conocidos, me organizaba serenatas nocturnas, con mariachis de treinta o cuarenta músicos y hasta con Agustín Lara y su piano blanco. Y yo, inocente, le decía a don José Puche:

—Fíjese usted, que acabo de conocer a Mario Moreno, a Cantinflas, y mire cómo me ofende —porque yo me sentía ofendida.

Y también le hablé a Miguel de León Felipe, y de cómo era el patriarca de todos los intelectuales y artistas. Hasta El Sapo, como llamaban a Diego Rivera, y que era inteligentísimo y brillantísimo, se inclinaba ante León y lo trataba de maestro.

Cuando regresé, seguimos escribiéndonos —y debo decir que las dos únicas personas a las que he escrito cartas de amor han sido Miguel Mihura y, ya en 1968, Alejandro Ulloa—, y le hablaba de la protección que me brindaba León, quien en aquella época era un intelectual mucho más importante y mejor considerado que Miguel.

Luego, cuando conocí a Juan, también se lo conté a Miguel por carta. Le dije que había conocido a un hombre más o menos de su misma edad pero que no era de su pensamiento político, aunque escribía muy bien, era muy culto y estaba muy relacionado. También le dije que se estaba divorciando de su mujer, con la que tenía una hija. Esa niña era Pepita, con la que me he llevado siempre muy bien. La esposa estaba embarazada, y Juan tuvo una segunda hija cuando ya estaba separado.

Miguel lo supo, pero a León no le dije ni pío. Como nos había presentado él, lo único que le dije fue que me había gustado mucho porque me parecía buena persona y un hombre estupendo, pero nada más. En ese momento, 1951, yo ya me dejaba abrazar en cuanto él tenía ocasión, pero a Miguel sólo le hablaba de la protección intelectual.

Ni el amor ni el dinero se pueden ocultar. Juan me gustó, nos acostamos, y tuve la crisis con León. Yo estaba llorando, y él me gritaba:

—Eso es imposible —decía mientras me sacudía—, porque yo soy el primero que te ha adorado y que te adora.

Y me cogió de los hombros, me levantó la mano y me pegó furioso. Pero cuidado: no fue una paliza. No tiene nada que ver con un hombre que maltrata a una mujer. No fue eso. Fue un pronto. Pero entonces es cuando yo le dije:

—León, por Dios. Yo te quiero muchísimo, pero no te quiero como hombre para mí.

¿Para qué le dije eso? Empezó a llorar, a pedirme perdón. Fue una situación terrible, una experiencia muy mala la que me llevé con León. Ver a León Felipe llorando es algo que me ha perseguido toda la vida. Desde entonces he hecho todo lo posible por no humillar a los hombres que me han querido, pero a León lo humillé; a él, que me adoraba; a él, a quien procuraba no dejar mal en ningún sitio, callándome cuando no sabía algo, o recordándole a él sus cosas, porque en eso era tan desastre como Pepe Tous. León no encontraba nunca nada, ningún detalle, y yo se lo recordaba: «Dijiste que a fulano de tal le ibas a hablar de esto que te querían editar. Que si quieres que en la grabación que te van a hacer salga tal poema…»

Me hizo una señal en el cuello y sangré por la nariz. Yo lo abrazaba por la cintura, me agachaba…

Si llego a tener más años, si llego a tener más experiencia, no le hago a León un agravio como ese. En el momento en que me abraza, siente por mí como hombre, muere por mí, yo tenía que haberme comportado con más suavidad.

A León le duraron los celos toda la vida. Seguimos viéndonos, pero ya no volvió a intentar nada conmigo, y yo sabía que estaba dolido. Con todo, hacíamos nuestra vida normal de encontrarnos en su casa o en el Café de París, donde le compró a un vendedor ambulante un perro para mí, *Susu*, que fue el primero que tuve y vivió junto a mí diecisiete años. Y en una joyería de antigüedades que estaba enfrente, me regaló una pulsera de monedas de oro acuñadas en París y Sevilla en la época de Carlos III, llamadas peluconas.

Lo que nunca hicimos fue coincidir los tres. Jamás me vio con Juan en el tiempo que estuvimos, que de todos modos no fue mucho; cuando Juan me dejó de gustar, no se lo dije así para no dañarle, porque tenía muy reciente la experiencia de León, sino que le puse como excusa el que no querían que me señalasen como miembro del Partido Comunista. Aun así, estaba tan enamorado que trató de suicidarse.

De quien sí le hablé a León, en cambio, fue de Severo, y él me entendió y me aconsejó. Nuestra relación, por tanto, vino a ser lo que tenía que ser: paternal.

Y volvió a tratarme con el cariño de siempre, con la misma admiración. Si yo hacía una película, él era el primero que se apuntaba para verla. Como hice tres películas seguidas con Miguel Zacarías, yo le decía:

—Don Miguel, ¿me pasaría usted la película antes de estrenarse, para que venga el señor don León Felipe?

Y como León era un dios en Méjico, don Miguel estaba encantado. Entonces venía, me veía y comentaba:

—Bueno, tú, en cine, muy bien. Te sales de la pantalla. Pero ¿por qué no hace teatro esta mujer?

Y don Miguel, pobrecito, le respondía:

—Pues mire, es que Sarita es para el cine. Mire usted qué planos tiene. Ni la Doña tiene los planos que tiene esta niña.

—Me lo va a decir usted. A mí me lo va a decir —y se trataban de «usted», porque en Méjico no se habla nadie de tú; ni siquiera entre padres e hijos, o entre amigos.

León siguió queriéndome, aunque de otra manera. En 1968, viniéndome a España desde Méjico, me escribió unos versos, los últimos que hizo. Y me dedicó un libro: «Sarita —porque él no me llamaba Antonia, sino Sarita—, te he querido mucho...» Vine a Madrid, y a las dos semanas, en la noche del 18 al 19 de septiembre, León Felipe murió.

De Nueva York
a Los Ángeles

El 10 de marzo de 1951, justo cuando cumplí veintitrés años, llegué a Nueva York por primera vez, en medio de una nevada espantosa. Allí me recogió Jesús Montalbán, Chucho, que era hermano de Ricardo Montalbán, y me llevó al hotel Warwick para alojarme, y al Teatro Puerto Rico para cantar. Se trataba de un espectáculo de variedades musicales en el que actuaban también Los Panchos y la cubana Mapita Cortés, una rumbera de mucha categoría que era la suegra de Lucho Gatica. Como es lógico, mi lugar allí era el de telonera.

El Puerto Rico, como el Jefferson, era un teatro latino que estaba en el Bronx, pero no hay que asustarse porque ese barrio no tenía nada que ver con lo que sería veinte años después. Y allí acudieron dos hombres jóvenes, de unos treinta y cinco o cuarenta años; dos cazatalentos de una agencia que me hicieron una proposición profesional.

Chucho Montalbán era un prestigioso agente y organizador de espectáculos, que trataba con importantes artistas hispanos; por ejemplo, Agustín Lara, quien nos acompañaba cuando me llevó por segunda vez a Nueva York. Si me hizo esa oferta como cantante, fue porque ya había tenido ocasión de oírme cantar: en las Navidades de 1950 había actuado en el Teatro Lírico de Méjico.

La primera vez que subí al escenario del Lírico fue para cantar canción española, pero a mí no me gustaba y en cuánto pude lo cambié por bolero. Fueron Pedro Vargas y su hijo mayor, que también era su representante, los que me ayudaron. Con ellos ensayé «Verbena tropical», «Soñar en noche de luna», «Perfidia» y otros boleros de aquella época. También estudié canciones antiguas de Agustín Lara y de Bobby Capó, que fue quien después compuso a mi lado la canción para mi película *Piel canela*. En los ensayos, el hijo de Pedro me acompañaba a la guitarra.

En aquellas primeras actuaciones en el Teatro Lírico, también era la telonera, y detrás de mí venían Los Panchos; pero la estrella del espectáculo era Agustín Lara. Pedro Vargas habló con él para que permitiese que su orquesta me acompañase en los boleros, y Agustín Lara accedió. Y aunque él y yo no coincidíamos nunca en escena, al escuchar a su orquesta me escuchó también a mí, y le gusté. Después se estrenó *Necesito dinero*, en la que yo le daba la réplica a Pedro Infante, que estaba en un momento de máxima popularidad, y así me hice yo también popular y empezaría a encadenar una película tras otra. Llegué a hacer catorce películas en Méjico, porque allí los rodajes podían durar sólo cuatro semanas, en lugar de los cuatro meses que hacían falta en España.

Al regresar de Nueva York, y mientras aguardaba el inicio de otra película, volví al Teatro Lírico y le comenté a Agustín Lara que, si pudiera, me encantaría grabar un disco. Eso era muy difícil.

—No, chamaquita. Tú eres muy joven todavía.

Es verdad que yo era muy joven, y que parecía más niña todavía de lo que era. Ya casada con Tony, cuando íbamos a cenar y no me había maquillado, no me servían alcohol porque decían que no tenía veintiún años; eso en la época en que ya tenía veintinueve y, como a veces me ocurría, no llevaba encima el carnet de conducir o la cédula de identidad para demostrar mi verdadera edad.

Así que, por joven, o más bien porque no terminé de cuajarle, no me apoyó en eso. Luego hicimos juntos *Se nece-*

sitan modelos, y sólo canté un par de estrofas de unas canciones suyas. En cambio, cuando ya fui Sara Montiel y estaba en mi momento cumbre con *La violetera*, lo vi actuar en el Million Dollar de Los Ángeles y después pasé al camerino para saludarlo; y nada más verme, me dijo:

—Sarita, vende usted los discos como churros. ¡Qué barbaridad, lo que es usted en Méjico! Me gustaría tanto trabajar con usted. Tengo unas canciones que a ver si las puede grabar.

Siempre deseando hacer algo suyo y, cuando me lo propone, yo no puedo. Una lástima, pero todavía tenía que hacer películas con canciones antiguas y conocidas, porque mis películas con boleros contemporáneos vinieron después.

Los cazatalentos que vinieron a verme al Teatro Puerto Rico me llevaron al Hotel Plaza, que era el no va más de Nueva York, a ver la actuación de Dorothy Dandridge, que además de ser una magnífica actriz, cantaba muy bien.

Esos hombres me dijeron que yo era una chica que se transformaba, porque me habían visto en el camerino, sin arreglar, y después en el escenario. En mis actuaciones, yo siempre he vestido muy bien, luciendo unos trajes despampanantes, fastuosos. En Méjico adquirí unos vestidos maravillosos, bordados, de gasa negra, con encajes transparentes, muy escotados. Unos vestidos de escándalo.

En Méjico, mi personalidad se desató un cambio como de la noche al día. En España era imposible, porque era un ambiente de paletos en el que no se podía hacer nada, y a un cóctel se iba casi tapada y con una capa encima. Nada que ver con el mundo del espectáculo de Estados Unidos o de Méjico. Méjico era un país mucho más abierto que España, al que llega mucha gente y donde he visto actuar a todos los artistas internacionales famosos.

A esos hombres los so

en el camerino, iba normalita y muy cubierta, ya que hacía un frío del demonio. También estaba sin maquillar, pero yo hablé con ellos porque Chucho los conocía. Y Chucho estuvo conmigo todo el tiempo, porque yo le había dicho:

—Mira, yo voy sin mi madre y no pasa nada porque yo me como el mundo, pero tú te quedas conmigo y me llevas al hotel después de las actuaciones.

Cuando salí al escenario, iba con un traje de raso rojo, bordado con pedrería blanca, roja y negra, abierto a un lado, estrecho, muy escotado y con el frente en forma de corazón, que, como tengo el pecho muy alto, todavía me lo subía más. Se volvieron locos al verme, y entonces me llevaron a ver a Dorothy Dandridge, asegurándome que yo era capaz de hacerlo aún mejor que ella. Y también me compararon con Rita Hayworth, porque llevaba melena rizada con ondas grandes y de mi color natural: castaño rojizo, pues mi rubio de niña se había oscurecido un poquito y ahora era igual que el de mi madre.

Luego volví a ver a Dorothy actuando en otro hotel en São Paulo, cuando yo había ido para hacer *El americano*, con Glenn Ford; aunque al final el rodaje se atrasó y nunca hice esa película. Actuar en una sala de fiestas de un gran hotel era algo reservado para figuras como Dorothy, Sinatra, Marlene Dietrich, Edith Piaf o Jeanette MacDonald.

Yo vi aquello y dije que sí, que me apetecía actuar de aquella manera. Además, quería salir un poco de Méjico donde tenía un problema con Juan Plaza, a quien habían apartado del centro el Partido Comunista por mi culpa, pues decían que yo podía enterarme de ciertas cosas y contarlas. Y es que, por ejemplo, yo supe que Fidel Castro estuvo en Méjico cuando lo soltó Batista.

El Partido Comunista no se fiaba de mí, como no se fiaba de nadie, y eso metía en Estados Unidos Plaza. Yo preferí pasar más tiempo en Estados Unidos y por eso me vino bien la posibilidad de un nuevo contrato. Por otra parte, hice algo con unos portorriqueños cuya hija tocaba la guitarra en un trío con su novio y otro amigo. Y todos ellos eran muy amigos de dos cubanos de unos treinta años, fotógrafos de publicidad, que eran pareja. Aconsejados por su amiga, estos chicos vinieron a verme actuar y quedaron prendados. Ellos, que eran de lo más fashion y moderno, y hacían portadas para *Vogue*, me dijeron:

—Ay, tienes que venir a nuestro estudio, porque has de posar para nosotros.

Fui, y me hicieron unas fotografías divinas para publicidad, en las que yo estaba vestida maravillosamente bien y al lado de un coche alemán modernísimo. Esas fotografías salieron en la portada de dos revistas en Alemania, y Nati Mistral, que trabajaba allí, las vio.

O sea, que Nueva York me sirvió para ser modelo, algo en lo que yo nunca había pensado ni me interesó.

Pero eso no fue lo mejor que Nueva York me había preparado.

Aunque me gustase cantar, mi meta seguía siendo el cine. Pero para mí era importante que me oyeran a fin de demostrar que podía ser una actriz completa. En *Ahí viene Martín Corona*, canté dos bulerías. Luego, en *Piel canela*, tenía también un par de boleros. Pero yo quería que se me considerase como a un Pedro Infante, que era capaz de hacerlo todo, y hacerlo bien. Y lo cierto es que tuve suerte, porque comenzar en el Teatro Lírico, y en un programa con Agustín Lara, no era moco de pavo. Para conseguir esa primera oportunidad me ayudó el hermano de don Miguel Zacarías, un millonario que era productor.

Los Zacarías consiguieron meterme en el Teatro Lírico diciéndole a la empresa que yo cantaba muy bien, muy bonito, y que además tenía una belleza impresionante. Pero, como ya he dicho, lo que se esperaba de una española era que cantase las canciones españolas famosas de entonces; canciones que a mí no me interesaban. Nunca se podrá decir que yo haya sido una folclórica, porque mi estilo no ha ido por ahí. Es un mundo que respeto y que, cuando he tenido que cantarlo, lo he hecho lo mejor posible, pero no es el mío.

Puse el máximo cuidado en salir al escenario bien vestida y cantando las canciones que más me iban. Y tuve éxito, pero en esto, como siempre, predominó mi belleza. Cuando enseguida me hice popular gracias a las películas, regresé al Teatro Lírico, sólo que esta vez no como telonera, sino con un espectáculo con el Trío Calaveras y en el que Pedro Vargas y yo éramos los que cortábamos el bacalao. Pero yo notaba que el físico seguía predominando; que se fijaban en la voz, pero lo que querían era verme. Eso me dolía, porque yo he tenido, y tengo, buena afinación; por mi manera de cantar, no se pierde una frase en ninguna canción por nada del mundo. Fraseo y digo la canción maravillosamente bien. Puede gustar más o puede gustar menos, pero lo que no se puede es decir que a mí no se me entiende. Sin embargo, sé que había parte del público que procuraba tener las butacas lo más cerca posible del escenario, sólo para verme mejor.

Yo lo comprendo, porque cada vez que se estrenaba una película mía en Méjico se destacaba mi belleza, y eso era en cierto modo un hándicap para mí. Por suerte, también fue valorándose mi voz y llegué a gustar mucho, especialmente con alguna de las canciones que Agustín Lara le había hecho a Toña La Negra.

León, que se había quedado más tranquilo cuando rompí con Plaza, venía a verme cantar, e insistía en que tenía razón, que a mí me veía haciendo teatro porque yo era un animal de escena. Pero lo que más he amado ha sido el cine.

De todos modos, las actuaciones me sirvieron también para buscarme la vida, porque no podía vivir de una película y luego quedarme sentada esperando hasta la siguiente. Preferí enrolarme con compañías pequeñas que recorrían estados y provincias: Chihuahua, que es tan inmenso que para hacer seis ciudades de allí necesitas tirarte dos meses trabajando; también íbamos al norte, a El Paso; al Teatro Degollado de Guadalajara, al Cervantes de Toruca... En esas actuaciones, coincidí muchas veces con Lola Beltrán.

Mi madre solía estar conmigo; en cambio, no pudo acompañarme cuando fui a Estados Unidos. Conseguir la visa era muy difícil. Si querías entrar como turista, tenías que depositar una fianza y justificar que eras económicamente solvente, y nosotras no podíamos. Luego, cuando más adelante fui a Los Ángeles a actuar, sí me hicieron una visa de turista y en el downtown me gestionaron el permiso de trabajo, para pagar los impuestos allí. Pero la primera vez que fui a Nueva York lo hice gracias a que tenía un contrato, y León me acompañó a la embajada americana para sacarme el visado de trabajo.

A mí en la embajada me tenían ligeramente vigilada por mi relación con Plaza; es decir, con el Partido Comunista. Además, había ido con Plaza a la cárcel para visitar a Ramón Mercader, el asesino de Trotski, y todo esto en la época de la guerra fría. Eran muy estrictos, y tenían controlada la frontera por la inmigración. De todos modos, sabían que yo no era comunista y no pusieron dificultades.

Cuando fui al Million Dollar de Los Ángeles, mi madre tampoco pudo venir conmigo, porque la fianza era de dos mil dólares. También había que tener alguien que respondiese por ti, y en ese sentido me ayudó mi amiga Lidia, una cantante de ópera a la que conocía de España, y que vivía en Los Ángeles con un nieto de Conrad Napoleon Jordan, que había sido secretario del Tesoro, y por eso su firma venía en los billetes de banco.

En el Million Dollar actué con Agustín Lara y con Luis Aguilar. Para entonces, ya se había estrenado *Ahí viene Martín Corona*, que me dio mucha popularidad entre el público latino. Gracias a eso, vinieron a verme de la Columbia.

Max Arnow, director artístico de la Columbia, había visto dos películas mías, *Necesito dinero* y la muy reciente *Ahí viene Martín Corona*, y se había vuelto loco conmigo. Además, dio la casualidad de que era íntimo amigo del dueño del Million Dollar, porque eran judíos y había mucha unión entre la comunidad judía dedicada al espectáculo.

Así, vino a verme actuar, y después fuimos a una fiesta al lado del teatro. Allí estuvimos Max Arnow, su mujer, el dueño del teatro, su esposa, su hijo y su nuera, Lidia y yo. Y Max, enloquecido y encantado conmigo, me dijo que era necesario que yo trabajase con él y que tenía que hacer unas pruebas de inmediato.

Sin embargo, yo no tenía tiempo para hacer las pruebas porque debía regresar a Méjico para rodar *El enamorado*, que en algunos países se llamó *Vuelve Martín Corona*.

Hoy podría decir: «Cojo el avión y me voy a Los Ángeles para hablar con Max»; pero entonces no. En el teatro, ganaba sólo cuarenta dólares a la semana, que apenas me daban para pagar un hotel y por eso vivía en casa de Lidia, en Melrose: ella me bajaba en coche al teatro para la matinée de cuatro a seis, a las ocho empezaba el segundo show, que terminaba a las diez, y entonces me recogía y regresábamos a su casa. Esa era la vida que yo hacía en Los Ángeles.

Ya no volví a Los Ángeles hasta 1952. Entonces Max me llevó a los estudios para conocer a Harry Cohn, el productor, y este se quedó flipado conmigo. Me propusieron hacer las pruebas, y, como ya he dicho, así es como conocí a Marlene Dietrich, que estaba en el vestuario con unos diseñadores. Nos presentaron y Marlene, amabilísima, me comentó:

—Vístete siempre de rojo, negro y blanco, porque esos colores te van de maravilla.

En las pruebas yo tenía que hacer de todo: chica pobre, oficinista, chica normal, mujer fenomenal vestida de noche…

todo con maquillajes y peinados distintos; y, como llevaba el pelo castaño rojizo, me lo aclararon con un spray para que diese un poco mas rubio. Para vestirme de normalita, Marlene me aconsejó el marrón y el beige, que son colores que luego no he llevado nunca.

Tras probarme en el estudio, Arnow se entusiasmó más aún conmigo y me ofreció ese contrato con el que me habría esclavizado durante siete años. Si por Max hubiese sido, yo hubiera sido una estrella ya, pero de Harry Cohn y de los estudios no me fiaba ni un pelo.

Los estudios ya no eran lo que fueron. No sólo cuidaban las estrellas: también las podían destruir, hacer con ellas lo que les diese la gana. Había habido verdaderas tragedias. Y en los años cincuenta, algunos actores empezaron a alzar la voz contra esos contratos.

Y yo no quise firmar.

XII

Severo Ochoa

Al amor de mi vida lo conocí en Nueva York.

Muy poca gente lo supo entonces, y a muy poca gente se lo he dicho después. Es algo que siempre he creído conveniente que permaneciera oculto. Nadie se habría visto beneficiado de haberse sabido esta historia, y en cambio había una tercera persona a quien se le habría dañado cruelmente y sin necesidad. Una mujer a la que siempre he respetado y que no merecía sufrir por mi causa.

Luego, cuando esta mujer falleció, lo sentí mucho, porque había sido una excelente compañera para este hombre, y él quedó muy triste y muy solo sin ella. Ninguno de ellos vive ya, y es ahora cuando puedo contarlo, porque mi vida estaría incompleta sin él.

Con Severo Ochoa tuve un amor que nació herido. El nuestro fue un amor imposible.

Le conocí en 1951 a través del Consulado Mejicano en Nueva York, y aquello fue un flechazo. Lo vi y me gustó de inmediato; me atrajo físicamente como hombre, sólo después me hablaron de él y supe quién era. Pero lo primero fue el predominio de lo físico, el gusto de la mujer por el hombre con el que quiere estar, con el que quiere hacer el amor.

Tuve hacia Severo un deseo carnal, sexual, y no es raro, porque era un hombre altísimo y guapísimo, con una piel y una cabeza preciosas, con un pelo hermosísimo, muy claro, que pronto se volvería blanco. A sus cuarenta y seis años, Severo Ochoa era un monumento de cine. Y además era simpático, chistoso, alegre; estaba lleno de sentido del humor y derrochaba un encanto bárbaro. Me quedé obnubilada por él.

Y yo le gusté. Y se enamoró de mí. Y decía que yo era muy serena, muy ingenua, muy blanca; que yo no tenía malicia ni era una de esas chicas de «aquí te pillo, aquí te mato». Yo no había tenido ese tipo de experiencias, y una atracción tan inmediata sólo la he sentido con él. Luego él me retrató, y me dijo que le gustaba la inteligencia natural que me hacía ser tan callada y tan prudente, tan sobria y elegante. Según él, yo era una persona de intuiciones, una persona que actuaba por intuición, por un talento natural sin desarrollar.

Pero él era lo contrario. Era un hombre desarrolladísimo, un genio, y, como le ocurrió a León, ese amor por mí lo llevó a convertirse en un Pigmalión conmigo.

A Severo le gustaba el cine, pero más aún el teatro. Iba mucho a Broadway a ver las comedias, y, cada vez que viajaba a Londres, aprovechaba para ver el teatro inglés, que le volvía loco. Sobre todo, era un fanático de Shakespeare.

Severo me hablaba de cosas que él creía que yo tenía que conocer. A veces no lo podía comprender, pero él me lo explicaba con palabras sencillas. Su propio trabajo, que era dificilísimo, él me lo contaba de tal manera que fuese accesible para mí y lo pudiese entender. Así, me hizo descubrir que yo era bastante atea, aunque no lo supiese. Me hizo ver que, en realidad, yo no creía. Y, al explicarme el misterio, los orígenes de la vida, me hizo más atea aún. Y yo, además de enamorarme del hombre, me iba enamorando del sabio, de lo que hacía, de lo que era, de cómo lo consideraban, de sus intereses y de su personalidad.

Nunca seré capaz de repetirlo igual que como él me lo contaba, pero era maravilloso cómo me hablaba de lo natural, de la evolución, de las partículas que están en el fondo y en el origen de todo. Él me hablaba de la célula viva y de la célula muerta, de las enzimas, y él descubrió cómo se podía crear esa materia viva. Todo se convierte, todo se transforma, pero esa materia, esa energía, puede vivir para siempre. Por eso, al morirnos, no morimos realmente, sino que nos convertimos en otra cosa.

Y yo, que era atea sin saber que era atea, me hice más atea todavía.

Conocí a Severo en 1951, y estuvimos hasta 1955, viviendo una relación tremenda y llena de secretos. Todavía salía con Plaza, con el que terminé enseguida, y nada más regresar a Méjico le conté a don José a quién había conocido en Nueva York. A León no se lo dije todavía, porque, desde que había sufrido tanto por mi relación con Juan Plaza, no quise tentar a la suerte y hacerle más daño.

Pero a don José Puche sí se lo dije, y se quedó de piedra y tan obnubilado como me había quedado yo.

No es para menos, porque ya entonces Severo tenía un increíble prestigio como investigador, y don José, que era médico, estaba al tanto de su carrera. Severo no estaba en Estados Unidos porque se hubiese exiliado. No era un refugiado: él no era de izquierdas, pero tampoco era franquista. Era totalmente apolítico. Si estaba en Estados Unidos era porque se lo habían ofrecido. Él podía haber ido donde hubiese querido, porque se lo disputaban de todas partes y ya había estudiado y trabajado en Glasgow, Heidelberg, Londres, Plymouth, Oxford, Washington... Ahora estaba en la Universidad de Nueva York, donde pronto lo harían jefe del Departamento de Bioquímica.

Todo eso no se le escapaba a don José Puche, un hombre que había sido rector de la Universidad de Valencia y ministro de Sanidad, aunque no le gustase figurar sino trabajar a la sombra de don Juan Negrín.

En la fiesta del consulado, Severo estaba con Carmen, porque siempre iban juntos a todas partes. Y es curioso, pero mucho después de haber terminado nuestra relación, y cuando yo hacía el viaje de novios con Chente, lo volví a encontrar en otra fiesta del consulado; y con él estaban Carmen y el duque de Badajoz. Y era todo igual: un baile con cena en un salón maravilloso.

Nos vimos aquella primera vez en la fiesta, y cuando me marché nos despedimos. Me gustó, sí, pero no hubo más, porque yo no tenía esa experiencia ni era ese tipo de chica.

Seguí con mis actuaciones en el Teatro Puerto Rico y alojada en el Warwick, y unos días después me llama el secretario del cónsul de Méjico:

—Sarita —me dice—, ¿cuánto tiempo vas a estar aún en Nueva York?

—Pues voy a estar una semana más —le respondí, y es que al Puerto Rico iba para dos o tres semanas.

—Es que, verá, vamos a reunirnos unas gentes y el profesor quería saber si podrías venir con nosotros.

—Pero ¿a qué hora sería? Porque tengo actuaciones a las cuatro y a las siete.

—Es una cena a las ocho y media, pero, si quieres, podemos pasar por el teatro y recogerte. Además, Sarita, tenemos mucho interés en que vengas porque nos has caído fabulosamente bien.

Para entonces, yo me había hecho mejicana por mediación de León Felipe, que era muy amigo del presidente Ruiz Cortines y de su esposa, doña María. Como española, tenía que salir periódicamente de la frontera para que me sellasen el visado de trabajo, y León me dijo que ni hablar, que mejor me hacía mejicana y así acababa con eso. Y seguí su consejo, con lo cual tengo doble nacionalidad, española y mejicana, que no he renunciado a ninguna. En cambio, cuando me casé con Tony no me hice ciudadana estadounidense, y eso me trajo problemas con la policía. Era un momento en el que los mejicanos se mataban por entrar en Estados Unidos, y yo, que podía conseguir la nacionalidad con toda legalidad, que me daban esa oportunidad, prefería entrar en el país como turista para estar en mi casa y con mi marido.

Vinieron el secretario del cónsul y su mujer a recogerme, y me llevaron a un apartamento precioso de Park Avenue. Y en la cena estaba Severo, pero había acudido solo, sin Carmen, lo cual era muy raro.

Después de la cena, el secretario, que era muy agradable y simpático, su mujer, Severo y yo, nos fuimos a tomar algo a un local con clase. Severo pidió dry martini, su bebida favorita, que pronto aprendí a preparar; muchos años después, cuando Carmen ya había fallecido, Severo y Pepe Tous, que también le gustaba el dry martini, se hicieron amigos y yo les servía la bebida y me emocionaba al verlos juntos.

Pero eso sería después. Todavía estábamos en aquel local, que era una sala con orquesta y cantantes, y allí estuvimos bailando Severo y yo, y hablando, y… Y no me fui sola de aquel local: aquella noche, Severo se vino conmigo al Warwick.

Nunca Severo había engañado a su mujer, nunca en la vida. No digo que no haya tenido alguna aventura en los congresos; eso no lo sé, pero no me refiero a engañar con el cuerpo, sino con el amor. Para él, Carmen era intocable, pero, como dice la canción, yo era la primavera y ella era el otoño. Nos habíamos visto tan sólo dos veces, sí, pero no importó. Lo nuestro fue rápido, fulminante, cuestión de química.

Severo y yo comenzamos una relación clandestina. Además, como vivíamos en países distintos, teníamos que viajar para vernos. Yo viajaba muchísimo a Nueva York para estar con Severo, y nos veíamos en el apartamento de otro investigador compañero suyo, que estaba muy cerca del edificio de las

Naciones Unidas. Eran viajes, tal vez, de sólo un fin de semana, si es que estaba trabajando; entonces iba y volvía; pero, si no estaba en medio de ningún rodaje ni tenía ninguna actuación, me pasaba más tiempo con él. Y él también, cuando podía, cogía días libres. Casi siempre solíamos vernos en Nueva York, aunque a veces nos encontrábamos en otros sitios.

Para esta relación, don Alfonso Reyes me ayudó muchísimo, y, en una ocasión en que Severo vino a Méjico, se alojó en su casa, que estaba alejada del centro y tenía un jardín. Allí estuvimos, porque no queríamos que nadie viese a Severo ni supiese que estaba en Méjico.

También don José Puche nos apoyó. Él era un cielo de persona, y era maravilloso con su esposa y sus hijos, pero tenía una segunda vida. Tenía un hijo con otra mujer, por eso nos comprendía y, sobre todo, comprendía a Severo. Lo de su otra vida yo aún no lo sabía, pero él me decía:

—No me extraña nada de lo vuestro.

Don José admiraba muchísimo a Severo. Según me dijo, Severo era un hombre que nos pertenecía a la humanidad; y fue él el primero que me aseguró que Severo Ochoa sería premio Nobel algún día. Luego yo se lo dije a Seve, y lo fue.

Yo necesitaba el apoyo y el consejo de don José y de don Alfonso porque mi relación con Severo me daba algo de miedo, me imponía. Él era una persona realmente importante, con una vida totalmente diferente a la mía. Yo estaba en el camino para cumplir mi deseo de llegar a ser alguien en el cine y conquistar a los espectadores, convertirme en una figura. Una cosa no casaba con la otra, nuestras metas eran distintas y no tenían nada que ver. Pero el amor era demasiado fuerte, y yo era una joven sin experiencia que no sabía qué hacer ni cómo reaccionar.

Fue doña Manuela, la mujer de don Alfonso, la que me dijo que tenía miedo de que aquel amor fuera a más. Para ella, Severo era un hombre mayor, demasiado para mí. Yo había estado con Juan Plaza, que tendría unos cuarenta y tres años;

mi primer amor había sido Miguel Mihura, que había nacido en 1905; y en ese mismo año había nacido Severo, que en 1951 tenía, por tanto, cuarenta y seis años. Tal vez estuviese buscando a mi padre en todos mis hombres, pero yo no pensaba en la diferencia de edad. Sin embargo, la diferencia de edad era excesiva a ojos de los demás. Un hombre de cuarenta y tantos años era como uno de setenta ahora, mientras que una chica de veinte años era una cría; y, si llegabas a los veintiocho o treinta años sin haberte casado, te quedabas para vestir santos porque ya no te miraba nadie. Y doña Manuela, lógicamente, tenía miedo por mí, pero también por él, porque temía que deshiciera su matrimonio.

Pero, como siempre en mi vida, mi madre fue la que me lo planteó de la manera más justa, yendo al amor.

Nunca le mentí a Pepe Tous cuando vivía, y no le voy a mentir ahora que está muerto. Fui feliz en mis siete años con Tony, fui feliz en los veintisiete con Pepe, pero los cuatro años que pasé con Severo bastaron para convertirlo en el hombre de mi vida de mujer.

Al principio, a él le pasó como a mí: vio el físico espectacular de Sara Montiel y le gustó. Pero con el trato se enamoró de la mujer Antonia. Por eso quiso divorciarse de Carmen y casarse conmigo.

Severo me veía en su vida porque, aunque yo fuese artista, no era descocada ni exagerada. Como vestía de negro desde los dieciséis años, eso me daba seriedad, nada de frivolidad. Si tenía que estar con alguien importante en un restaurante, yo me callaba y no hablaba de lo que no sabía. Yo podía, en principio, convertirme en la esposa de un profesor, porque no desmerecía a la persona cultísima que él era. Y él veía que yo era una esponja, que no había cultivado un talento natural, pero aprovechaba la menor ocasión para estar con gente de la que podía aprender: Miguel, que en lo suyo era un genio;

León, aunque no estuviésemos como pareja; Juan Plaza, que no era un don nadie sino un hombre serio y cabal, que escribía muy bien, estaba instruido y se relacionaba mucho con pintores... Para Severo, yo podía estar a su lado.

Pero yo le comentaba a don José Puche:

—Ay, don José, si nosotros podemos seguir viéndonos así...

—Hija mía —me respondía—, tú no eres una mujer de hoy en día. Tú no eres una chica fácil, sino una persona cabal y seria, muy sensible y muy delicada —esto lo decía porque yo había llegado a Méjico sin haber sanado por completo, con restos en un pulmón, y fue él quien terminó de curarme la tuberculosis con una estreptomicina nueva que tomé a diario durante seis meses—. Por eso comprendo que este hombre esté como loco contigo.

El problema era que, si se divorciaba y se casaba conmigo, yo tendría que dejar mi carrera, porque un investigador tiene, en cierto modo, atada a su mujer. Porque no pega que él esté investigando y yo haciendo películas. Carmen, que era toda una señora, llevaba toda la vida a su lado, porque se casaron muy jóvenes. No tenía nada que ver físicamente con él, pero es que Severo era un hombre imponente de caerte de espaldas. Sin embargo, Carmen no era nada vulgar ni tengo nada contra ella. Es más, Severo me hablaba mucho de ella y la adoraba, sólo que ya de otra manera.

Pero yo no era consciente de que estaba interfiriendo en una vida familiar y que aquello podía afectar a terceras personas. Yo lo sabía y no lo sabía, porque cuando amas de esa manera, cuando estás tan absolutamente colada por alguien, no te planteas si tus actos van a tener consecuencias para los demás.

Y mi madre no me forzaba a casarme con Severo, todo lo contrario. Ella no era de «ay, te tienes que casar, porque si no te casas eres indecente». No, mi madre era una fuera de serie, de las que no salían en su época. Con todo lo que ella había pasado, tenía clarísimo lo que era la vida y lo que tenía que ser. Ella me veía verdaderamente feliz, enamorada como no es posible hacerse una idea, y a él también, con una química increíble entre nosotros. Pero también escuchaba cómo Severo me decía:

—¿Y si nos planteáramos…? —porque se sentía mayor y tenía prisa por él y por nuestro futuro.

Y yo respondía:

—No, ¿para qué? Si podemos seguir así, mucho mejor.

En el verano de 1954, cuando ya había rodado *Veracruz* pero todavía no se había estrenado, nos citamos en Dallas, donde había un congreso de investigadores al que acudía gente del Instituto Pasteur. Quedamos en un restaurante que, lo que son las cosas, con la de restaurantes que habrá en Dallas, fue el mismo que escogieron después los de United Artists cuando nos llevaron a Gary Cooper y a mí para hacer la publicidad de la película.

Severo me dijo que estaba decidido a hablar con Carmen, porque ya no era como antes y tenía que ser sincero con ella. Que él sentía que ya no podía seguir así, porque además no hacía nada, ni estaba convencido con su trabajo. Estaba inquieto, y le molestaba tener que ir con cuidado para que la gente no lo viera conmigo, desapareciendo y volviendo a encontrarnos en otro sitio distinto. Quería separarse ya.

Y yo me asusté, porque vi que él estaba haciendo todo lo posible para tener una vida en común conmigo.

Al regresar a Méjico, se lo conté a mi madre:

—Mira, María, Severo quiere hacer todas las cosas por lo legal. No quiere seguir así, y es que verdaderamente nos vemos a hurtadillas, como si fuésemos dos criminales. Y llevamos ya varios años pasándolo muy bien y pasándolo muy mal.

—Cálmate —me dijo mi madre—. Yo creo que eres feliz

con él y él contigo. Coincidís en muchas cosas y es normal que te hayas enamorado de él, y él de ti. Pero…

Y entonces puso sus manos juntas, de canto, como si fuese a dar palmas, y dijo:

—¿Ves? Una es la línea de Severo y la otra es la tuya. Pueden avanzar juntas parte del camino —y me lo mostró moviendo las manos hacia adelante—, pero llega un momento en el que se separan porque ya no pueden continuar unidas, y una se va hacia su lado, y la otra hacia el suyo. Es ley de vida. Tú no perteneces a su mundo ni puedes seguir su clase de trabajo. Y él no siente lo que sientes tú, porque es imposible. Tú tienes tu mundo, tu sueño, que es conseguir ser lo que has querido desde pequeña. Y cuando obtengas un éxito en tu vida artística, te parecerá poco y siempre estarás luchando por hacer algo más; así eres y morirás siendo así, porque has nacido con ello. Os queréis, sí; él se separará de su mujer y tú te casarás con él, pero llegará un momento en el que vuestros caminos se apartarán. Si estáis tres años más, bien; si estáis cinco años más, bien; pero habrá un final para vosotros. Y serás tú, sobre todo, la que no podrás estar con él, porque aquí es la mujer la que se tiene que acomodar al hombre, siendo el hombre como es, con un trabajo de esa importancia. Tú, como mujer suya, no puedes estar por encima de él; tienes que estar a su lado, pero tú nunca podrás estar al lado de Severo Ochoa. Porque si él es poderoso en su trabajo, tú vas a ser poderosa en el tuyo. Vas a conseguir lo que quieres, y no lo vas a dejar por ser su mujer, porque serías una mujer sola.

Nunca le pedí a Severo que escogiese entre su trabajo o yo. Ni siquiera me lo planteé, porque yo podía ser tonta pero no hasta ese punto, y era muy consciente de lo que significa el trabajo para la gente. Es algo que no se puede cambiar. Tampoco él me lo pidió a mí, aunque, si lo hubiese hecho, tal vez habría abandonado mi trabajo por estar con él, pero habría sido momentáneamente, porque mi madre tenía razón y aquello no podría haber durado así.

Hay muchos padres que dicen ser amigos de sus hijos, pero eso es casi siempre mentira, pura ilusión. En cambio, mi madre sí fue mi amiga. Ella me daba unos consejos que siempre eran los más atinados. Lo había hecho cuando Miguel no quiso casarse conmigo. Lo mismo con León, y también con Juan Plaza; ella no se había negado a él, pero no veía claro un futuro para nosotros. Primero, porque sabía que la política no me gustaba y que sus ideas no eran las mismas. Luego, porque tenía a una hija casi de mi edad, Pepita, que estudiaba en la Universidad de Méjico y con la que me he llevado muy bien, y una segunda que nació durante el proceso de divorcio. Y lo más importante, que no hubo un gran amor. Mi madre sabía que era un hombre serio y una bellísima persona, pero vio que yo no me iba a sentir cómoda a su lado. Y con Severo también fue rotunda:

—Si haces que se divorcie de una mujer como Carmen, que puede estar a su lado, lo vas a hacer un desgraciado, porque al poco tiempo os separaréis y tú seguirás tu vida.

A primeros de 1955, cuando todavía no había firmado el contrato que me había ofrecido la Warner para *Serenade* y otras tres películas, quedé con Severo en el aeropuerto de Nueva York. Llegué, y nos encontramos en el hotel que está en las mismas instalaciones del aeropuerto.

Él me encontró muy cambiada. Ya por teléfono nos habíamos dicho que teníamos que hablar en serio, poner las cosas en su sitio y resolver acerca de nuestro futuro. Y allí, al vernos, le conté la conversación que había tenido con mi madre y le quise hacer comprender la situación. Le planteé que podíamos seguir así, como estábamos, sin divorciarse él de Carmen y con una segunda vida. Pero él no quiso.

Estuvimos casi dos días en el hotel. Él tenía poco tiempo porque debía continuar con su trabajo, y yo regresé a Méjico.

No nos habíamos puesto de acuerdo. Él quería abandonar

a Carmen y yo no le dejaba. Yo le decía que no podía cambiarme de como era; que no podía ser su esposa y dejar mi carrera; pero él, que era muy liberal, muy libre, aseguraba que eso no tenía nada que ver, que yo podía estar a su lado y seguir trabajando. Mas yo no lo creía así:

—La única manera que tenemos de estar juntos es así, hasta que duremos; sin herir a una tercera persona, que es Carmen. Que no ocurra luego que, por cualquier circunstancia, tenga que alejarme de ti. Que no me canse de la vida que me ofreces. Mi vida es estar aquí, estar allá, conseguir esto, aquello...

Todo porque mi madre me había hecho darme cuenta del futuro que me esperaba junto a él. Pero él me ponía dificultades, y aseguraba que no me podía dejar, que había vuelto a vivir gracias a mí, e insistía: «Tú eres mi primavera.» Y tuvo genio:

—Tú crees que yo no sé lo que quiero. Tú eres una niña, pero yo soy un hombre.

Y tenía razón, pero yo le recordaba que, precisamente, yo era joven y estaba luchando, y quería seguir luchando por mi carrera: mi carrera pobre, porque al lado de la suya, lo mío no era nada. Y aunque he llegado a ser Sara Montiel, nunca he podido ni podré compararme a él. Porque Severo Ochoa ha sido un genio, un bienhechor de la humanidad, y hay que ser muy grande para estar a su altura.

Nos separamos a los dos días, pero no rompimos. Hablamos de su divorcio, y yo me planté, porque me negaba totalmente. Carmen no supo nada de esto, ni creo que lo haya sabido. Tal vez de mayores ellos lo hablasen, igual que lo hicimos Pepe y yo, pero no lo sé. Ellos siguieron juntos, y juntos estaban cuando nos volvimos a encontrar en 1964, después de nueve años sin vernos. En pleno viaje de novios, mi matrimonio con Chente ya era un fracaso. Él, en cambio, estaba no sé si con su amor, pero sí con su compañera; con alguien a quien quiso mucho, y que le quiso a él. Cuando

Carmen murió, él se lo pasó muy mal; se cayó abajo, se derrumbó. Y, en cuanto pudimos, Pepe y yo quisimos acompañarlo, animarlo, hacerlo feliz, porque ese hombre lo había sido todo para mí.

Volví a Méjico. Me marché a Los Ángeles. Firmé mi contrato con la Warner. Regresé a Méjico para recoger a mi madre, a mi perro, y para vender la casa de Cuernavaca. Mi madre se marchó a Los Ángeles en compañía de Lidia, que había venido conmigo, pero yo me fui por mi cuenta a Nueva York, para ver a Severo. Nos hablábamos mucho por teléfono, pero teníamos que encontrarnos cara a cara para decirnos que no nos veríamos más.

Fue espantoso, para él y para mí. Fue una angustia. Los cuatro años habían sido de una angustia terrible por la sensación de clandestinidad, pero el último año había sido el que llevé peor. En los tres primeros sólo había existido la felicidad con él, pero en el último año había planeado el fantasma de su divorcio y su deseo de vivir juntos, y eso me había obligado a reconsiderar toda nuestra relación. Yo estaba muy enamorada de él, y además, que también es importante, me gustaba el sexo con él, la química especial que surgía entre nosotros y que nos enloquecía. Pero…

Ya le había dicho por teléfono lo del contrato con la Warner. Él ya sabía que me iban a dar un papel muy bueno, que había firmado por cuatro películas, y que seguramente la segunda se rodaría en Europa. Pero esto no era lo principal que teníamos que decirnos en persona, sino un prólogo a lo realmente esencial. Y yo lloré. Y él lloró. Y todo fue muy mal, muy triste. Lloramos muchísimo porque nos queríamos muchísimo. Pero yo le gritaba porque él no quería que siguiéramos así, y a él no le satisfacía el estar viviendo una segunda vida, a escondidas, porque él no era así. Severo Ochoa era un hombre muy serio que sabía lo que quería; y luchaba por mí contra mí, contra mi edad, contra mi ambición, que me hacía no parar de trabajar. Interiormente, pesaba más mi meta, mi lucha por triunfar, por llegar, que el abandonarlo a la mitad. Todo antes que vivir en un ambiente que no era el mío ni lo sería nunca. Porque ¿qué iba a ser mi vida con él? ¿Él en su laboratorio y yo tomando el té con las esposas de otros científicos? No lo podía ni imaginar, pero aún podía ser peor; podía ser yo viviendo en Nueva York con él y diciéndole: «Me marcho a Hollywood que tengo que hacer de Gilda.» Y entonces la señora del científico importante era una mujer que enseña las piernas y hace el amor en las películas. Una esposa suya no podía tener esa imagen cuando acudía a una recepción con el rector de la universidad, ni cuando visitábamos a un amigo suyo —casado, por cierto, con la madre de Paloma Picasso— que había descubierto la vacuna contra la polio, ni cuando se hablaba de un nuevo descubrimiento del ácido ribonucleico, ni cuando venía un sabio que vivía en Helsinki y que trabajaba en investigaciones sobre el cáncer, y entonces este señor explicaba algún artículo que había escrito en las revistas científicas más importantes. Ese era el mundo de Severo Ochoa, un mundo de mentes sobrenaturales como la suya; y me hablaba de su amistad con Einstein y me abría los ojos a la Teoría de la Relatividad, y había un congreso y me comentaba la ponencia de un experto del Instituto Pasteur… Y me contaba cómo los descubridores y los científicos se pasaban la información unos a otros y la analizaban; y me presentaba ese mundo como si fuese una piña con una gran relación los unos con los otros y donde no había envidia; rivalidades sí, pero cuando eran personas legales que iban a lo derecho se notificaban los progresos, porque era necesario conocer las bases para poder avanzar paso a paso, poco a poco, pero más y más.

Para nosotros fue terrible. Rompimos sin romper. Nos dimos tiempo para pensarlo él y para pensarlo yo; para ser conscientes de lo que podía suceder, de lo que podíamos desunir o del daño que podíamos hacer.

Me marché a Hollywood para hacer *Serenade* y seguimos

hablándonos por teléfono, pero lo fuimos dejando y dejando, y así pasaron nueve años hasta que nos volvimos a ver.

Nos costó muchísimo. Si nosotros habíamos terminado, el amor no. A pesar de los impedimentos, a pesar de que yo hubiese sopesado las dificultades, yo seguía enamorada.

En Hollywood, mi madre, que sería ignorante pero no tonta, y que apreciaba a Severo en lo mucho que valía, me dijo:

—Es lo mejor que podías haber hecho. Porque no hubierais llegado a nada y tú le hubieras hecho un desgraciado, un paria.

Cuando eres joven, crees que el amor puede con todo. Crees que la juventud arrasa con cualquier cosa y se lleva los problemas por delante. Pero la juventud acaba y un día te descubres mayor y sin nada, y comprendes que el amor no es la única garantía de la felicidad.

XIII

El final de un amor

En 1959, yo estaba haciendo *Carmen la de Ronda* cuando supe que a Severo Ochoa le habían dado el Premio Nobel de Fisiología y Medicina gracias a sus investigaciones sobre aquellas enzimas de las que tanto me había hablado. Me alegré porque él se merecía eso y mucho más.

De vez en cuando sabía cosas de su vida gracias al radiólogo al que me llevaba el doctor Rafael Navarro, que era primo suyo. Y yo seguí admirándolo y queriéndolo. Severo había dejado una huella imborrable en mí.

Cuando había estado preparando *Serenade*, él me llamaba por teléfono más que yo a él, porque yo no podía llamarle a su casa. Él era muy cariñoso conmigo:

—Antonia, piénsalo bien. Yo también lo estoy pensando y sé que es muy difícil.

Él había visto las fotos de publicidad que me había hecho la Warner nada más llegar: con Mario Lanza, haciendo pruebas de ropa, maquillándome… Me decía que recortaba todas las fotografías y que las guardaba. No me extrañó, porque ya lo había hecho con todo lo que se publicó del estreno de *Veracruz*. Él quería hacer lo imposible por entrar en mi vida, y no podía.

Lo pasábamos muy mal por teléfono. Él aseguraba que me comprendía, y me pedía que me cuidara y que no me olvidara de que había tenido brotes de tuberculosis dos o tres veces.

Se preocupaba por mí, y decía que sí, que mi vida era diferente, pero que no iba a cambiar tanto por estar a su lado; que él lo aceptaba porque yo lo había decidido, pero que creía que podíamos vivir juntos. Pero yo insistía:

—Seve, ¿qué hago yo con científicos alrededor de mí? ¿Qué hago? ¿Qué haces tú? No puede ser.

Nos fuimos llamando menos, y fue Severo el que finalmente dejó de llamar. Después de la preproducción, que se hizo en Los Ángeles, nos desplazamos a Méjico para el rodaje de *Serenade*. Yo hacía de hija de un torero que se suicidó dejándose matar por el toro porque su esposa, la madre de ella, se había fugado con un amante. Los exteriores se rodaban en San Miguel Allende, en la finca de Gahona, un famoso torero mejicano. Desde allí llamé a Severo y le dije que Mario me gustaba mucho, que cantaba precioso, pero que era un hombre muy atormentado, pobrecito; que no lo habían querido en la Metro y entonces la Warner lo había cogido para esta película. Pobre Mario; en 1958, cuando yo hacía *La violetera*, me llamó para hacer *Las siete colinas*, que se rodaba en Roma, y quería que cantase con él. Un año después, cuando sólo tenía treinta y ocho años, murió en trágicas circunstancias.

Le hablé a Severo de Mario Lanza, le conté cosas del rodaje. Yo muy cariñosa; él diciendo: «Pues yo sigo aquí, con mi vida.» Rompiendo pero queriéndolo; teniéndolo que olvidar, pero con el alma enfangada de tristeza. ¡Lo que es la juventud!

En Méjico había caído muy bien dentro del equipo de rodaje. Todo el mundo era muy agradable, pero especialmente Pev, que era como llamábamos a J. Peverell Marley, el director de fotografía, un hombre majísimo que había comenzado a trabajar muy joven en el cine mudo, haciendo películas con Cecil B. De Mille, y que había estado casado con Linda Darnell. Y también le gustaba a Anthony Mann, que era el director. Los dos me miraban muy bien, con mucho aprecio; y me di cuenta de que Tony me tiraba los tejos y hacía que la cámara se quedase conmigo. Y también vi que Pev se deshacía conmigo por la mucha técnica que sabía, porque decía que me parecía a Linda y por lo bien que daba en fotografía. Si Tony decidía que el encuadre que quería para mí era uno, Pev le decía:

—Sí, pero ¿qué tal si cambiamos esto y ponemos la luz así?

Tony quería sacarme bien porque se estaba enamorando de mí, y Pev, por su parte, se había enamorado de mi fotogenia. Además, Pev estaba encantado de cómo hablaba con él, porque yo le preguntaba: «¿Qué objetivo vais a poner?» «Pues el 50, el 30…» Y entonces yo actuaba de diferente manera: «¿Qué va a ser, un primer plano, un close up, de qué, de 75?» «Sí, de 75.» «Ah, pues ya sé que tengo que moverme poco para no salirme de cuadro.»

Es una técnica que se aprende, porque eso es el cine. Y, claro, ellos luchaban con los otros actores porque no sabían tanto de técnica como yo, y por eso estaban tan a gusto conmigo. A lo mejor, en algún plano le decía a Pev:

—Pev, esa luz, that light, I don't see it, no la noto en los ojos.

—Oh, yes. It's too high.

«Está muy alta, sí», me decía, y entonces la bajaba y así recibía la luz de frente, a los ojos. Esto era algo que había aprendido de Gabriel Figueroa, y a Pev le encantaba que yo lo supiese.

Total, que yo fui involucrándome con Tony, que era muy amable, y volvimos a Hollywood para terminar los interiores. El rodaje duró cosa de tres meses, con mes y medio de preparación, y, para estudiar inglés, yo tenía a Lidia; pero aparte me pusieron una profesora especial de fonética para decir bien los diálogos.

Tony empezó a invitarme a cenar y a enseñarme California, e íbamos siempre con Lidia. Tony estaba divorciado, y una de las veces nos vieron juntos en un restaurante de Beverly Hills muy famoso que pertenecía al ex marido de Lana Turner, al padre de la niña que mató al amante de Lana. Era un restaurante al que iba todo el mundo en Hollywood, y allí nos hicieron fotografías que salieron publicadas con el siguiente pie: «Anthony Mann and Sarita Montiel, mexican actress. They are in love»; es decir, «Anthony Mann y Sarita Montiel, actriz mejicana. Están enamorados».

No era cierto todavía. Aún no salíamos de esa manera, pero los jefes de publicidad de los estudios inventaban muchas cosas sólo por hacer promoción.

Seve vio esta foto y me llamó, y yo le dije la verdad: que no era cierto; que Tony era muy amable y un director muy valioso, que había hecho *Música y lágrimas*, que era la vida de Glenn Miller. También le dije que trabajaba mucho con Jimmy Stewart, haciendo películas muy buenas. Que era una persona excelente, pero que no tenía nada con él.

Y, verdaderamente, no lo tenía aún.

—Claro, claro; es tu mundo —me decía Seve lleno de amargura.

Luego, me fotografiaron junto a James Dean, que estaba rodando *Gigante* en los estudios de la Warner a la vez que yo hacía *Serenade*. Se filmaban diez o doce películas a la vez, y los actores y técnicos solíamos coincidir en el restaurante a la hora del lunch, del almuerzo. Dos días después, el 30 de septiembre, James Dean moría, y esa fotografía se publicó presentándome como la última mujer que lo había visto, su último amor, y que había estado a punto de ir junto a él al desierto de Mojave. Y es verdad que me había ofrecido ir con él, pero tuve un llamado del estudio para trabajar, y eso me lo impidió.

Cuando Seve vio esta otra noticia, me llamó de nuevo. Estaba más amargado todavía, y al ponerme en su situación comprendo que era lógico y normal que se sintiese así. Él estaba celoso, aunque fuese sin fundamento, y sobre todo destrozado, porque lo nuestro se tenía que acabar y veía que me estaba perdiendo totalmente.

Fue la última llamada de Severo Ochoa. Tampoco yo lo llamé. Hacia el final del rodaje, en Santa Mónica, hicimos mi última escena con Mario Lanza, cuando hay una tormenta, cae un rayo y nos declaramos nuestro amor, lloviendo a mares y empapados. Yo cogí una pulmonía y me hospitalizaron. Tony me visitó con frecuencia; se enamoró de mí y él a mí me gustó.

La juventud es complicada y traicionera; es muy fuerte la juventud. Cuando estás mal, te surge el querer a otra persona, y es por pura necesidad. Yo no estuve enamorada de Tony; me casé con él in articulo mortis porque le tenía cariño y a la vez lástima; él estaba muy grave, muriéndose, y su hija Ton, Antonia, que curiosamente se llama como yo, me dijo: «La ilusión de mi padre es casarse contigo.» Y yo acepté.

Pero eso sería más tarde. El principio de nuestra relación fue justo al revés: yo en el hospital y él viniendo a verme, hasta que se quedó conmigo. Me lo había dicho Severo: «Cuídate y no cojas frío, que puedes recaer otra vez.» Y yo recaí y entonces fue cuando me uní más a Tony. Y Severo desapareció.

El 28 de diciembre de 1955, día de los Santos Inocentes, mi madre y yo regresamos a España después de cinco años en América. Tony vino en enero, después de Reyes. Yo no quería casarme, lo había pasado muy mal a causa de mi ruptura con Severo, y de repente tenía a mi lado a un hombre de mi profesión, a una persona tan inteligente como Anthony Mann, que era muy culto, le gustaba la música clásica, la ópera; que tocaba el violín de maravilla y tenía a Renata Tebaldi constantemente en el tocadiscos. Un hombre muy preparado, muy buen director y muy buena persona. Un hombre que había sido general del Aire en la Segunda Guerra Mundial. Un hombre mayor.

Me refugié en Anthony Mann. Y lo quise. No se trataba de sexo, sino de protección, de la búsqueda de un padre. Tony era muy dulce y había sufrido muchísimo de pequeño. Sus padres, de origen alemán, habían sido espías americanos durante la Primera Guerra Mundial; al padre apenas lo conoció, porque fue torturado y ejecutado por los alemanes; con la madre no se hablaba, porque a causa de ese trabajo pasó siete años en un orfanato de San Diego y había crecido sin afecto. Tal vez por eso, él era un buen padre para sus dos hijas, Ton y Nina. Y tal vez por eso me quiso a mí también de una manera, digamos, paternal.

Tony me gustaba, le quería, me hacía feliz cuando hacíamos el amor, pero no había pasión, no había química. Yo tenía a Severo continuamente en la cabeza, y no salió de mí hasta muy tarde. Fracasé con Tony porque me había agarrado a él sólo para huir de Severo, pero sin amarlo. Y cuando nos divorciamos, seguimos siendo amigos, porque nos teníamos mucho afecto y nos queríamos, pero no como hombre y mujer.

Con nadie he sentido el amor como con Severo Ochoa, ni siquiera con Pepe Tous. Pepe, nada más verlo, me gustó físicamente. Luego descubrimos que nos acoplábamos muy bien, que teníamos una química muy buena, pero ya no éramos jóvenes. Cuando lo conocí, yo estaba a punto de cumplir cuarenta y dos años. Mi juventud, mi fuerza, mi energía, mi fuego, habían sido para Severo. Con Pepe tuve la madurez, la serenidad. Mi vida con Pepe tuvo cosas maravillosas, pero ya no tuvo locura.

Vi por última vez a Severo Ochoa en el Auditorio Nacional de Madrid. Me había llamado Montserrat Caballé para que fuese a escucharla, y acudí con Nati Mistral, que es también muy amiga de Montserrat. Nos sentamos, paseo la mirada, y veo un poquito por delante de nosotras, a la derecha, una cabeza blanca. Me levanté y fui a su lado. Lo vi muy mal, estaba encogido: muy mal.

—¿Cómo estás, cariño? —le digo.

—No estoy muy bien, porque cogí un catarro muy fuerte y estoy pachucho; pero, en fin, no me pasa nada.

Pero yo lo vi muy decaído. No envejecido, porque él ha tenido una vejez guapísima, pero sí muy cansado.

Cuando Montserrat terminó de cantar, Nati y yo fuimos a verla, y allí estaba también Severo. Estuvimos juntos ese rato y después cada uno se marchó por su lado.

Muy poquito tiempo después, Severo Ochoa murió. Parte de mí se murió con él.

XIV

El cine en Méjico y Cuba

Esos primeros años cincuenta fueron decisivos en lo personal para mí gracias a Severo, pero también tuvieron gran importancia en lo profesional. A un rodaje le sucedía otro, y no era extraño hacer tres, cuatro o incluso cinco películas en un mismo año. Había más industria que en España, y el ritmo de producción era más rápido. Una película se podía rodar en cuatro semanas, mientras que en España algunas necesitaban tres meses. Además, en Méjico se estrenaban poco después de estar terminadas; en cambio, en España podían pasar meses, y hasta años, para que una película llegase a los cines. Y tenían grandes estrellas como María Félix, Dolores del Río, Marga López, Lily Palmer, que era una gitana mejicana muy guapa y muy buena actriz; Elsa Aguirre, que era otra preciosidad... Todas ellas mujeres fuertes y muy puestas.

Funcionaba muy bien el cine mejicano, menos el que hacía Luis Buñuel, que era horroroso. Parece que eres una ignorante o poco menos que una retrasada mental si dices que no te gusta Buñuel como director, pero tiene algunas películas muy malas. Y no le ponían ninguna pistola en el pecho para rodarlas así, sino que lo hacía porque quería. Por eso yo le dije que no en dos ocasiones, y eso no me lo perdonó nunca.

Ya he dicho que la primera que rodé en Méjico fue *Stronghold*, es decir, *Furia roja* o *Misión peligrosa*. Y además de estar con Veronica Lake y con Arturo de Córdova, me agradó mucho trabajar con Carlos Moctezuma, un actor al que ya conocía de ver sus películas en España y que me gustó. En cambio, Steve Sekely, el director, no me aportó nada; ni tampoco se trata de una película de impacto.

Mientras trabajaba en *Furia roja*, don Miguel Zacarías, que sí era un gran director, se interesó por mí y me ofreció un contrato para tres películas, pero antes tuve que regresar a España para participar en *Aquel hombre de Tánger* (*The Man from Tangiers*). Era otra coproducción rodada en inglés, con Robert Elwyn como director y Luis M. Delgado como director adjunto. El protagonista era Nilsh Ashter, que había sido un galán del cine mudo y había trabajado con Greta Garbo, Joan Crawford y Barbara Stanwyck.

Aquel hombre de Tánger fue mi último papel pequeño. Yo hacía de mora mala, enloquecida de amor por Ashter, y que convivía con una serpiente. Eso fue lo mejor del rodaje, porque me dejaron llevarme a la serpiente a casa para familiarizarme con ella. Luego, al entrar en el plató, me la ponía debajo de los bombachos y, cuando estaban todos los electricistas, sacaba la serpiente y todos empezaban a gritar. Armaba un buen follón con la broma de la serpiente, y entonces, cada vez que entraba, me decían:

—A ver, Sara, que te vamos a registrar.

—¿Sí? Vamos a ver quién es el valiente que me registra —porque a veces me la ponía en el pecho.

Pobrecita: era una culebra de agua que no tenía el menor peligro; además, le habían serrado los colmillos y no mordía ni nada. Le puse María de nombre, no sé por qué, y en casa le daba leche. Me la llevaba en Metro hasta los estudios Chamartín. Eso me venía bien, porque entonces era tan guapa que, aprovechando lo apretados que íbamos en el metro o en el tranvía, los hombres me pasaban la mano, me abrazaban. Para eso, también me acostumbré a llevar alfileres. Así, al que me rozaba, que en el cine lo hacían mucho, enseguida le pinchaba.

mi
gente

Con 2 años, no
quería hacerme la foto
porque no me gustaba
el bolsito que mi
hermana Elpidia me
colocaba en la muñeca

Mi padre Isidoro Abad

Mi queridísima madre María

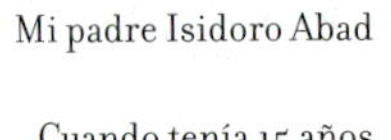

Cuando tenía 15 años

Cuando tenía 16 años y quería comerme el mundo

En el colegio donde Sor Leocadia me enseñó a cantar. Ellas eran las monjas pobres

Con mi queridísima madre al regresar de una gira en 1968 de Méjico. Ya estaba tocada por el maldito cáncer

Con Thais luciendo el
vestido típico mallorquín,
es una bella imagen inédita
captada en 1980 en una
casa de campo mallorquina

En mi casa, el día de mi cumpleaños con Severo Ochoa

Con Severo Ochoa. Nos volvimos a ver a los 9 años en el mismo sitio que nos conocimos. ¿No fue casualidad? El destino es tremendo

1946, Madrid. Con Miguel Mihura, mi primer amor

El día de mi boda con Anthony Mann, el padrino marqués
de Alcántara, cónsul de España en Los Ángeles actual duque
de Osuna, y el cónsul mejicano en Los Ángeles.

Con Joe Kanter, que vino para verme, y Burt Lancaster en
el rodaje de *Veracruz*

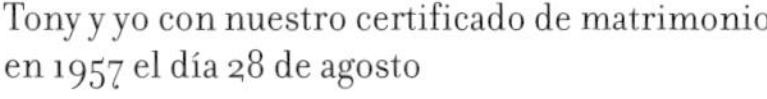

Brasil, 1953. Con César Romero y Joe Kanter
cogiendo una boa de 8 metros

Aquí, casándonos Pérez de Urbel por la Iglesia,
como deseaba Chente Ramírez García.

Tony y yo con nuestro certificado de matrimonio
en 1957 el día 28 de agosto

Giancarlo Viola y mi tía Gregoria. Una de las
escasas fotos que fuera de los platós de cine tengo
de Giancar

Cuando nos encontramos Giancarlo y yo, un año
después de la muerte de Pepe, junto a mi amiga-
hermana Nela Andino

Aquí estaba de dos faltas, o sea, embarazada de
dos meses antes de cumplir 51 años

Con mi hija Thais cuando la bautizamos, la
madrina era mi queridísima amiga La tía Pichurra

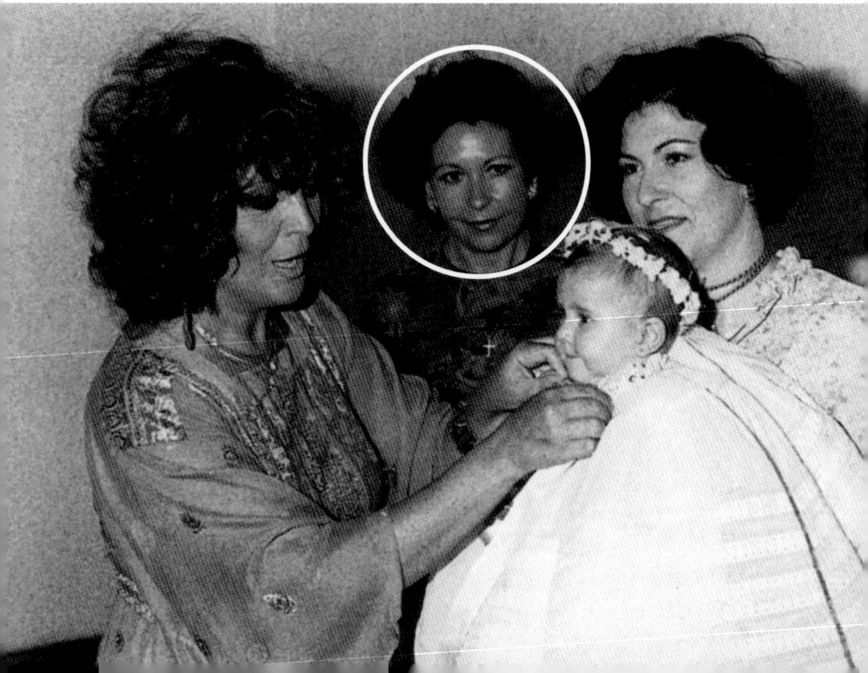

Esta foto la utilizamos como christmas de Navidad

El día de mi boda con
Pepe Tous

En el 12 cumpleaños de mi hija Thais

Con mi hija Thais

Con Thais recién cumplido 1 año y con mi perro *B*

el
escenario

1999, en Miami

En uno de los locales de espectáculos más famosos del mundo, el gigantesco Canecáo, de Río de Janeir
escenario habitual de Roberto Carlos, y que sólo abre sus puertas a otros nombres artísticos de gran prestigi

En uno de mis estrenos de películas, como siempre, armando «follones

)86, en el Parque de Atracciones de Montjuïc

1998, Teatro Avenida, después de 11 años sin presentaciones

mis
amigos

Con Vicente Parra, a
quien quise muchísimo
y nunca olvidaré

Aquí los importantes del 27

Con el maravilloso Mario
Moreno, *Cantinflas*, en
Madrid

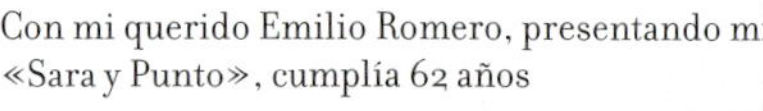

Con mi deseada María Félix. Esa noche tuve suerte de
que cumpliera años conmigo

Con mi admirada y querida amiga María Dolores
Pradera, la voz más preciosa de España

Con mi querido Emilio Romero, presentando mi
«Sara y Punto», cumplía 62 años

Con Luis García Berlanga

n Fraga Iribarne, mi compadre, y Cristóbal Martínez Bordiú, en la fiesta del bautizo de los nietos de Manolo Caracol

Con Burt Lancaster, dándome el premio El Águila de Oro por mi carrera y fama de ser la artista latina más importante en América

Alfonso Reyes, me adoraban él y su esposa doña Manuela. Yo jamás les olvido

Con Camilo José Cela, con el que me une una gran amistad y afecto

Con Rafael Alberti

on el gran Azorín, que me hacía ir con él al Rialto a ver *El último cuplé*

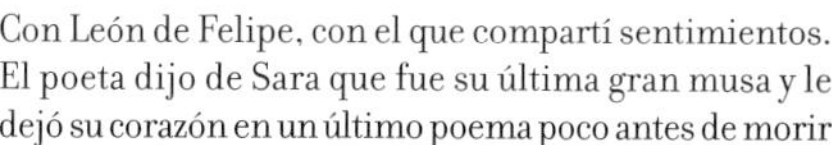

Con León de Felipe, con el que compartí sentimientos. El poeta dijo de Sara que fue su última gran musa y le dejó su corazón en un último poema poco antes de morir

Con Alfred Hitchcock, otro admirador

Con James Dean, con el
que entablé una buena y
estrecha amistad duran-
te mi estancia en Holly-
wood

Con mi queridísimo maestro Gregorio García Segura, a quien le debo muchos éxitos con mis canciones desde *La violetera*. Llevamos juntos más de 700 canciones

Bailando con Nureyev, que por cierto me pisaba. Fue en mi homenaje de cine en París

Con Pavarotti en mi serie «Sara y punto». Me pareció un artista y una persona fuera de serie

Con mi admirado Plácido Domingo en una actuación en La Zarzuela de Madrid

1997, con mis queridos amigos José de la Rosa y
Terenci Moix cuando me entregaron La Medalla
de Oro de la Academia de las Artes y Ciencias Cinematográficas de España

Con Gonzalo Presa, mi buen amigo de los últimos añ

Con mi queridísima Lola Flores. Era mucha Lola

Con Luis Fernando Carrasco, el hermano que me hubiera gust
tener. Con el retrato de mi madre pintado por Roca Fuster

Junto al Rey Don Juan Carlos I de España, bastantes
años antes de que éste fuera coronado como
tal. Era y sigue siendo maravilloso

Con el señor presidente Aznar, mi hija Thais y
Pedro Manuel Víllora, que me ha ayudado a expresarme
en mi biografía con su talento de poeta y dramaturgo

el cine
Veracruz (1954)
de Robert Aldri

Yo no creo en los hombres (1954),
de Alfredo Crevenna

Run of the Arrow (Yuma, 1954),
de Samuel Fuller

La violetera (1958),
de Luis César Amadori

Pecado de amor (1961),
de Luis César Amadori

reina del Chantecler (1962),
Rafael Gil

La reina del Chantecler (1962),
de Rafael Gil

La mujer perdida (1966), de Tulio Demicheli

Cinco almohadas para una noche (1973), de Pedro Lazaga

Varietés (1971), de Juan Antonio Bardem

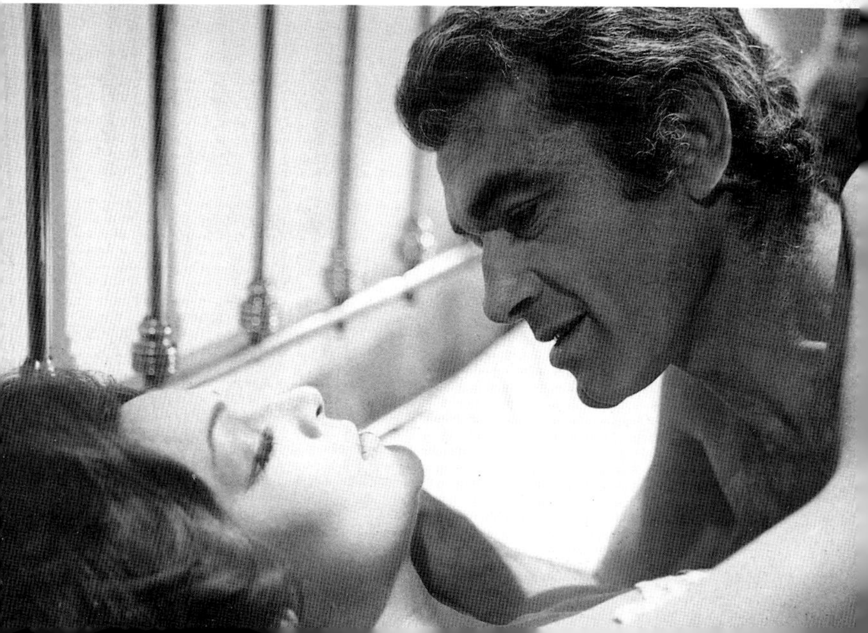

Cinco almohadas
para una noche (1973),
de Pedro Lazaga

Sara

Mi madre no vino conmigo en este viaje; se quedó en Méjico porque iban a ser menos de dos meses y después tenía que regresar para trabajar con Zacarías. Los exteriores los rodamos en Tánger, pero los interiores se hicieron en Madrid. Fue entonces cuando le dieron a María Félix una fiesta en el hotel Palace, y yo fui con Miguel Mihura. Allí me encontré con Rafael Gil y con Juan de Orduña, y también con Cesáreo González. Con los tres me hicieron fotografías, y es curioso, porque yo todavía era una desconocida pero años después haría películas de mucho éxito con los tres.

Yo quise conocer a María, pero ella se negó. Y Jerónimo Mihura me preguntó:

—¡Qué barbaridad! ¿Has tenido algo con ella, un disgusto, un enfrentamiento?

—¡Qué va! Si yo la admiro mucho.

Y precisamente regresé a Méjico para trabajar con el descubridor de María.

Locura de amor había funcionado muy bien en Méjico; se estrenó en el cine Arcadia, donde luego estuve cinco años ininterrumpidos a partir de *El último cuplé*. La mora Aldara me dio un poquito de nombre, y cuando rodé *Furia roja* se corrió la voz de que había una chica española, preciosa, bastante joven y que no lo hacía mal. Entonces, Mario Zacarías me llamó a su despacho. Mario era el hermano de don Miguel Zacarías, y era el productor de sus películas. Les gusté y me ofrecieron un contrato para tres películas. De la primera, *Necesito dinero*, me dieron el guión ya terminado. Para las siguientes, *Ahí viene Martín Corona* y *El enamorado* (*Vuelve Martín Corona*), crearon un personaje para mí, por eso yo hago de española que va a Méjico a recoger una herencia, pero el administrador se lo ha cepillado todo y yo me hago pasar por bailarina y cantaora andaluza, con lo que tengo dos o tres canciones andaluzas. Y Pedro Infante, que es Martín Corona, me ayuda a recuperar mi hacienda y terminamos enamorados. Y, en la segunda parte, ya estamos casados. Son argumentos graciosos, muy simpáticos, que gustaron mucho al público y me dieron popularidad. Además, contaba con la presencia de Pedro Infante, que era un gran ídolo en toda América, y todas sus películas eran éxito seguro.

El director de fotografía de don Miguel era Gabriel Figueroa. Hice amistad con él y con su mujer, una india maya muy guapa. De Gabi aprendí mucho, y decía que yo era su conejillo de Indias. Todas las películas que hicimos eran en blanco y negro, pero él siempre estaba investigando y le interesaba mucho conocer el trabajo con el color. Así me llamaba y me decía:

—Vamos a comer a San Angelín.

Y nos íbamos a esta finca que ya está ya fuera del distrito federal. Es una hacienda antigua preciosa, de la época de los españoles. Y allí él me retrataba en exteriores y estudiaba los distintos filtros. Me enseñó fotografía, luz, técnica de planos… Era un hombre muy inteligente y para mí fue una suerte poder aprender a iluminar con él.

Tengo un buen recuerdo del rodaje de *Necesito dinero*. Pedro era un hombre encantador, además de cantar con un estilo precioso. Y tanto don Miguel como toda su familia eran una gente de gran educación. Los Zacarías son una familia muy rica y de mucha clase. Aunque don Miguel y su hermano habían nacido en Méjico, su origen era libanés, porque el padre había nacido en el Líbano. Don Miguel era un hombre muy amable, muy fino; una bellísima persona y muy buena gente, muy familiar. Amaba el cine y estaba enamorado de la belleza física, de la estética. Hacía unos planos muy delicados, y componía los exteriores con muy buen gusto.

Me gustó *Necesito dinero* porque era muy popular. También lo fueron las dos de *Martín Corona*, películas muy guerrilleras en el sentido de que el protagonista iba a favor de los pobres y en contra de los rancheros ricos. En todas estas películas se alababa mi aspecto físico. Por eso, cuando se estrenó *Cárcel de mujeres* me dije: «¡Qué bien!» Porque era un personaje muy dramático y yo salía con el pelo corto, sin maquillar, con un uniforme gris horroroso. Creí que me iban a ver actuar, pero todas las críticas eran: «Maravillosa Sarita Montiel. Se sale de la pantalla de bella que es.» Luego me pasaría algo parecido con mi última película mejicana, *La ambiciosa* (también conocida como *Donde el círculo termina*), de Alfredo B. Crevenna, donde hago de una paranoica que hace matar a su hermano; allí salgo con una gabardina y un sombrero a juego, sin distintos peinados más que raya al lado, sin pintar salvo un poquito de rímel en los ojos, en blanco y negro, y se me ve que parezco una estatua de alabastro: una cara, unas facciones, una nariz, unos ojos, un pómulo... que yo me quedo asombrada. Yo no quería ser así entonces, pero era así. La belleza me vino bien para empezar, pero después fue un hándicap para mí, porque escondía a la actriz.

Cárcel de mujeres la dirigió el mismo director de las películas de Cantinflas, Miguel M. Delgado, y en ella trabajé con Katy Jurado y Miroslava, que se suicidaría poco después. Fue una película para la que me preparé a conciencia, porque no se trataba para nada de una película amable. Es una película que ha ido ganando con los años, pero la que más éxito tuvo entonces no fue esa, sino *Piel canela*.

Hice varias películas en 1952, como *Ella, Lucifer y yo*, de Miguel Morayta, o *Yo soy gallo donde quiero*, que también se llamó *Jimmy* por esos cambios de títulos según los países donde se viese. Pero 1953 fue mejor año gracias a *Piel canela*. Además, también en 1953 viajé a Brasil para rodar *El americano*, junto a Glenn Ford. Al final no haría la película, pero conocí a Joe Kanter, con quien debí haberme casado y de quien volveré a hablar.

El de *Piel canela* es un personaje real, y muy interesante psicológicamente. Es una furcia, metida entre gángsteres, y despreciada por todos debido a que tiene todo el lado izquierdo de la cara comido por las ratas, que le mordieron cuando era pequeña. Por eso lleva el pelo muy largo y cubriéndole la mitad del rostro. Se mueve en los peores ambientes y canta en un cafetucho donde la gente se burla de ella. Se desmaya en el escenario y la ayuda un doctor que la opera y queda bien, pero ella sigue perteneciendo a los bajos fondos; sin embargo, le sale la bondad que nunca había sido descubierta porque ese mundo no se lo permitía, e interviene para salvar al médico cuando lo iban a matar, y es ella la que muere.

La historia era muy buena, muy del gusto del público, y le salió muy bien a Juan J. Ortega, que era un director de mucha finura con el que luego rodaría dos veces más: *Frente al pecado de ayer* (o *Cuando se quiere de veras*), que era una adaptación del serial *Lucecita*, y *Yo no creo en los hombres*, que estaba basada en otra novela radiofónica. En las tres hacía de chica cubana, y me adapté enseguida al personaje de muy… muy cubana.

Piel canela, Frente al pecado de ayer y *Yo no creo en los hombres* se rodaron en Cuba. También allí hicimos los exteriores de *¿Por qué ya no me quieres?*, de Chano Urueta, en una finca de los Gómez Mena, que eran dueños del ron Bacardí. Yo los conocía gracias a Juan Plaza, que era muy amigo de Max Aub y del poeta Manuel Altolaguirre, quien, tras haberse separado de Concha Méndez, vivía con María Luisa Gómez Mena.

En casa de los Gómez Mena conocí a Ernest Hemingway, un año antes de obtener el Premio Nobel. Y aunque yo estaba con Severo, Ernesto y yo estuvimos juntos una vez. Sin embargo, no se puede decir que por eso engañase a Severo, porque yo no estuve con Ernesto por amor. Mi amor era para Severo; por Ernesto sólo sentí una mezcla de deseo sexual y admiración.

A Ernesto le gusté, y él me gustó. Aunque yo le insistía en que era manchega, él me llamaba «la bella segoviana», porque durante la guerra civil había estado en Segovia con los milicianos, y estaba fascinado por aquella ciudad. León Felipe lo había conocido en España y lo admiraba mucho; en cambio, Plaza no lo conocía, aunque sí sabía de él. Era un hombre enérgico, muy fuerte, temperamental. También era muy mandón, pero tenía mucha gracia. Me cayó muy bien y nos vimos mucho durante el mes que pasé en Cuba, porque él venía a veces al rodaje.

Él hablaba medio español. Luego, Joan Miró me contaría que Ernesto había sido muy amigo suyo y le había ayudado. Nos entendimos perfectamente, porque además él también tenía un sentido de la libertad como el mío. Él estaba casado en segundas nupcias y yo estaba enamorada de Severo, pero en una ocasión fuimos a cenar a un restaurante detrás del malecón, y después me llevó a su casa e hicimos el amor. No pensé que con eso hiciese daño a Severo ni que le pusiese los cuernos, porque yo ni siquiera sabía lo que era poner los cuernos; no me pasaba por la cabeza que yo estuviese traicionándole. Para mí era simplemente cuestión de un placer pasajero, de algo demasiado pequeño incluso para ser llamado una aventura.

Al día siguiente, nuestra relación siguió con la misma naturalidad. Ni se planteó que fuésemos a iniciar una historia ni nada. Era algo que había ocurrido, que nos había gustado y que había estado bien así. Nada que hubiese que prolongar. Por eso, seguimos viéndonos como amigos, con la misma admiración de antes.

En lo que Ernesto sí me hizo distinta es en que me enseñó a fumar. Yo había empezado a fumar muy tarde, ya en Méjico, a eso de los veintidós años, y fumaba sólo cigarrillos. Es verdad que le había encendido los cigarrillos a mi padre, pero no se puede considerar que eso fuese fumar. Lo que sí me había quedado desde pequeña era la delicadeza al encenderlos, cuando mi padre decía que yo era una princesa. También Ernesto opinaba que yo era muy sensual al encender el cigarrillo, acariciándolo con cadencia y casi sin tocarlo, y que por eso me iría muy bien el puro.

Él siempre fumaba puros, aunque a veces fumaba otros más finitos, americanos, de Virginia del Sur. Pero el que me dio fue un Partagaz. Ernesto era un verdadero fumador de puro, que no tragaba el humo. Y a mí me puso el puro en la mano y me enseñó a no tragarme el humo. También me mostró las cajas con control de humedad para que no se secasen, y me enseñó a encenderlo, porque saben de manera diferente según cómo se enciendan.

Nunca le conté a Severo lo de Ernesto, ni tampoco lo de Joe Kanter, al que conocí en Brasil en casa de un pintor. Aunque vivía en Brasil, Joe pertenecía a una importante familia judía neoyorquina. Su padre había sido coleccionista de pinturas, y Joe heredó esa afición. También era un gran amante de la música, y tocaba el piano maravillosamente bien. En São Paulo y Río se había hecho muy conocido, y colaboró con el productor de *El americano* en la búsqueda de localizaciones.

Igual que Ernesto, y que todos, Joe era mayor que yo. Me lleva veintidós o veintitrés años, y a su lado me sentí protegida. Estuvimos juntos durante el mes que pasé en Brasil y le causé mucho impacto, porque meses después, mientras rodaba *Veracruz*, vino a Estados Unidos para verme, creyendo que podíamos seguir. Pero eso era imposible. Eso sí, quedamos como amigos y algunos años después volvió a aparecer en mi vida como amante. Fue en 1963, mientras rodaba *Samba* y estaba prometida con mi segundo marido, Chente. Me equivoqué: tenía que haberme casado con Joe.

En lugar de eso, yo me metí en una historia fracasada, y él, con el tiempo, se casaría con una maravillosa aristócrata polaca, realmente encantadora, y mantengo buena amistad con ambos.

Estuve con Ernesto y con Joe porque quise, sin pensar por eso que estuviese traicionando a Severo. Sin pensar, tampoco, que a su lado podía medrar. Yo tenía un amor propio y un orgullo increíbles, y jamás me habría avenido a pasar por la cama de alguien para triunfar. Y había quien me lo proponía y me mandaba cada esmeraldazo de impresión que yo devolvía. Por ejemplo, a Galindo, uno de mis productores, lo eché en 1954 del plató de *Se necesitan modelos*. Estaban delante Agustín Lara y Chano Urueta, el director, pero no me importó. Yo era una tigresa, y no estaba dispuesta a soportar que se me tirasen los tejos descaradamente y se me faltase al respeto.

En cuanto me venían con que me iban a cubrir de dinero o me iban a hacer la reina de Méjico, caían en picado enseguida. Yo era muy yo, muy libre; libre para estar con el hombre que yo quisiera, y libre para rechazarlo.

Como he rechazado volver a Cuba. Después de *Veracruz*, hice *Donde el círculo termina* (*La ambiciosa*) en Méjico y regresé a Cuba para los exteriores de *Yo no creo en los hombres*. Gracias a la gente del entorno de Plaza, como Renau, Altolaguirre, Gregorio Prieto o Max Aub, conocí a Castro y supe que algo se estaba preparando en Cuba, algo grave, y que Cuba iba a cambiar. Lo que no podía saber es que iba a cambiar tanto. Por eso no he vuelto ni quiero volver.

XV

Veracruz

Si mi primera película en Méjico, *Furia roja*, estaba ambientada en la década de los años sesenta del siglo XIX, época de Maximiliano, con mi primera película en Hollywood regresé a ese período de la historia mejicana. Es una curiosa casualidad.

Hice *Veracruz* gracias a *Piel canela* y *Cárcel de mujeres*. Su éxito no había pasado inadvertido para los ojeadores de Hollywood, quienes además ya me conocían de mis actuaciones en Los Ángeles. Sobre todo Max Arnow, que seguía interesado por mí. Así, cuando surgió el papel de Lina, la mejicana juarista, pensaron en mí y, a través de Hispamex, me pidieron que hiciese unas pruebas en color. Fue Gabriel Figueroa el que las realizó. Se enviaron y me contestaron afirmativamente. Pero no tuve que ir a Hollywood de inmediato, porque la película comenzó a rodarse por los exteriores, que estaban localizados en Méjico.

Ya he contado cómo hacía para mantener los ojos abiertos mientras los demás, sobre todo Gary Cooper y Denise Darcel, se veían obligados a cerrarlos todo el tiempo. Burt Lancaster aguantaba la luz mejor que ellos, seguramente porque era moreno y tenía los ojos oscuros. Los de Gary, en cambio, eran claros, y le hacía mucho daño la mezcla de los arcos eléctricos con el poderoso sol de Méjico.

Aunque para aprender los diálogos me los transcribía fonéticamente, ya empecé a chapurrear el inglés, pues tenía una profesora que me daba clases. Me hacía entender. Por su parte, Gary hablaba un medio español lleno de palabras mejicanas, porque había tenido amores largos y tormentosos con Lupe Vélez. Me decía:

—Tú acordarme mucho mi Lupe. Tú ojos grandes, ojos negros, profundos.

No tengo los ojos negros, pero da igual. Para él los tenía oscuros igual que Lupe, que había sido una mujer preciosa. Los de Gary eran como el azul del desierto, azul pavo, azulina. Le pregunté si quería que lo ayudase y le puse una gotita de anestesia en cada ojo. El efecto duraba seis horas, que era tiempo suficiente para todo el rodaje. Yo misma me la ponía cuando ya iba a rodar; cogía mi espejito y pim, pim, instantáneo:

—Very good —me decía Gary—. Tú eres un demonio.

Lo peor del rodaje era tener que levantarse temprano. En Méjico, tenías que estar a las siete en el estudio, y a las ocho y media ya debía estar maquillada, arreglada, peinada, vestida y delante de la cámara. Con *Veracruz*, había días en los que tenía que levantarme a las cinco de la mañana para estar preparados al amanecer, porque en algunas secuencias teníamos que seguir una línea de luz; cuando la luz cambiaba, terminábamos y esperábamos hasta el día siguiente para poder continuar.

Estábamos alojados en un hotel de turistas, cerca de las pirámides, y Gary preguntaba siempre por mí. Y un día en el que yo no tenía que trabajar, me despertó a las cinco y media, cuando lo estaban maquillando, para que le pusiese sus gotitas de anestesia.

—¿Por qué me haces levantarme tan temprano? —le dije—. Si aún queda mucho hasta que ruedes tú… Te prometo que estaré en el rodaje cuando te toque, pero no a estas horas.

Yo no tenía que trabajar porque era la escena final en la

que se muere Burt Lancaster. Se rodaba en el Palacio de Chapultepec, y allí que tuve que ir para ponerle sus gotas.

Con Burt Lancaster tengo otra anécdota, porque lo salvé de una serpiente coral. Estábamos al lado de un río, y primero habíamos rodado la escena en que yo me cambiaba el vestido por otro rojo. Luego les tocaba a Burt y a la condesa, y yo estaba viéndolos. Entonces me fijé cómo una coral se acercaba a sus piernas. Él llevaba botas, pero no eran altas. Además, las serpientes son lo suficientemente hábiles como para alzarse y picar a través del pantalón más arriba de donde terminan las botas. Van derechas a la carne. Yo vi cómo la serpiente se alzaba junto a Burt, y como llevaba un rebozo indio muy pesado, se lo eché rápidamente encima.

—Snake, snake —grité, y entonces vino gente y la machacamos con piedras.

La última vez que vi a Burt fue en Los Ángeles, cuando me dieron el premio del Águila de Oro, y me dijo que se acordaba perfectamente de la coralillo; y le dije que yo también.

Apenas tuvimos escenas juntos Burt y yo. Mis escenas eran casi todas con Gary, aparte de la que tengo con Denise Darcel cuando me cambio el vestido. Sin embargo, tuvimos buena relación, porque era un hombre muy amable que conocía España; y también hice amistad con Norma, su esposa, que iba a verlo rodar junto a sus cinco hijos. Alguna vez se ha dicho que nos caíamos mal, pero no es cierto; es más, Burt Lancaster era coproductor de la película junto a su socio Harold Hecht, y él fue el que me dijo que era mejor que apareciese como Sarita Montiel, en lugar de Sara:

—Sara —me dijo—, nos vendría mejor poner en los créditos Sarita Montiel. Para ti no cambia, pero para nosotros sí. Sara no es bueno. Con hache, Sarah, es judío. Sin hache, Sara, es nombre de esclava negra.

Como yo era latina, se podía pensar que fuese de color, tal vez mulata. Burt fue muy franco y me lo dijo de la manera más natural, porque era un hombre sensacional. Nos habíamos conocido antes del rodaje, cuando nos tocó a los dos ir al médico en Méjico para hacernos un chequeo para el seguro del contrato. Y, como él era coproductor, había visto las pruebas de Gabriel Figueroa:

—En los tests estás maravillosa, beautiful —me dijo en la consulta del médico—, pero eres aún más bonita en persona.

Y se fijó en mis pestañas. Le parecieron tan largas que me preguntó si no serían postizas. Era un hombre encantador.

Se ha dicho que yo despreciaba a Burt Lancaster, y no es cierto. También se ha dicho que Gary Cooper y yo tuvimos relaciones amorosas, y tampoco es verdad. A él le gusté a causa de mi parecido con Lupe Vélez, una mujer difícil y explosiva que había tenido una muerte espantosa, pues en principio había querido suicidarse muy teatralmente con barbitúricos, maquillada y vestida con mucho cuidado, pero vomitó y al parecer se ahogó en su propio vómito. Fue horroroso. Pero a Gary, que tenía ya cincuenta y tres cuando hicimos *Veracruz*, yo le traía recuerdos de un amor de veintitantos años atrás: un amor de juventud. Por eso es posible que, al verme y gustarle, él rejuveneciese.

El 10 de marzo de 1954, día en el que cumplí veintiséis años, estábamos todo el equipo en el hotel de mi amiga Noemí Ruben, en Cuernavaca, haciendo la preproducción de la película: vestuario, localizaciones, etcétera. Noemí y su padre me habían ayudado cuando había pasado dificultades económicas, porque, antes de *Veracruz*, yo no ganaba mucho con las películas, y tenía que mantener a mi madre en el apartamento de Insurgentes 76, con una mucama para que la ayudase; también tenía que comprarme los billetes de avión a Nueva York, y todo eso costaba demasiado dinero; además, hubo un paro del sindicato de actores y estuve algún tiempo sin trabajar; así que, cuando tuve que ir a Brasil para hacer *El americano*, ellos me prestaron el dinero para comprarme un poco de ropa, y luego no quisieron que se lo devolviese. Luego, cuando a mi madre le sentó mal la altura de Méjico capital, me ayudaron a encontrar una casita pequeña en Cuernavaca, justo al lado de la de Dolores del Río. Y al otro lado de la casa de Dolores vivían unos suecos del cuerpo diplomático, a los que conocí por Dolores. Eran nudistas, y un día me invitaron a un almuerzo y, al llegar, me encontré a todo el mundo desnudo, niños incluidos. Yo iba descalza, como siempre, con el pelo recogido con flores, una blusa blanca y una falda verde, larga, con un volante abajo, porque me encanta la ropa mejicana. Y como tengo una mentalidad abierta, me desnudé, comimos, fue todo estupendo, me vestí, volví a mi casa y le dije a mi madre: «Qué bien que no has venido.»

En Palma haría mucho nudismo, y también en Ibiza y Formentera, pero la primera vez fue aquella en Cuernavaca. Y es que se trataba de una ciudad llena de gente interesante: millonarios americanos, artistas de cine y de teatro… A Merle Oberon, que era adorable, la conocí allí. Y también estuve en Cuernavaca con Diego Rivera y con su mujer, Frida Kahlo.

Pero estaba con lo del hotel y mi cumpleaños. Aunque estábamos alojados en el de mi amiga, fuimos a celebrarlo a otro que era también de cinco estrellas. Eran los únicos de esa categoría en Cuernavaca. En el segundo había una boite sensacional que pertenecía al hermano de Linda Christian Power, madre de Romina Power. Yo bebía daiquiri, y estuve bailando con Gary. Me besó. Cogimos un coche y nos fuimos a La Hacienda Bellavista, un restaurante muy famoso que detrás tiene un jardín muy grande donde se baila al aire libre, se toman copas y estás retirado de la gente. Allí nos besamos y hablamos mucho, porque Gary estaba muy informado de la situación de Europa. Yo estaba con Severo, pero si hubiera querido habría hecho el amor con Gary Cooper, pero no quise.

Al principio, Gary me parecía agradable pero, gracias a mi relación con los comunistas, me enteré de que había participado en el Comité de Actividades Antiamericanas del senador McCarthy, y eso no me gustó. Por eso ya renuncié totalmente a tener relaciones sexuales con él. De todos modos, esto lo supe más tarde, después de haber hecho el doblaje de las escenas en exteriores. Se rodaban con sonido directo, desde luego, pero sólo servía como referencia, porque siempre había ruidos que impedían montarlo directamente. Tuve que doblar muy poco, dos o tres frases, igual que Gary. Los que más doblaje tenían eran Burt y Denise. Gary sólo tenía unas pocas frases porque en todos sus contratos se especificaba que su diálogo debía ser corto; que si tenía un diálogo un poco largo, tenía que hacerse en diferentes planos.

Luego, en otoño, estuvimos viajando juntos haciendo publicidad: Nueva York, Dallas, Chicago, Boston, Cleveland, Toledo… Nos alojaban en el mismo hotel, nos subían, nos bajaban, nos llevaban a las televisiones. El primer sitio fue Dallas, donde yo sentí una cuchillada personal por mi problema de inseguridad con Seve. Luego en el norte, hizo un frío mortal. En Cleveland estaban bajo cero, y pedí que en el aeropuerto me esperase un abrigo de visón para cuando salía del avión y al pie de la escalerilla esperaban los fotógrafos. En Méjico yo no tenía abrigo, sólo una estolita para ir a los cócteles, porque un abrigo entero de piel era un lujo que no podía permitirme. Nos trataban como a rehenes, de un sitio para otro; nos ponían un estrado en la calle, con micrófonos; nos tenían desde las ocho de la mañana hasta las diez de la noche, y al día siguiente te esperaba otro hotel y otra reunión. Estábamos cansadísimos, pero en Chicago creímos encontrar la salvación. Íbamos al hotel y de repente veo: Cine Tampico. Me digo: «Estamos salvados.» Mandamos al coche al hotel, con la orden de no decir nada; compramos nuestras entradas, nos metemos en el cine, calentitos; nos ponemos en las butacas de atrás, me deja entrar a mí primero y él se queda a mi derecha, justo al lado del pasillo, colocando sus largas piernas en el respaldo de delante, porque no había nadie. Ponían una película mejicana, con Luis Aguilar haciendo de charro, porque la población hispana de Chicago es numerosa. Gary se tapa con la bufanda y se pone el gorro sobre la cara, y empieza a roncar; cayó como si le hubieran dado una pedrada. Y a mí me pasó lo mismo, porque estaba matada, aunque no tanto como él. Y de pronto encienden la luz, me despierto y veo a toda la gente del cine alrededor de nosotros. Me habían reconocido gracias a la popularidad que me habían dado las películas mejicanas entre ese público. Y no se lo creían:

—Ah, es Sarita Montiel.

Y entonces Gary se despierta, se aparta el gorro, lo reconocen… y no sé de dónde pudo salir tanta gente: la del cine, de la calle, de los restaurantes cercanos… Apareció tanta gente que no pudimos salir de la sala. El encargado del cine nos trajo café americano, que es como agua, en vasos de cartón, y no nos dejó coger un taxi, porque nos llevó él mismo al hotel en su coche después de tomarnos el café, relajarnos y saludar a la gente. Y es que Gary era muy educado, tenía distinción.

Gary era un señor, pero a mí ya se me había caído totalmente de la cabeza.

No quisiera acabar con *Veracruz* sin recordar a Robert Aldrich. No voy a descubrir a nadie su calidad como director, porque ahí están sus películas para demostrarlo, pero sí puedo decir que se trataba de un hombre educadísimo; jamás se ponía nervioso y siempre me tranquilizaba cuando yo me preocupaba por mi inglés:

—Don't worry, Sarita. No te preocupes, que todo te saldrá bien.

Años después, recordando este rodaje en la revista *Screen Stories*, tuvo palabras muy respetuosas hacia mi trabajo: «Día tras día, con lluvia o sol, se sometía a acciones muy violentas, de las que salía llena de polvo, magulladuras y rasguños, pero nunca dio el menor signo de cansancio ni de protesta. Incluso rechazó un doble para la escena en la que conduce un par de caballos por un terreno muy accidentado.» Si yo lo dijese, podría parecer exagerado o que me alabo, pero es el propio Robert Aldrich el que lo ha dicho.

Él y Ernest Laszlo, el fotógrafo, se dieron cuenta de que yo tenía buenos conocimientos de técnica. Había escenas en las que se rodaba primero un master, todo seguido con una cámara, y luego se iba partiendo en planos. Si no tienes experiencia, es bastante difícil. Por ejemplo, tengo una escena en la que me hacen el ruedo para violarme, estoy en el suelo revolcada con Charles Bronson y entonces le echan el látigo y Gary saca el revólver. Lo complicado era que la cámara hacía todo un movimiento circular alrededor de la gente y, aunque no saliésemos en ese momento, teníamos que seguir actuando, porque el movimiento comenzaba y terminaba en nosotros, después de pasar por la gente y fijarse un momento en Gary. Hacía falta tener timing, controlar la acción y el raccord, la continuidad.

Aldrich estaba contándole al cámara y al ayudante de dirección lo que quería hacer. Yo me di cuenta y me adelanté, y antes de que me lo explicara le dije:

—¿Va usted a hacer un master?

Él se quedó mirándome, y Laszlo le comentó que yo sabía mucho de técnica.

Una noche hicimos una fiesta. Pusimos un escenario y los electricistas cantaron canciones con la guitarra. Lidia, que me ayudaba con el inglés y había sido cantante de ópera, cantó fragmentos de *Carmen* y *Madame Butterfly*. Yo canté boleros y «Because of you», que me lo había enseñado Gary mientras yo lo apuntaba fonéticamente. Aldrich se llevó una sorpresa y le gusté muchísimo. Y Gary estaba orgulloso porque había sido él el que me había ayudado.

Tengo muy buen recuerdo de Robert Aldrich. Luego en Hollywood nos volvimos a encontrar mientras montaba otra película. Aunque en sus películas haya mucha violencia, él era muy delicado, muy culto. No era nada vulgar, y me atrevería a decir que, como director, tenía más genio que Anthony Mann.

Después de *Veracruz*, regresé a Méjico para terminar dos películas cubanas y para rodar *Donde el círculo termina* (*La ambiciosa*). Después volví a Estados Unidos para la publicidad y me contrataron enseguida para hacer *Serenade* (*Dos pasiones y un amor*), en la que conocería al que habría de ser mi primer marido, Anthony Mann.

Volveré sobre estas cosas, pero antes, y por continuar con algo que de alguna manera tiene que ver con *Veracruz*, me gustaría recordar cómo estuve a punto de trabajar una vez más junto a Gary Cooper, pero dije que no.

Se trataba de *El hombre del Oeste* (*Men of the West*). Para entonces, yo ya había hecho *El último cuplé*, había tenido el éxito que ya se conoce, y estaba a punto de viajar nuevamente a España para comenzar *La violetera*.

Tony no le había dado mucha importancia a *El último cuplé*, como, en general, no le daba importancia a España, un país que apenas le decía nada a pesar de que otras naciones de Europa sí las conocía perfectamente. Por eso no entendió que yo renunciase a trabajar con él por hacer una película española.

Y el papel que había preparado para mí no era malo. Por causa del acento, se trataba de una europea en la época del western. Finalmente lo hizo Julie London, que era también cantante y además me gustaba mucho, pero Cooper intervino porque Tony le pidió que intentase convencerme.

Si me llegan a decir cuando *Veracruz* que iba a rechazar protagonizar una película junto a Gary Cooper, no me lo hubiera creído. Pero yo ya tenía firmado un contrato fabuloso en España. Un contrato para el cual antes tuve que rescindir el que había firmado con Warner por cuatro películas y de las que había realizado dos: *Serenade* y *Yuma* (*Run of the Arrow*), para la cual me habían cedido a la RKO.

Para poder abandonar el compromiso con las dos películas que me quedaban, me ayudó mucho una hija del abogado de Philip Yordan, que estaba casada con el hijo de uno de los hermanos Warner. Ellos solucionaron mis problemas. Aun así, la Warner me pidió que hiciese una película más con ellos, aunque quedase fuera del contrato. Se trataba de un guión sobre El Álamo, en el que Paul Newman hacía de cuatrero bueno que estaba a favor de los mejicanos; de todos modos, en la productora no estaban muy convencidos todavía de cómo debía terminar, y estaban trabajando en el final. En esa película, que finalmente no se llegó a hacer, mi papel habría sido el de hija de un coronel mejicano.

XVI

Dos pasiones y un amor

A través de mi agente, conseguí un contrato con la Warner para hacer cuatro películas, y la primera fue *Serenade*, que en España se llamó *Dos pasiones y un amor*. Es una película importante para mi vida personal, porque en ella conocí al hombre que se convertiría en mi primer marido: su director, Anthony Mann.

De Anthony Mann sabía que había dirigido *Música y lágrimas*, una biografía del músico Glenn Miller que me había entusiasmado cuando la vi en Méjico. La protagonizaba James Stewart, que fue socio de Tony durante siete años. Lo que no sabía todavía es que Tony era un director «de hombres», que no tenía buena mano para los personajes femeninos.

Cuando llegué a Hollywood para instalarme junto a mi madre, después de haber vendido la casa de Cuernavaca, llamé a Norma, la mujer de Burt Lancaster. También me puse en contacto con Eleanor Powell, que todavía estaba casada con Glenn Ford, y con quien había hecho amistad cuando estuvimos en Brasil preparando *El americano*. Al principio me refugié en ellas, a fin de no encontrarme totalmente sola en aquella ciudad.

De todos modos, en la Warner no se portaron mal conmigo. Como yo me había sacado el carnet de conducir en Méjico, donde había tenido un Lincoln, me dieron un Cadillac dorado de dos puertas, largo, muy grande. También me pusieron una secretaria bilingüe y un bungalow que me serviría de camerino y que había sido de Virginia Mayo. Asimismo me presentaron al jefe de publicidad encargado del mercado hispano, un uruguayo muy eficaz que tenía mucho peso en la productora debido a que muchas de las películas que no daban dinero en Estados Unidos, se salvaban con su distribución a los países del sur.

Antes del rodaje pasamos casi dos meses de preproducción. Mario Lanza tenía que grabar sus canciones (eso mismo que tantas veces haría yo años después), y aparte había que hacer las pruebas de vestuario, peinado y maquillaje.

Yo venía de trabajar en Méjico con Gabriel Figueroa, que me había hecho pruebas en color maquillada de veinte mil maneras: de negra, de amarilla... de todo. Y de repente veo que me empiezan a maquillar de oscuro:

—No, no. Yo hago de mejicana, pero no soy india. Mi padre no es negro.

Como ya conté, yo hacía de hija de un torero, y era mejicana pero de sangre española, de piel blanca. Los mejicanos no son morenos; son cetrinos pero con unas pieles preciosas. Y las mujeres son guapísimas: ni María Félix era negra, ni lo era Dolores del Río, ni tampoco Lupe Vélez... Así que cogí el jabón, me lavé y me quité todo el maquillaje. Pero Westmore, que era uno de los maquilladores más importantes de Hollywood, insistía:

—No. Usted tiene que ser morena.

—Ser una mujer morena es una cosa —le dije—, pero ser una mujer de color es otra muy distinta. Usted me está poniendo un maquillaje de mulata, y mi personaje es de mejicana española. Está totalmente equivocado.

Me indigné con Westmore, aunque no era tanto un problema suyo como de la poca educación general que hay en Estados Unidos, donde son incultísimos para todo lo que quede fuera de su país y ni siquiera saben que España es parte de Europa.

Yo no podía consentir que se cometiese un error como ese con el personaje y conmigo, así que me puse muy firme y me negué a seguir:

—Me va a permitir usted que yo me maquille —le dije a Westmore—, y, cuando vea cómo lo hago, me va a decir si le gusta o no le gusta. Pero yo me voy a maquillar como le corresponde al papel que tengo que representar.

Lo hice, y aproveché el color auténtico de mi cara. En aquella época me maquillaba muy poco y jamás me pintaba los ojos, salvo las pestañas, pero para el personaje me hice tanto los ojos como las cejas, que me las tenía que pintar porque eran muy finas al natural.

Y a Westmore no le molestó que yo hubiese criticado su trabajo. Todo lo contrario, porque él era un gran profesional y le encantó ver que conmigo podía hablar y discutir acerca de lo mejor para el personaje. A un profesional le gusta trabajar con profesionales, por eso seguimos manteniendo buena relación y nos vemos cada vez que voy a Hollywood, donde es respetadísimo y ha hecho muchas de las películas de Spielberg. Ahora está muy mayor y ya no maquilla, pero tiene un estudio de maquillaje que dirige su hijo.

En la sala de maquillaje estaba Natalie Wood, cuyo bungalow estaba al lado del mío. Natalie llevaba en sus brazos un caniche blanco mientras la maquillaban. Estaba rodando *Colinas ardientes* (*The Burning Hills*) junto a Tab Hunter, y hacía de mejicana; por eso se quedó observando la escena y escuchándonos a Westmore y a mí. Vio cómo manejaba los polvos, cómo me maquillaba en un segundo, y se dio cuenta de que tenía práctica:

—Oh, you're really wonderful.

Natalie Wood era divina, simpatiquísima. Era una chica muy agradable y todo el mundo la adoraba en los estudios. Graciosa y menudita, era como una ranita, como un pececito, de pequeñita y maja. Era una anguila, juguetona y adorable. También la estaban pintando demasiado morena, y le expliqué que no por hacer de mejicana tenía que salir oscura.

Le pregunté a Westmore si podía maquillar a Natalie.

—Yes, of course —me respondió, y Natalie estaba encantada de la vida.

—Sarita, it's so beautiful —«es tan hermoso», me dijo. Y luego me pidió que le enseñase a maquillarse para salir a un escenario, porque entonces iba a muchas galas y fiestas donde colaboraba para recaudar fondos.

Natalie era muy guapa, eso no lo voy a descubrir. El único problema de su rostro eran los ojos, grandes pero un poquito saltones. No era el tipo de belleza perfecta de una Ava Gardner, una María Félix, una Hedy Lamarr, una Greta Garbo…

Esta ayuda para las fiestas me la pidió en el camerino, porque nos visitábamos con frecuencia, y yo le dije que sí, que podía hacerle un maquillaje de sensación, pero que quería que estuviese Westmore delante para verme trabajar.

—Tú has maquillado mucho. ¿Tú pintas? —me preguntó Westmore cuando me vio con Natalie.

—No, pintar no pinto —le respondí—, pero marco colores. Y también conozco mucha pintura.

Y a Westmore le encantó poder hablar del Museo del Prado conmigo, porque él tiene mucha afición a la pintura.

Pero el mejor maquillaje puede no servir de nada si no hay buen entendimiento con el director de fotografía. Yo creía que iba a tener de fotógrafo a Ernest Laszlo, con el que había tenido muy buena relación en *Veracruz* y que tenía una especial sensibilidad para las mujeres, porque también hacía catálogos de publicidad. Y en *Veracruz*, aunque es una película de acción, donde los personajes no son reposados, había conseguido unos resultados fantásticos con Denise Darcel, que no era una mujer especialmente atractiva, y conmigo. Pero Westmore me dijo que no era Laszlo el fotógrafo de *Serenade*, sino J. Peverell Marley, otro hombre de muchísimo prestigio que para entonces ya había sido dos veces candidato al Oscar.

Aún estaba lejos de saber que Pev y Tony se enamorarían de mí.

Durante el rodaje de *Serenade* quedó claro que Tony y yo nos gustábamos. Cuando fuimos a Méjico a rodar en la finca del torero Gahona, todavía no nos habíamos declarado ni nada, pero sí empezó a nacer cierto interés del uno por el otro. Sin embargo, no por ello se me ocurrió pedirle que me arropase más en la película ni que me hiciese planos destacados. Fue cuestión de mi amor propio, del gran orgullo que tengo y he tenido. Si alguien quería ayudarme, tenía que ser cosa suya, y además sólo debía hacerlo si creía que merecía la pena, que era bueno para el producto final.

Eso es lo que ocurrió con Pev. Cuando tocaba hacer un plano de Mario Lanza, él lo iluminaba con corrección, profesional como él era, pero con rapidez. En cambio, cuando yo estaba en el plano ya se sabía que había que esperarse, porque Pev iba a tardar mucho más en hacer su trabajo y en encontrar la iluminación más adecuada para mí. Pero eso no lo hacía por sugerencia mía, porque además yo no era nadie en aquel momento para los americanos, sino porque creía que, aprovechando un rostro como el mío, la película se beneficiaba.

En cambio, Tony no hizo nada parecido ni supo aprovecharme. Siendo el de *Serenade* más papel que el de *Veracruz*, Aldrich sacó como director más de mí que Anthony Mann. Tenían razón todos los que decían que él era buenísimo contando historias «de hombres», dirigiendo a actores viriles y masculinos como él, pero que no sabía nada de cómo dirigir actrices o de cómo utilizar a las mujeres en sus películas. Por mucho que le gustase yo como mujer, Tony jamás se fijó en mí como actriz; y en eso fue fiel a sí mismo, porque nunca veía a sus actrices.

Joan Fontaine interpretaba en *Serenade* a una ricachona

que gusta de ser mecenas de artistas: pintores, escultores, músicos... Y a cada uno de estos protegidos los convierte en amantes suyos. Ese es el caso del cantante que interpreta Mario Lanza.

Durante casi toda la película, Joan estuvo muy «nasty» conmigo; muy desagradable y antipática. Yo la respetaba mucho, a pesar de que ya se encontraba en completa decadencia. Había pasado mucho tiempo desde *Rebeca* y *Sospecha,* y, además, una mujer de cuarenta años lo tenía muy mal en el Hollywood de entonces, porque era difícil conseguir un papel bueno fuera del recurso de hacer de madre.

Ella era rubia, delgada, etérea; era una mujer especial, con una cara perfectísima y su personaje era muy elegante. Pero yo era lo que vulgarmente se dice «una tía buena»: salía sin maquillar, hecha una leona, y aun así destacaba. Me ocurría eso que tantas veces me habían dicho en Méjico: que me salía de la pantalla. Tal vez por eso, Joan Fontaine estuvo muy seca conmigo. El caso es que, poco antes de terminar, tuvimos que rodar una escena en la que me enfrento a ella mientras cuento una corrida de toros, antes de salir corriendo y ser arrollada por un automóvil. Es un momento famoso en el que la cámara se acerca a ella para dar la impresión de que soy yo quien se acerca, y después la cámara me enfoca a mí y soy yo la que avanza. Para hacer el plano contraplano, necesitaba su referencia, su punto de vista. Me ponían un negro, que, como ya he explicado, era una pizarra con una cruz a la altura de los ojos de Joan, pero a mí me resultaba muy difícil poder concentrarme mirando ese punto, y le pedí por favor que estuviese presente para que pudiese mirarla directamente a los ojos.

De todos modos, Pev, que era muy listo, sabía que si yo miraba a la altura verdadera de esta mujer se me quedarían los ojos muy bajos y casi ocultos, porque Joan Fontaine es más bien pequeñita; su hermana, Olivia de Havilland, es un poquito más alta. El caso es que a mí me obligaba a bajar mucho la cabeza, y no se me veía la expresión de los ojos mientras le hablaba del toro con la espada y la muleta. Además, se trataba de un monólogo muy largo que dificultaba aún más la situación. Pero todos allí éramos profesionales y teníamos que solucionarlo, así que me acerqué a Tony y le dije en inglés:

—Mr. Mann, necesitaría que la señora Fontaine me mirase a los ojos en esta escena.

Pero Tony levantó las cejas y me dijo que se lo pidiera a ella, que él no podía hacer nada porque la técnica del cine era así. Esto, con alguien como George Cukor o William Wyler, no habría pasado, porque entendían perfectamente el trabajo del actor, pero Tony, que sabía mucho de técnica, no sabía nada de actores, y menos aún de actrices. En cambio, Pev me miró y me hizo OK con los dedos. A él no se le escapaba que hacía falta levantar a Joan en una aspirina, es decir, un taburete que se coloca al lado de la cámara y que permite que el actor se alce hasta la altura exacta.

Hice lo que Tony me indicaba, y se lo pedí a Joan.

—¿Acaso no tienes la marca? —me dijo—. Yo aquí no digo ninguna frase y no tengo por qué estar —y es que ella estaba totalmente fuera de campo, y ni siquiera se le veía la parte trasera del hombro. Si llega a salir su hombro, a la fuerza habría tenido que estar frente a mí y mirándome, pero, como ese no era el caso, se trataba de un favor que me hacía a mí.

Podía haberle dicho algo desagradable y quedar mal con ella, pero no lo hice. He tenido mucho orgullo, pero también he sabido darme cuenta de las cosas con rapidez y aprovechar la ocasión. Y aquí se trataba de conseguir algo que me beneficiaba. Por eso no hice caso de su desprecio y, con mucha ironía, le dije:

—Es que usted es tan buena actriz, tiene usted esos ojos tan bonitos y tan fieros, que necesito sentirla porque eso me permite hacer la escena bien.

Joan Fontaine se ensanchó como un pavo mientras yo continuaba:

—Tiene usted mucha fuerza en la mirada; está llena de odio y sabe que va a ganar, y yo necesito eso porque así me siento mejor para explicar lo que es una corrida de toros y que lo que en realidad quiero es matarla. Y ninguna marquita puede sustituir a la mirada de usted.

Así conseguí que Joan Fontaine me mirase en esa escena; y no sólo eso, sino que cambió totalmente de manera de ser conmigo, y fue ella la que me recomendó después para la película de Sam Fuller. Buscaban una actriz para el papel de india, y fue Joan Fontaine la que habló de mí y les dio mi nombre. Las cosas como son.

Cuando acabamos el rodaje, tuvimos que doblar la mayoría de las escenas, sobre todo los exteriores de San Miguel Allende, porque en el sonido de referencia siempre se metía un ladrido de perro, el mugido de los toros, el paso de un avión… Siempre había ruido. Mario no sabía doblarse, y tampoco el actor que hacía de tío mío. En cambio, yo hice mi parte en un segundo, porque llevaba la enseñanza del doblaje gracias a las películas que había hecho en España. Esto me permitió ayudar a mis compañeros en su doblaje. Doblábamos por trozos, por takes, y yo les daba el ritmo del diálogo, que se hacía en frases muy cortas. También les indicaba las entradas y las pausas para respirar. Pero en esto tampoco tenía la confianza de Tony. Tenía el apoyo de Pev y de Westmore, por supuesto, así como de la peluquera. Tenía el apoyo de Vincent Price, que era un hombre mucho mejor preparado que el pobre infeliz de Mario; pero Anthony Mann no era ninguna ayuda para mí.

Como no me interesaba solamente la técnica del rodaje, sino todo lo que tenía que ver con las películas, le pedí a Tony que me dejase estar presente mientras hacía el montaje. Quería saber cómo se hacía en Estados Unidos, que en el fondo era igual que en España, salvo que con más medios y unos aparatos de locura. Pero él no me dijo que sí de inmediato; me dijo que para qué, que yo no necesitaba aparecer por el montaje, que sólo se trabajaba con el montador y con el ayudante. Y eso no me gustó nada.

Pasaron algunos días y yo seguía alojada en el hotel Beverly Hills. Empezamos a salir Tony y yo, primero en compañía de mi amiga Lidia y luego solos, y le repetí que quería ver el montaje, pero volvió a negarse. Pero ocurrió que, en los estudios, donde era tan frecuente encontrarse con los equipos de las diferentes películas que se rodaban a la vez, estaba Gary Cooper trabajando en *El proceso de Billy Mitchell,* de Otto Preminger, y yo me acerqué a saludarle. Allí me presentaron a Alfred Hitchcock y a James Stewart, con el que tendría más trato después gracias a su relación profesional con mi marido. Hitchcock era una persona muy arisca, no era simpático, pero el caso es que con ellos estaba su hija, y nos caímos bien.

La hija de Alfred Hitchcock estaba también muy interesada en el cine, y ayudaba a su padre en el primer montaje, lo que se llama copión de trabajo, de la película que hacía entonces, que era, si no recuerdo mal, *El hombre que sabía demasiado.* Ella me llevó a la sala de montaje y me mostró la técnica. A los dos o tres días, nada más llegar al estudio, Tony me dijo:

—He oído que has estado en la sala de montaje de Hitchcock.

—Pues sí, he estado —le respondí.

—Yo soy muy amigo de él, y también de James Stewart, porque hemos trabajado juntos muchos años.

Tony hablaba como dándose importancia, y yo noté que él sentía algo parecido a la envidia. O no envidia, sino celos. Celos profesionales, celos de trabajo, porque yo había conseguido algo de otras personas y no de él. Obviamente, él se dio cuenta de que no había estado muy acertado conmigo, y aprovechó para invitarme a almorzar; y es que en el estudio se comía muy temprano, a las doce, porque la gente se levantaba a las cinco de la mañana. Por suerte, yo no trabajaba y podía llegar al estudio más tarde, justo a la hora del almuerzo, y me quedaba hasta las cinco, que era cuando se preparaba el montaje de lo rodado en la mañana.

Nos gustábamos, pero aún no nos habíamos declarado. Nos habíamos gustado durante toda la película, pero él no me había sabido aprovechar. No me dirigía mal, pero lo hacía con rigidez, tratándome como a una más. Pev había procurado sacarme lo mejor posible; Tony, en cambio, no me protegió, no me arropó. No lo entiendo, porque él tenía que verme en las proyecciones de después de trabajar; él debía notar que yo era una señora que se salía de la pantalla, aunque no fuera la protagonista. Si hubiese querido, podría haberme hecho algunos planos cortos para destacar mi rostro, en vez de plano general, pero no lo hizo. Eso sólo lo hacía con Jimmy Stewart. Tony hacía las películas para él, pero la mujer que trabajara al lado de Stewart era una mujer que Tony olvidaba. Se había acostumbrado a no fijarse en las mujeres, y buena razón tuvo Max Arnow cuando me dijo que Tony era un director «de hombres».

Seguí viéndome con Max aun después de *El último cuplé*. Iba a su despacho y siempre me decía lo mismo:

—Your husband, tu marido, no te ha visto todavía, y no te va a ver nunca. Él no sabe descubrir a la mujer actriz y poderosa.

Cuando terminamos *Serenade,* pero aún no se había estrenado, le dije que me iba a casar con Tony, y me lo repitió. Hasta que me divorcié, me lo siguió diciendo. Cuando hice *El último cuplé* y después *La violetera* y *Carmen la de Ronda,* que la estrenaban con subtítulos en los cines latinos de Los Ángeles y toda California, Max iba a verlas y luego pedía copias para pasarlas en su casa en reuniones con sus amigos productores. Daba una cena, se fumaba un puro con Harry Cohn, y le decía:

—Harry, mira lo que se te ha escapado; mira lo que se ha

perdido Hollywood. Ni Gina Lollobrigida, ni Sofía Loren ni nada. Mirad a esta señora. El único que no sabe lo que tiene entre manos es Anthony; ese nunca la verá.

Max tenía toda la razón. Tony y yo estuvimos juntos siete años, que coincidieron con mi lanzamiento, pero no le dio importancia. Yo venía a España para rodar, y él me acompañaba a veces. Estuvo en los rodajes de *El último cuplé* y *La violetera*, y cuando tenía que trabajar regresaba a Estados Unidos, donde estaba el cine que le interesaba a él.

Una de las veces que vino a España, Tony me acompañó al Palacio de La Granja a una fiesta que se hacía con motivo del 18 de Julio. Me habían pedido que fuese a actuar, y yo quise que mi marido viniese conmigo. Pero la fiesta era para los embajadores, militares de alta graduación y ese tipo de gente, no para los artistas que íbamos a intervenir. Y Franco, con enorme desconsideración, no quiso conocer a mi marido, olvidando que no se trataba simplemente de un americano casado por lo civil con una actriz (o sea, de un falso matrimonio para aquella mentalidad), sino de todo un general del Aire; es decir, de un militar igual que él.

En el palacio, nos pasaron a todos los artistas a una sala para que Franco nos saludase pero, no sé por qué, tal vez por el calor, tal vez por algo que comió, a Tony se le descompuso el vientre. Fue horroroso, porque se lo hizo encima y se manchó los pantalones. Yo me quedé con él en un rincón mientras Franco pasaba. Había un olor espantoso en aquella esquina, y entonces Franco me vio de lejos y dijo:

—Venga usted, violeterilla; venga usted aquí.

Y yo me acerqué, pero a Tony no lo quiso saludar, y eso le molestó mucho.

Cuando Franco se marchó, todos se preocuparon por Tony. Recuerdo que Juanita Reina exclamaba:

—Ay, pobrecito. Ay, el pobre.

También vinieron Cristóbal Martínez Bordiú y Carmen, su mujer, la marquesa de Villaverde, y yo le dije a Cristóbal:

—Cristóbal, mira cómo está mi marido. Está negro porque su excelencia ha estado mal, muy mal; pero además necesita limpiarse y unos pantalones, porque así no nos podemos ni acercar a él.

Cristóbal cogió a Tony y se lo llevó al baño. También le buscó unos pantalones de la guardia mora, que eran unos hombres muy altos.

Tony estaba muy enfadado. Él no sólo era general, sino que había sido uno de los mejores amigos de Roosevelt; tan amigos eran que había estado muy cerca de Roosevelt cuando este estaba con su amante y le dio el ataque al corazón. Los propios padres de Tony habían hecho mucho por Estados Unidos, y no era precisamente un cualquiera.

A Tony, que era demócrata, no le gustaba Franco porque, entre otras cosas, había sido aliado de los alemanes. Sin embargo, él no se metía para nada en la política española, y yo tampoco; ni siquiera cuando gracias a mis películas me convertí en una de las personas que más divisas atraían a España. Y he sido de las que más impuestos han pagado, cuando debería haber sido al contrario, porque además he sido utilizada por Franco al menos en dos ocasiones, cambiándome con Rumanía y Rusia por petróleo y madera.

Pues a pesar de todas esas cosas, el único que se portó bien en La Granja fue Cristóbal que, además, como era médico, le explicó que tenía una disentería provocada tal vez por algo que hubiese bebido con hielo en medio de todo aquel calor.

Poco después, a James Stewart le pasó algo parecido, cuando lo echaron del Ritz por ser actor, a él, que era un general viniendo a ver a otro general, porque era republicano y traía un mensaje de Eisenhower. Ahora ya entra en el Ritz el que quiere, pero entonces no admitían ni toreros ni artistas. Un verano fui a la terraza y me sacaron de allí; eso siendo ya Sara Montiel. Me dijeron:

—Señora Montiel, lo sentimos mucho pero tiene que marcharse.

Y yo me fui, porque las cosas eran así en aquel tiempo, y no me extraña que Franco no supiese que mi marido era general; y seguro que la gente se enteró de que James Stewart también lo era después de que viesen en *ABC* su foto rodeado de maletas en la puerta del Ritz, echado de mala manera.

XVII

Volver a Madrid

Como no tenía que hacer la siguiente película de mi contrato hasta el año siguiente, mi madre y yo vinimos a España a ver a mi familia. Llegamos y nadie me hizo caso, porque realmente no me conocían. Sólo había destacado un poco en *Locura de amor*, y de eso ya hacía muchos años. Las películas mejicanas no habían llegado, y *Veracruz* sólo tuvo importancia cuando se reestrenó después de *El último cuplé*, y entonces sí se me destacó al lado de Gary Cooper; parecía por la nueva promoción que en la película sólo aparecíamos Gary y yo, porque hasta el pobre Burt Lancaster se fue a pintar monas.

Pero eso sería más tarde. A finales de 1955, nadie en España sabía nada de Sara Montiel. Estaba totalmente olvidada.

Llegamos a España el 28 de diciembre, día de los Inocentes, y decidimos pasar la Nochevieja en Madrid junto a Miguel Mihura, mi amigo Ignacio Montes Jovellar y su mujer. Estuvimos en el Castellana Hilton, que entonces era el hotel de todos los artistas que venían a rodar las típicas coproducciones de la época.

Recuerdo que estaba en la peluquería de Rosa Zabala arreglándome el pelo junto a Aline, la condesa de Romanones, que es una mujer maravillosa y de quien estoy deseando que en Hollywood rueden la película de su libro, *La espía vestida de rojo*. Estando allí, hablé por teléfono con Montes Jovellar:

—Oye, Antoñita, hay un cóctel muy importante con Sofía Loren y Frank Sinatra, y quizá te interesaría ir.

Se trataba de una fiesta que ofrecían los productores de *Orgullo y pasión*, pero yo era una especie de revolucionaria llena de orgullo y amor propio. Tenía mucha dignidad y era muy consciente de mi lugar: sin ser nadie, yo era yo. Así que me negué a ir:

—A mí no me han invitado, y yo no me cuelo en ningún cóctel de ninguna estrella, porque a mí no me interesa.

Pero Rosa Zabala, que me adoraba como yo a ella, me insistía:

—Sara, tendrías que ir.

Y Amparo Rivelles, que también estaba allí, y que es la actriz más grande del cine y del teatro en español, dijo:

—Ay, Sara, ¿y no vas a ir? Pues qué tonta. Rosa, a mí ponme bellísima, porque a mí la italiana esa… vamos, me la como. Y me la voy a comer.

Amparo siempre ha sido divina: graciosa, ingeniosa… Tiene unos golpes maravillosos. Me ha encantado siempre. Y además estaba de susto: era guapísima, y lo sigue siendo. Alta, grande, fantástica.

—¿Cómo no vas a ir? —me dijo—. Hay que ir a comérsela. Pisando fuerte.

Pero no fui.

En cambio, sí fui a los estudios CEA, donde estaban haciendo los interiores de la película. Me volvía loca Cary Grant, y quería conocerlo. La vida es tremenda, porque no te da las cosas al instante, sino que te obliga a esperar. Yo no quise ir al cóctel, pero sí me animé cuando Fino me dijo qué día le tocaba a Cary Grant trabajar en los estudios.

Fino era un ayudante de guardarropa buenísimo, especializado en películas de época. Éramos amigos desde los tiempos de *Locuras de amor* y *Pequeñeces*. Él estaba locamente enamorado de Cary Grant:

—¡Ay, cómo está! ¡Pero qué guapo! —me decía, y es que estaba impresionante.

Así que me fui a los estudios CEA, donde yo había trabajado tanto, a conocer a Cary Grant. Y lo conocí y estuvo muy simpático conmigo. Para entonces, yo ya chapurreaba inglés. Luego lo hablé bien y le serví de intérprete a mi marido. Parecía traductora de la ONU, porque lo hacía a velocidad increíble. Ahora, en cambio, lo he olvidado mucho, pero aun así me hago entender. El caso es que almorcé con Cary Grant y con el productor. Hablamos de Hollywood, le dije que había hecho *Veracruz* y la última película de Anthony Mann, y él estuvo muy amable y me quedé en los estudios casi toda la tarde. Ni Sofía ni Frank Sinatra tenía ese día llamado para trabajar; de todos modos, había conocido a Sinatra, que para mí es el mejor cantante de mi vida, a través de Marlon Brando cuando estaban haciendo *Guys & Dolls*.

No volví a ver a Cary Grant hasta veintiséis años después, en 1982. Fue en un hospital de Estados Unidos. Me estaban preparando para intervenirme antes de entrar al quirófano, y en la camilla que pasaba delante de la mía iba él. Lo llevaban a sacarle sangre para la analítica, y después entré yo cuando él ya se había marchado a otro departamento para hacerse radiografías. Luego me tocaba a mí pasar por el radiólogo, y se trataba de una chica que me reconoció. Las dos o tres enfermeras que se ocupaban del chequeo y los análisis eran de Puerto Rico y Santo Domingo, y todas me conocían. La radióloga también, y me dice:

—Ay, Sarita Montiel. Vamos, qué suerte tengo hoy. Primero Cary Grant y ahora Sarita Montiel.

—¿Cómo que Cary Grant?

—Sí. Le acabo de hacer una radiografía, igual que te voy a hacer a ti.

—¿Y está Cary Grant aquí?

—Sí, pero está de incógnito.

Al día siguiente, me interno ya en el hospital para operarme, y a las ocho de la mañana me bajaron medio sedada, pero todavía consciente, a la antesala del quirófano. Allí estaba él, en una camilla delante de mí igual que en las pruebas. Yo entonces tenía el pelo larguísimo, que me llegaba por debajo de la cintura, a la altura de las nalgas. Una enfermera me recogió el pelo, que trenzado me daba dos veces la vuelta a la cabeza, lo sujetó y me lo colocó dentro de un gorro verde, como de baño. Cary Grant vio el pelo tan largo, me miró y dijo:

—Are you Mexican?

No pensó en España ni nada. Me preguntó si era mejicana.

—No, soy española. I come from Spain.

—Oh, Spain. I love Spain. I was there doing a picture with Sofia Loren. Ávila, qué maravilla.

Por supuesto, él no se acordaba de mí, porque sólo estuvimos juntos unas horas de rodaje. Pero yo le recordé nuestro encuentro y cómo le vi rodar una escena en la que estaba solo con unos franceses. En eso, lo cogen y se lo llevan:

—Vamos a dormir —le dicen en inglés.

—¿Y yo? —pregunté.

—No, usted tiene que esperar. Primero él.

Para la operación me había llevado a un médico español, José Jover. Quería que él me controlara la anestesia. Era la condición que le había puesto al doctor Aston, y es que el corazón me latía mucho a causa de los nervios y su anestesista sólo me ponía la anestesia bajo la responsabilidad del doctor Jover. Y así lo hicieron, pero antes llevaron a Cary Grant a la sala de operaciones, creyendo mi médico que era yo:

—Si no es Sara. Es Cary Grant. Aquí tenemos que dormir a todos —le dijo al anestesista el doctor Aston bromeando, porque tenían buena relación y en ese mundo de la medicina todos se conocen muy bien.

Así que operaron a Cary, que era poca cosa: bolsas y mandíbula, medio lifting. Tardaron muy poco, lo sacaron y lo pusieron a mi lado mientras salía de la anestesia. Entonces me entraron a mí, que iba muy despierta, aunque tuve que esperar un poco para que antes pasasen los estudiantes. En la operación de Cary sólo había estado el equipo necesario, pero en mi caso no, porque el doctor Aston me había pedido por carta el favor de que unos estudiantes viesen la operación y la filmasen. Según él, lo que me iba a hacer en el cuello era algo que les podía interesar, y a mí no me importó. Lo que no me esperaba yo, ni tampoco el doctor Jover, es que allí nos íbamos a encontrar a ayudantes catalanes que nos iban a reconocer a los dos, porque los que querían dedicarse a la cirugía estética sabían quién era Pepe Jover.

Total, que yo entré entera, despierta, hasta que notaron mi taquicardia. Entonces me pusieron un anestésico en la vena para ir perdiendo la noción. Luego ya te entuban y hacen la operación. Cuando desperté, estaba en una habitación contigua a la de Cary. Él se fue a los dos o tres días, porque lo suyo era poca cosa, pero yo me tuve que quedar más tiempo. Y antes de ir pasó a despedirse de mí. Llevaba esparadrapos negros en los ojos y gafas para que no se le viesen, y me dijo:

—Sarita, cómo me ha gustado verte de nuevo.

Amabilísimo Cary Grant. Todo un señor. Lo que es el destino: podíamos habernos conocido el día del cóctel, y eso no ocurrió por orgullo mío. Y en cambio lo conocí por Fino. Y con Sofía lo mismo: en lugar de encontrarnos en aquel cóctel nos vimos después, y en los años sesenta hizo *El Cid* con Tony, en el papel de doña Jimena que podía haber hecho yo, pero ni se trataba de un papel para mí, porque con Anthony Mann todo el protagonismo era para Charlton Heston, ni mis productores me dejaron hacerla.

Mi madre y yo teníamos muchas ganas de ver a mi familia. Llevábamos sin pisar España desde 1950, y mi madre quería estar con sus nietos, así que fuimos a Ciudad Real para ver a mi hermano Antonio, que estaba empleado en una panadería. Él, pobrecito, no podía trabajar casi en ningún sitio porque había sido herido defendiendo Madrid, y además su suegro había sido juzgado y ejecutado por trabajar para la República en la Telefónica. Ya digo que todos en mi familia, tanto por parte de padre como por parte de madre, éramos socialistas, aunque después me hayan desilusionado.

Mientras estábamos en Ciudad Real, Juan de Orduña llamó a Miguel Mihura y le preguntó que dónde me podía encontrar:

—¿Cuándo puedo ver a la nena? —como siempre me llamaba Juan—. Es que me interesa mucho, porque tengo un guión buenísimo, una película sensacional, y yo quisiera que la hiciera ella.

—En cuanto venga Antonia te aviso y hablas con ella —le dijo Miguel, que nunca usaba el nombre de Sara, sino el de Antonia o María Antonia—. Pero no creo que pueda, porque tiene contrato con la Warner y ya está instalada en Hollywood.

—Bueno, pero yo se lo digo para ver si la puede hacer.

En realidad, yo no tenía contrato en exclusiva. Tan sólo había firmado tres películas más, y podía hacer otra película fuera mientras ellos no me reclamasen para una de sus películas o me cediesen a otro estudio, como ocurrió cuando me pasaron a la RKO para *Yuma*.

Montes Jovellar («tu chófer hasta la muerte», me decía siempre) vino a recogerme a Ciudad Real. Él todavía se acuerda de cómo los chicos de allí me tiraban piedras: «Mira, una mujer con pantalones», me decían. Ignacio me llevó a Madrid donde me encontré con Miguel.

Ahora, debo decir que mi relación con Miguel ya era otra cosa. Seguía queriéndolo, pero de diferente manera. Era lo mismo que me pasó con Tony, al que quise como a un padre. La diferencia de edad entre nosotros era muy grande, y cuando nos casamos él ya había hecho lo que tenía que hacer. Ya tenía su carrera hecha y había llegado a un tope en su trabajo, mientras que yo aún quería hacerlo todo. Por eso no funcionamos como pareja ni como compañeros de trabajo. Yo iba adelante, abriéndome paso, con esperanza, con ilusión, con fuerza. Veía una pared de hierro y me decía: «Yo la atravieso. La tengo que atravesar o, por lo menos, tengo que intentarlo.» Y él no. No me valoraba, pero no porque yo no lo valiese, sino porque estaba de vuelta de todo.

Pero nos divorciamos muy bien porque nos queríamos. Si no, el divorcio hubiera sido una catástrofe. Él se enamoró de Antonia, y yo le quise como a un padre. No le pedí nada, ni me llevé dinero de él ni le impuse ninguna condición, ninguna cláusula. Al contrario: para casarse por tercera vez, porque Anna se había quedado embarazada, me mandó un telegrama diciéndome que quería verme. Él estaba en Dinamarca haciendo *Los héroes de Telemark,* y cogí el avión para ir a su lado, porque era mi amigo y me necesitaba.

—¿Qué hago, Antonia? Se ha quedado embarazada y yo no quiero casarme. ¿Qué hago? —me preguntó.

—¿Estás seguro de que el hijo es tuyo?

—Sí, sí, por supuesto. Llevo ya con ella mucho tiempo.

Tony era muy buen padre. Había cuidado maravillosamente de sus dos hijas y, cuando perdimos a nuestro hijo, yo lo pasé fatal, pero él lo pasó peor que mal. Y era muy buena persona, así que le dije:

—Es tu hijo. Te casas. ¿Que vas mal con ella? Pues te divorcias y le das de comer a tu hijo, como les estás ayudando a tus hijas —porque él tenía dinero y era socio del guionista Philip Yordan y el escritor Erskine Caldwell, con los que había comprado los estudios de Charlie Chaplin—. Lo crías y le das un porvenir.

No se planteaba la cuestión del aborto; primero, porque Anna llevaba el embarazo muy adelantado y no se lo podía quitar ya; pero además porque él quería tenerlo. La duda era si casarse o no, y es que se veía ya muy mayor. Pero era un hombre muy fuerte, aunque en ocasiones tuviese algún amago de ataque al corazón. Por uno de ellos me casé con él in articulo mortis; y murió de un último ataque que le dio en Alemania. Él, que odiaba Alemania y los alemanes, tuvo que morir en Berlín, donde su padre había muerto destrozado en la Primera Guerra Mundial.

Le dije que se casase y se casó, aunque luego pidió el divorcio. Y en 1967 estaba yo en Ostia con Giancarlo y su hermana bañándonos, y en la mesa de al lado del restaurante de la playa estaban Leslie Caron y sus dos hijas. En un momento dado se levantó Giancarlo para ir al bar y yo me quedé sola en la mesa. Las gentes de otra mesa junto a la mía se levantaron y se dejaron un periódico. Yo lo cogí, lo abrí, pasé las hojas y, en una doble página del centro, lo vi: «El director de cine Anthony Mann ha muerto con las botas puestas», decía el titular. «A las seis de la mañana ha muerto en Berlín, de un ataque al corazón.» «El marido de la inolvidable violetera Sarita Montiel.»

Vi aquello, me nublé, me desmayé y me caí al suelo. Leslie Caron fue la primera que me vio al caerme y me socorrió. Enseguida llegaron Giancarlo y su hermana; y yo allí, desmayada, mareada, empecé a llorar. Lloraba y lloraba, temblaba y lloraba, y no sabía de qué.

—¿Qué te pasa? —me decían, y yo les enseñé el periódico.

Al poco tiempo estaba en Roma con Giancarlo, y me llamaron de Londres, donde Tony tenía el testamento, para decirme que yo estaba entre los herederos y debía ir en tal fecha porque no se podía abrir el testamento sin estar presente. Pero en esos días tenía rodaje y no podía acudir a Londres, así que envié al marqués de Santa Rita, José, que era mi abogado, en representación mía y con todos mis poderes. Su hermano había sido embajador de España en Londres, y estaba muy bien considerado.

Tony me dejó en el testamento cincuenta mil dólares libres de impuestos, que era mucho dinero para la época. También un precioso broche que había pertenecido a su madre y que estaba hecho de brillantes y zafiros, aunque debo decir que a mí los zafiros no me van; no es que sea supersticiosa, pero no me gusta el azul para las joyas. Es muy raro que me ponga zafiros y no los tengo en mi joyero, porque me he deshecho de ellos. Pero Tony me los regaló, y también me regaló un Mercedes blanco y rojo por dentro que me había encargado en Alemania, aunque ya tenía uno que me había comprado también él aquí en España. Finalmente, me dejó un porcentaje de algunas de sus películas: *Serenade*, *El hombre de Laramie* y *Winchester 73*.

Pero todo esto venía porque Juan de Orduña quería verme. Ignacio Montes Jovellar me trajo al hotel y allí vi a Juan y a Antonio Mas Guindal, que era el autor de un guión que me habían traído.

—Tengo mucho interés en que lo hagas tú —me dijo Juanito—. Lo que pasa es que no puedes cantar. Ya tengo una persona muy importante que me va a ayudar para que la película se pueda hacer. No tengo todavía productor para hacerla, porque lo ven muy difícil, pero yo creo mucho en ella.

Así me habló y me dio el guión. Lo leí, me encantó, y entonces me llamaron de Hollywood para regresar y hacer *Yuma*. Y yo me llevé conmigo el guión de *El último cuplé*.

XVIII

El último cuplé

Me había gustado el guión de *El último cuplé*. Además, era una oportunidad para cantar en el cine, que era lo que a mí me interesaba. Pero Juan y Mas Guindal me dijeron muy claramente que eso no era posible; que debía ser doblada por una cantante famosa porque, si no, no tenía gancho la película. Yo lo entendí pero me dolió, y mucho.

Juan de Orduña sabía que yo cantaba, que lo había hecho en Méjico y en algunas de mis primeras películas españolas, pero creía que era demasiada responsabilidad. Había llevado el guión por todos los despachos de todos los productores de entonces, que los había muy listos; pero esta vez se pasaron de listos y ninguno quiso la película. Decían que no sabían qué era el cuplé, y cometieron un error tremendo:

—¿El cuplé? ¿*El último cuplé*? ¿Y qué es el cuplé? —le decían a Juan.

Nadie sabía nada. Juan les decía que era una historia muy buena; que Sara Montiel, una española que estaba trabajando en Hollywood, le había prometido hacerla. Nada; no había forma de que nadie la financiase, e insistían en que no sabían qué era el cuplé. No es que estuviese pasado de moda: es que ni siquiera existía para ellos. *La última canción* sí les sonaba, pero no *El último cuplé*.

El cuplé venía de antiguo, de antes de la guerra del 14, y ya nadie sabía nada de Raquel Meller, la Fornarina o la Bella

Chelito. De 1914 a 1956 habían pasado cuarenta y dos años, y ya nadie se acordaba. El cuplé se había olvidado, y fue precisamente gracias a *El último cuplé* como este mundo y estas intérpretes se redescubrieron.

Tony vino a España a recogerme y nos volvimos con mi madre a Los Ángeles. Allí me alojé en el hotel de siempre, el Beverly Hills, donde tenían una suite reservada para mí, y no volví a saber nada de *El último cuplé* en bastante tiempo. Hice *Yuma, y*, mientras, Juan de Orduña seguía buscando financiación. Tocó a todos los timbres, llamó a todas las puertas, y por fin pudo comenzar gracias a un aval de su hermano. Entonces me llamó y me dijo:

—Nena, quiero firmar el contrato contigo porque vamos a hacer *El último cuplé*.

Me envió un telegrama certificado legal, un compromiso, y yo le contesté con otro igual desde Hollywood. Y al poco me volvió a llamar:

—Nena, vente para España porque ya nos vamos a preparar para empezar a rodar.

Comenzamos los preparativos en septiembre de 1956, y estuvimos rodando desde noviembre de 1956 hasta enero de 1957.

Yuma, que en inglés se llama *Run of the Arrow*, fue mi última película en Estados Unidos. La hice en la RKO porque la Warner me había cedido, cosa que era muy común. Pero a mí no me interesaba: ni como guión ni como personaje. Tuve que hacerla porque estaba comprometida por mi contrato, pero no tenía derecho a elegir los guiones, porque yo no era nadie; debía aceptar lo que me pusiesen.

Hoy esto no ocurre, pero a una actriz latina de entonces le marcaban una línea de india, o de piel roja, o de india mejicana, y no podías salir de ahí. Los productores te encasillaban en ese tipo de papeles. Son muy contados los casos de gente como Max Arnow o William Wyler, cuyo nivel cultural les permitía estar por encima de estas cosas. Los demás son muy brutos y tendían a fichar a las personas. Había una gran ignorancia para todo lo que no fuese Estados Unidos; si un jefazo de los estudios, puesto ante un mapa de Europa, sabía dónde estaba España, era un milagro. Por eso, en cuanto pude, rescindí el contrato y no realicé las películas que aún me quedaban. Para ello, tuve la suerte de que el hijo del abogado de Tony fuese novio de una hija de Jack Warner, y eso facilitó las cosas.

De todos modos, Tony no entendía mi problema. Para él, lo único importante era que Sam Fuller había demostrado ser un director estupendo, lo cual era totalmente cierto. Mi madre sí me comprendía, pero Tony no. Tony no se daba cuenta, aunque era algo que como profesional tenía que haber sabido. Aunque era maravilloso en muchos aspectos, Tony, por desgracia, no era brillante.

Hice mi trabajo en *Yuma* lo mejor posible. Me maquillé de piel roja porque tenía que hacerlo; me tiñeron el pelo de negro azulado, como las sioux; e interpreté a Yellow Moccasin. Cumplí con mi deber, aunque no me gustara. Pero al terminar el rodaje, que finalizó con los exteriores en el desierto de Arizona, me llevaron en coche a Las Vegas para encontrarme con Tony. Iba sola, porque mi madre no me había acompañado al desierto, que era terrible, y preferí que no viniese y se quedase con Lidia en su casa de Los Ángeles, para que no estuviese sola. Sí había estado a mi lado durante el rodaje de interiores, que se hizo en el estudio, pero los exteriores eran demasiado duros, con un calor asfixiante y tragando arena.

En Las Vegas me esperaba Tony. En el mismo hotel estaba alojado Clark Gable, que rodaba *Un rey para cuatro reinas*. Gable y Tony eran amigos desde hacía muchos años, porque Tony empezó con David O. Selznick antes de pasar a la Metro Goldwyn Mayer, y trabajaron juntos en *Lo que el viento se llevó*, donde Tony fue director de la segunda unidad y se encargó de los exteriores. Con Gable, que era un hombre muy culto y sabía mucho de España, hice más amistad después, gracias también al cardiólogo de Tony. Este médico cuidaba además de la esposa de Gable, quien estaba muy enferma del corazón. Clark Gable estaba siempre muy pendiente de ella, pero cuatro años después sería él quien muriese, y su esposa, que estaba embarazada, le sobrevivió y dio a luz a su hijo.

En el coche que me llevaba hasta Las Vegas tenía el guión de *Yuma*, y, mientras atravesábamos el desierto, lo cogí, lo miré y me dije:

—Antonia, esto no es para ti.

Y con un grito arrojé el guión al aire:

—Nunca más haré de india.

Debo explicar algo: una cosa es que yo creyese que los papeles de india o mejicana me limitasen, y otra muy distinta es que me lo pasase mal haciendo *Yuma*. Al contrario, fue un rodaje excelente y en el que hice amistad con ese gran director que es Sam Fuller. Me integré perfectamente en el equipo, y hasta les solucioné un problema bastante grave que tenían con los sioux, que se pusieron en huelga y no había manera de llegar a un acuerdo con ellos.

Para enseñarme a montar a caballo a pelo, me ayudó un especialista que era un sioux auténtico. Trabajaba también como jefe de grupo, porque para mover a las masas se dividían en unidades al mando de un jefe que les indicaba cuándo empezar a moverse. A través de él me relacioné con los indios, y muchas veces almorzaba con ellos. En lugar de pan, comían una torta de harina con agua y sal, que es muy parecida a la que se utiliza en La Mancha para los gazpachos. Con mi vestido de piel abierto por los lados, que me dejaba los muslos al aire; con el pelo larguísimo y negro azulado, y con el maquillaje bronceado, rojizo, iba preciosa. Y, como veían que iba todo el día vestida de india, comiendo con ellos y pasándomelo tan bien a su lado, Sam y el productor ejecutivo me pidieron que les ayudase para poner fin a la huelga.

Años después, cuando el Festival de San Sebastián le dio un homenaje, Sam Fuller todavía recordaba que había podido rodar con los sioux gracias a mi intervención, y que yo había sido la mediadora. Les hice ver las dificultades que teníamos, y logré que se les diese más dinero. Por todo ello me cogieron más cariño aún, y me traje muchísimas cosas que me regalaron. Algunas las he ido perdiendo con los años, pero aún tengo un collar y una pulsera de cuentas, y dos collares de plumas de los que utilizan las hijas de los jefes de la tribu.

Sam Fuller, como director, se parecía a Tony en que le gustaba también la acción, el movimiento de masas, y eso ya se veía en *Casco de acero,* que fue la película que lo hizo famoso. Pero era más intuitivo para la mujer, más sensible como director de actrices. Me sentí muy bien con él, y él me apreciaba como actriz. También le gustaba mi interés por la técnica, y estuve en su casa mientras hacía el montaje. Tanto él como su mujer eran encantadores, divinos, y solíamos salir juntos. Con ellos me ocurrió igual que con Tony, que tenía que llevar el pasaporte o la licencia de conducir para demostrar que era mayor de edad y poder así tomar algo más aparte de Coca-Cola.

Terminé *Yuma* en septiembre de 1956, y a las dos semanas estaba en España. Fui con mi madre, y en el aeropuerto nos recibieron Orduña, mi hermano Antonio, mi cuñada, mi sobrina…, y también Armando Calvo, que venía de Méjico, donde había rodado una película junto a María Félix. Mi idea era hacer *El último cuplé* y regresar a Hollywood, porque todavía no estaba resuelto lo de la rescisión de mi contrato. La suerte que tuve para poder rodar *El último cuplé* fue que me dieron los avisos previos de que no se me podía presentar un guión hasta dentro de unos meses; es decir, que la Warner no me iba a reclamar durante el tiempo que iba a estar en España.

Necesitaba, como actriz, hacer algo distinto a lo que estaba haciendo en Hollywood. Además, tenía ya veintiocho años, y empezaba a verme mayor. Los años no pasaban como hoy. Ahora, llegas a los cuarenta y no pasa nada, porque puedes rehacer tu vida como actriz y como todo, porque eres joven; pero cuando en aquel tiempo pasabas de los treinta años era como si lo mejor de tu vida se hubiese perdido ya. Así se veían las cosas.

Por eso hice *El último cuplé*. No por el dinero, porque Juan tenía muy poco y mi contrato estaba estipulado en cien mil pesetas que me pagarían cuando vendiese la película, y que yo tardé un año en cobrar. Y luego, el no poder cantar fue algo que me costó mis lloros y mi pena; pero era un buen guión con un buen papel, y eso era lo más importante.

El rodaje se hizo en Barcelona, y me daban doscientas pesetas diarias para cubrir mis gastos de alojamiento y manutención. Mi madre, mi sobrina Toñi (que también aparece en la película) y yo vivimos con Asunción Torreblanca y su hija Maruchi, igual que habíamos hecho diez años antes, aunque no era la misma casa, porque ahora se había trasladado a un edificio muy bueno del Paseo de Gracia, mientras que antes vivía en un chalet de la Bonanova enfrente de los estudios.

Pero he dicho que no podía cantar, y sin embargo canté. Fue algo extraño que surgió por casualidad, cosa del destino. Ocurrió que habíamos rodado ya todas las escenas habladas, y sólo quedaban los playbacks, es decir, aquellas en las que había alguna canción. Por ejemplo, cuando el personaje de María Luján canta «Tú no eres eso» y aparece el teatrito con gente y el chico allí, empequeñecido, escuchando que «limosna también se da a un pobre, y tú un pobre has sido».

Esto era un sábado; el domingo se grabarían las canciones con la orquesta y el coro del Liceo, y nosotros no tendríamos que volver a rodar hasta el lunes por la tarde, porque ya había dejado claro que yo hacía la película pero con la condición de que no iba a madrugar. Así que me levantaba por la mañana, a la una llegaba al estudio para maquillarme, y a las dos de la tarde estaba delante de la cámara, y podía quedarme hasta la hora que fuese, las once, las once y media, porque eso ya no me preocupaba.

En el Teatro Barcelona actuaba Lola Flores, con la que habíamos hecho amistad en Méjico, y mi madre y yo fuimos a verla ese sábado y estuvimos en el palco con su madre. También intervenía su hermana Carmen, que aparece en la Cruz de Mayo de *El último cuplé,* lo mismo que es el ballet de Lola el que sale en la película bailando sevillanas.

Para ir al teatro me había puesto un traje rojo de gasa, abierto por delante hasta medio muslo y cortito, aunque no mini, que todavía no se estilaba. Me lo había comprado en Sacks, en Hollywood, y tenía unos tirantes y mucho escote. Y a Lola, cuando estaba terminando la función, le da por decirle al público que estaba con ella una amiga y que quería presentarla. Naturalmente, a mí todavía no me conocía nadie ni se acordaban de *Veracruz* ni de los papelitos que había hecho en España años antes. Pero aun así, ella me llamó y me hizo salir del palco; bajo al patio de butacas, subo las escaleras del escenario, y en ese momento el teatro se cayó: ¡la de cosas que me dijeron! Piropos muy fuertes: «Tía buena, estás más buena que el pan, estás para comerte toda. Vaya cuerpo, vaya par de frontales.» Yo saludé y dije que era muy amiga de Lola y que estaba allí haciendo una película. Y la gente seguía con su entusiasmo.

—¿Te acuerdas de las brutalidades que te decía toda aquella gente puesta en pie? —me ha dicho Lola muchas veces.

Luego nos fuimos a cenar con ella y después recorrimos todos los tablaos y sitios de flamenco. Así toda la noche, que cuando regresamos a casa era ya de día, las seis o siete de la mañana del domingo. Me dormí enseguida, como muerta. Y como a las nueve y media o diez, me llama Juan:

—Sarita, Sarita, que Orduña está al teléfono —me dijo Asunción, que lo conocía porque a veces venía con nosotros al rodaje.

Yo tenía catarro, y estaba cogida de nariz y ojos, y oigo que Juan me dice:

—Nena, vente para acá inmediatamente.

—Pero ¿qué pasa?

—Que te vengas ahora mismo. Cógete un taxi y vente enseguida a los estudios.

Era domingo. Sabía que no iban a rodar. A mi madre, que también se había despertado, le conté lo que pasaba:

—Juan está muy nervioso. No sé qué habrá ocurrido.

Y fui.

Y lo que menos me podía imaginar era lo que me esperaba:

—Ay, nena, vas a cantar —me dijo Juan.

—¿Qué? —exclamé.

—Que vas a cantar.

—¿Cómo que voy a cantar yo?

—Sí. Vas a grabar tú las canciones.

—Pero ¿cómo que yo? ¿Dónde están los papeles, las letras?

—Todo está aquí.

La orquesta del Liceo estaba allí, también el coro. Pero no vi a la persona que debía cantar, así que le pregunté a Juan:

—Entonces, ¿lo voy a cantar yo? ¿Y luego no te vas a echar atrás? ¿Cómo?, ¿no lo canta quien iba a hacerlo? No me hagas esto y después me digas que no va a ir mi voz, porque sería muy cruel.

—No te preocupes. La única que va a cantar vas a ser tú.

¿Qué había pasado? Que esa señora había llegado al estudio, había visto a todos los músicos preparados, y había dicho:

—Si no me pagan ahora, no canto.

Al parecer, ella había oído lo que todos decían: que estábamos rodando la película sin dinero. Tan mal estábamos, que sólo hacíamos una única toma de cada plano, porque no podíamos gastar material para elegir la mejor. No veíamos lo que se estaba rodando, e íbamos a ciegas. Pero llega esta señora y pide que le paguen las doscientas mil pesetas que le corresponden por cantar.

—Hoy es domingo, pero te prometo que mañana lunes te doy un cheque firmado por mi hermano —le dijo Juan.

—Ah, no. Si no me das mi dinero antes de grabar, me vuelvo a Madrid.

Y así fue: no le pudo pagar, ella se marchó, Juan se quedó empantanado con la música, me llamó a mí y ahí empezó mi estrella. Mi estrella surgió por una sustitución, y es que la vida es a veces más increíble que muchas películas.

Para grabar me metí en un cuartito que estaba separado del resto por una mampara que aislaba el sonido y que tenía una ventanita a través de la cual veía al maestro Juan Solano dirigiendo la orquesta y dándome las entradas, aunque no estaba frente a mí sino que me daba la espalda. Entonces empecé con «Nena», que es, por cierto, la canción más difícil. Yo las conocía todas porque las había estudiado para poder rodar el playback. Las había trabajado en Madrid con un pianista de Pasapoga que vivía en la calle Fuencarral, muy cerca de la Telefónica. Como tengo muy buen oído, enseguida cogía la melodía, pero tenía tendencia a cantarlas a mi manera, hasta que el pianista me paraba y me recordaba que debía hacerlo al estilo de la cantante que me iba a doblar. Era un estilo que no me iba nada, lleno de gorgoritos y en un tono altísimo, pero era verdad que, si las canciones iban a ser así, yo tenía que interpretar el playback adecuándome a ellas.

Pero ahora era yo la que iba a cantar; por eso, cuando desde la cabina escuché cómo comenzaba la orquesta a tocar con los arreglos que estaban previstos para la otra cantante, salí y me dirigí al maestro Solano:

—Maestro, bájeme usted un tono, porque está muy alto para mí.

Seguía demasiado alto, y volví a salir.

—Por favor, un tono más bajo —pedí, y también quise que los violines parasen en determinado momento y continuasen de otra manera.

—Mire —me dijo el maestro con toda la ironía del mundo y con un acento andaluz muy cerrado—, ¿quiere uzté que también loz violinez hagan otra coza?

Yo ya ni cogía mi tono, y salí de nuevo. Tampoco, y salgo una cuarta vez, y los músicos de cachondeo conmigo:

—¿Qué, otro tono? Vaya con la chiquilla —me decían en catalán. Pero eran muy buenos músicos, que acababan de tocar *Tosca* en el Liceo con Mario del Monaco y Renata Tebaldi, a quien conocí porque Juan de Orduña me llevó a su camerino, y desde entonces nos viene la amistad.

—Pues sí, otro tono; y quizás otro tono más bajo aún —respondí, poniéndome en mi sitio.

—Si usted quiere, podemos tocar debajo del piano.

—Pues debajo del piano si hace falta.

Entonces me tocan el tono y vuelvo a pedir un cambio:

—Ahora, medio tono.

—Mira, la chiquilla sabe música. ¿Y tú cómo sabes que es medio tono?

—Sé que un tono lo puede variar cualquiera, pero para transportar medio tono hay que ser músico de verdad, porque es más difícil. Sé que les va a costar a ustedes más trabajo, pero yo necesito ese medio tono más bajo.

Ninguno de ellos podía oírme cantar, ni siquiera el director. El único que me oía era el ingeniero de sonido, Enrique de la Riva, pero no los músicos. Cambié todo el arreglo de las canciones para llevarlo a mi voz, que no tenía nada que ver con el estilo de opereta mala en que iban a ser cantadas. Así fuimos grabando una canción tras otra hasta que llegamos a «La madelón», que estaba en francés. Yo desconocía el idioma, pero el director del coro me dijo que él sabía francés, y yo cogí un papel y le pedí que me la cantase mientras yo la copiaba fonéticamente, porque musicalmente sí la sabía.

Las últimas canciones que grabamos fueron «Tú no eres eso» y «Fumando espero» al piano. Habían sido once canciones en una mañana. Al terminar, los maestros recogieron los instrumentos, los miembros del coro se prepararon también para marcharse, a mí me trajeron una sopa de fideos que no me tomé porque estaba templada, me sentía exhausta y acatarrada, y en ese momento el ingeniero sale y dice:

—Señores, ¿querrían ustedes oír el trabajo que han hecho?

Hay que entender que ellos no sabían nada de mí. Esperaban grabar con una artista célebre y se habían encontrado con una desconocida que era yo. No me habían oído cantar, y lo único que conocían de mí era mi petición de que bajasen los tonos. Así que no tenían ninguna buena referencia cuando Enrique empezó a poner las canciones. Comenzó con «Tú no eres eso», después «Clavelitos», luego las demás, y dejó para el final «Nena», que había sido la primera en grabar y la que más problemas había dado. Se termina todo, sacan los maestros sus instrumentos y se ponen a golpearlos, que es la manera que tienen los músicos de aplaudir cuando creen que un artista es grande. Los del coro sí aplaudían con las manos, y todos me decían: «Pero qué voz tienes. Pero si sabes cantar.» Se quedaron muertos y me pidieron perdón, y ese fue realmente mi primer éxito, la felicitación más grande que yo había tenido y que más ilusión me podía hacer después de tanto como había llorado por no poder cantar esas canciones tan bonitas. Y al final había pasado lo mismo que en *El último cuplé,* cuando el empresario lleva a María Luján a ver a una cupletista, y María le dice: «Yo lo haría de otra manera.»

También en la vida real yo lo hice de otra manera.

Al día siguiente, lunes, no pudimos rodar. Sí el martes, aunque aún me faltaba un vestido, el que saco cuando María Luján se hace famosa y canta «Ven y ven» y «Clavelitos». Me lo hizo un bailarín de El Molino que también cosía, y era de papel de seda verde con lentejuelas pegadas y adornos del envoltorio dorado de los caramelos. Tuvieron que hacerlo así porque ni en Peris ni en Cornejo ni en ningún sitio se podían alquilar vestidos de cupletista, porque no existían; y hacerlo habría costado tres mil duros, que era demasiado para tan poco presupuesto.

En toda la película sólo canto cuatro cuplés: «Nena», «Tú no eres eso», «Sus pícaros ojos» y «La nieta de Carmen». Lo demás son canciones, escogidas todas por Juan, que conocía el repertorio y tenía muy buen gusto musical. Estaba educadísimo y adoraba la ópera y la zarzuela, como bien demostró con todas las que hizo maravillosamente para televisión. Tenía un sentido estético bárbaro.

Con el maestro Solano tuve muy buena relación a partir de aquel día. Era muy buena gente y un gran compositor. He cantado muchas canciones suyas, y algunas las escribió para mí, como «El Porompompero», que la estrené en *La bella Lola*. Se llevaba muy bien con Gregorio García Segura, que me hacía los arreglos y también compuso para mí y dirigió la música de todas mis películas siguientes.

Mi madre estuvo conmigo durante toda la grabación, porque la llamé en cuanto Orduña me dijo que tenía que cantar. La única canción cuya grabación pedí que se repitiese, fue por ella. Se trataba de «Tú no eres eso», la última que se grabó con orquesta antes de pasar a las que iban con piano. Seguramente estaba ya estresada y por eso no salió bien, aunque la dimos por buena. Pero mi madre, que estaba escuchando desde la cabina del ingeniero de sonido, me dijo:

—Has cantado muy azaroso, y tú la puedes cantar con

más intención, más relajada, no tan azarada. Pídele a Juan que te la grabe de nuevo.

Ella me había oído cantar todas las canciones en Madrid y en Barcelona, mientras las repasaba. Las conocía como yo, y sabía que podía hacerlo mejor. Por eso hice lo que me indicó y hablé con Juan:

—Mira, Juan, no te he pedido nada, ya ves que he hecho todo lo que he podido, pero no estoy contenta con esta canción.

—Pero ¿qué vas a cambiar? Está bien así.

—No. No la he hecho como la haría María Luján en esa situación. Debo hacerla diferente.

—Juanito —le dijo Orduña a Juan Solano—, que aquí la nena quiere repetir el «Tú no eres eso».

—Bueno, repetir… Será bajar un poco el tono.

—No, como está —dije yo—. Pero llévemela usted un poquito más relajada, maestro, porque la he cantado a tropezones.

La volví a cantar como sabía mi madre que podía hacerla. Y esa es la versión que se usó para la película.

Por lo demás, el rodaje fue desastroso. Ya era bastante frustrante el que nadie creyese en la película, pero además estaba el problema de que nadie me hacía caso. Yo venía de Estados Unidos, donde tenía un contrato estupendo; una cosa era que no me gustase hacer de india, pero llevaba buena carrera con tres películas de tres grandes directores y con excelentes compañeros de reparto. Sin embargo, eso no importaba en España y yo me sentía desplazada. Hubo algún productor que le propuso a Orduña que hiciese la película con otra actriz que fuese más conocida en España. Por otra parte, la ilusión de mi vida, desde los cuatro años, había sido hacer una película musical. Pues bien, ahí la tenía, pero era otra la que iba a cantar porque no se confiaba en mí o porque, como me decía Juan, esa era la manera de conseguir mejor producción. Lo cierto es que todo aquello creaba en mí una gran pena, una congoja.

La falta de dinero repercutía en la calidad del rodaje. Comenzamos como Dios nos amparara, y, a los dos o tres días, le dije a Juan:

—Juan, tenemos que ver proyección para saber lo que está bien y lo que está mal.

—Más adelante, nena; más adelante veremos algo.

Nunca vimos nada. O sea, que hice la película a ciegas, con los problemas que eso significaba para controlar la caracterización. Porque debía representar tres edades y tres situaciones muy diferentes del personaje de María Luján: cuando tiene veinte años y empieza; cuando, con unos treinta años, es una mujer que triunfa; y por último, tenía que dar unos cincuenta años guapetones pero malos, que eran los de su fracaso. Para asegurar el maquillaje me ayudó mucho Armando Calvo, que además de gran actor era muy buen pintor; lo más difícil de todo fue el cuello, que es donde se nota siempre la edad.

Esto no me había ocurrido nunca. En todas las películas que he hecho, con poco dinero o con mucho dinero, con el papel más corto o más largo, siempre hemos visto proyección; así, si algo había salido mal, podíamos repetirlo al día siguiente. Aquí no; aquí no la veía ni el director. Simplemente se mandaba a revelar y del laboratorio le decían:

—Ha salido perfectamente.

Pero se referían al color, a la imagen, no a la calidad artística, que no la podían saber.

En cuanto al sonido, tuvimos la suerte de que el ingeniero fuera tan bueno, porque consiguió que todo lo que hablábamos estuviese bien. Con un ingeniero normal de los que hacen sonido de referencia, habríamos tenido que doblar, pero esto no ocurrió.

Más problemas nos dio alguno de los intérpretes. En concreto, Enrique Vera, que era un torero joven pero al que ya habían dado la alternativa y que estaba despuntando y toreando muy bien. Lo llamaron para el papel del torero, y lo cierto es que daba el tipo, pero el pobrecito no sabía actuar, no sabía dónde se encontraba. Como no tenía experiencia, trabajar con él era muy duro, sobre todo en aquellas condiciones. Por ejemplo, teníamos que besarnos varias veces, pero él no sabía colocarse para besar y constantemente se salía de campo. Yo misma había tenido problemas con el beso en *Empezó en boda,* pero es que yo era una niña que nunca había besado a nadie, que no sabía lo que era un beso de amor con un hombre. Él, en cambio, tenía mucho éxito con las chicas, pero delante de la cámara no sabía ajustarse a la técnica del movimiento de cámara. Eso fue una lucha con él, pero Enrique era muy buena gente y al final lo hizo lo mejor posible.

El pobre Juanito a veces decía:

—No sé si podré rodar hoy, porque no hemos pagado la película —se refería al film, al celuloide— y no sé si llegará a tiempo y tendremos que esperar.

Todo se hacía a trancas y barrancas, con baches esperando que él pagara para que le dieran la película. Pero había más dificultades, como cuando no nos pudieron hacer el decorado del cafetín. Era muy caro hacerlo, así que estuvo buscando algún cafetín auténtico para rodar los interiores, y encontró uno en la Plaza del Rey que era el único que nos dejaban, pero con la condición de que entrásemos a trabajar a las seis de la mañana y terminásemos a mediodía, para que se pudiese abrir a los clientes. Y, además, no teníamos tiro de cámara. Al final, le improvisaron en el estudio un decorado que más o menos servía.

La última escena que rodamos fue la del playback de «Valencia». Se hizo en una tarde con dos tomas, y yo me desilusioné muchísimo:

—Pero Juan, ¿cómo podemos hacer una canción tan bonita con un decorado tan feo?

Tony estuvo presente en los últimos días de rodaje, porque vino a Barcelona para recogerme, y, con toda la experiencia de estudio que tenía, se le caía el alma a los pies:

—Antonia, no te preocupes. Has hecho esta película; has cantado, que era tu ilusión; ahora, olvídala.

Sin embargo, en «Valencia» pasó algo que me hizo reír. Esas dos tomas en que se filmaba eran un plano general y un plano corto mío cantando, con el ramo de flores y las chicas detrás haciendo sus pasos. Mientras, Juan iba diciéndome la letra, porque los playbacks de cine son distintos a los de televisión: se supone que en televisión haces una canción que te sabes, pero en el cine pasa mucho tiempo desde que la grabas hasta que se rueda, y para entonces te has metido a trabajar en otra cosa y se te ha podido olvidar la letra. Por eso hace falta que alguien te la dé; y Juan, que el pobre, con tan pocos medios, tenía que hacer de todo, me la iba dando.

El caso es que Juan iba moviéndose detrás del travelling, con tan mala fortuna que se le prendió la peluca en la jirafa de sonido y se quedó como una bola de billar. Juan era totalmente calvo, pero yo no le había visto nunca sin peluca. Al verlo, empiezo a reír y a reír; pero no podía interrumpir el rodaje porque no teníamos más película, así que cojo el ramo de flores y me lo subo, tapándome la boca mientras seguí haciendo como que cantaba. Fue muy divertido.

No lo fue, en cambio, algo que pasó en el playback de «La nieta de Carmen». Serían como las ocho de la tarde cuando apareció en el estudio Tony Curtis con gente de United Artists. Venía a promocionar *Trapecio* en Barcelona, porque esa era entonces la capital del cine en España; las grandes productoras (Warner, Universal…) tenían allí sus oficinas, desde las cuales distribuían la publicidad a toda España.

Saludaron, se hicieron una fotografía con Orduña, se sentaron mientras rodábamos la escena en que Alfredo Mayo me daba un bocado en el pecho, escucharon la canción y, al terminar, se marcharon sin hacerme ni caso. Eso, a pesar de que me habían tenido en *Veracruz*, donde además había trabajado con Burt Lancaster, que era el coprotagonista de *Trapecio*. Nada, como si no existiese.

Sin embargo, Enrique de la Riva sí sabía que yo existía, y un día me dijo:

—Sara, te voy a presentar a unos señores de la Columbia, porque he hablado con Orduña y él está de acuerdo en ceder las canciones para sacarlas en disco.

Eso era algo que ni siquiera había imaginado. Bastante contenta estaba ya con poder cantar en la película, que ni se me había ocurrido pensar que eso podía estar en un disco. Pero yo era totalmente desconocida, y si esas gentes de la Columbia se interesaban por mí era porque tenían amistad con Enrique y confiaban en él. Ni pensaban en mí ni en el cuplé, que no conocían, por eso no me ofrecieron ningún tipo de pago previo; ni siquiera diez mil pesetas o, como se decía entonces, dos mil duros.

—Esto se paga por royalties —me dijeron; es decir, por porcentaje.

—Entonces voy a ser un Frank Sinatra —comenté, y ellos se rieron.

—¿Cuánto cobran Sinatra y Bing Crosby de porcentaje? —pregunté, y me dijeron que un cuarenta o un cincuenta por ciento—. Bueno, pues denme el cuarenta y dos, así no estoy ni más ni menos que ellos —pedí medio en broma.

Debieron reírse de mí, porque pensarían que íbamos a vender dos discos y que no me daría ni para comprarme medias. Y allí, en una mesa de los estudios, firmé mi contrato con la Columbia.

Tres meses después de estrenarse *El último cuplé*, el disco salió a la calle. En el primer trimestre me pagaron no sé si dos o tres millones de pesetas de las de entonces. Me cayó una fortuna sin que nadie lo esperase; para mí, era algo en lo que no había pensado; para ellos, era un favor que le hacían a su amigo Enrique de la Riva. Y yo lo firmé como si hubiera firmado en agua, porque enseguida me dediqué a otra cosa y a seguir rodando. Mi querido Enrique de la Riva, al que tanto le gustaba cómo cantaba, murió muy joven, de una larga enfermedad. Era majísimo y nunca olvido lo mucho que le debo.

XIX

Un éxito que nadie esperaba

Como Tony no había estado conmigo durante el rodaje completo de *El último cuplé*, no sabía la auténtica realidad de lo duro que había sido. Aun así, lo poco que vio ya le pareció suficientemente triste y me insistía en que olvidase todo aquel fracaso.

Al terminar, nos fuimos a París, porque él tenía algo que hacer allí con motivo de la película que preparaba sobre una novela de Erskine Caldwell, *El trocito de tierra de Dios*, y que había sido un best-seller en Estados Unidos. Por cierto que era United Artists quien la financiaba, lo que también era casualidad, que parecía que me estuviesen persiguiendo.

En París estuvimos dos o tres días, y de allí fuimos a Dublín, en cuyo aeropuerto Tony me regaló un reloj Rolex de brillantes; una preciosidad que después le regalé a mi hermana Elpidia y que ella, cuando empezó a sentirse mayor, me devolvió y ahora lo tengo en la caja fuerte: «Te lo devuelvo por si me pasa algo, porque no quiero que vaya a nadie más que a ti», me dijo Elpidia.

Desde Dublín marchamos a Nueva York, pero caía una nevada de miedo y el vuelo se retrasó. Estuvimos esperando mucho tiempo en la pista, luego tuvimos que bajarnos del avión, más tarde volvimos a montarnos y aun así seguimos esperando.

Un avión del ejército estadounidense que nos precedía en

la pista de despegue, estaba parado al lado del nuestro. Desde la ventanilla se veía a los soldados, sin duda aburridos de tanto esperar. De repente veo que hacen gestos de saludo hacia nuestro avión; yo cojo la almohadilla blanca y la muevo, saludándolos. Tony me pregunta:

—¿A quién haces señales?

—Mira todos esos soldados. Es un avión militar.

—Pues te voy a hacer yo señales en morse para que podáis hablar.

Tony, como había sido militar, conocía ese lenguaje. Él me indicaba los movimientos que yo tenía que hacer con la almohada, y después me traducía lo que me contestaban los soldados. Así supe que iban a Nueva York, como nosotros, pero que de ahí marchaban a Washington; pero lo más importante fue que así nos entretuvimos y yo me olvidé por un rato de mi tristeza.

Porque estaba muy triste, muy desilusionada. Nunca había trabajado en condiciones tan malas como en *El último cuplé*. Después de trabajar en Estados Unidos y Méjico, donde hacían las películas maravillosamente bien, parecía que mi sueño se iba a convertir en un fracaso.

Caí en una depresión terrible. Creí que yo era horrorosa, que no sabía cantar, que lo que había hecho no valía nada.

Mi madre me calmaba.

—Hija mía, tú has hecho lo que has podido.

—Pero María, si no hemos visto ninguna proyección y no sé lo que he hecho. Si he hecho mi trabajo a ojo.

En Nueva York nos encontramos con Ton, la hija de Tony, que se llevó a mi madre a Los Ángeles. Nueva York en febrero era una ciudad demasiado fría para ella, y nosotros teníamos que quedarnos porque Tony tenía que dirigir una obra de teatro de Arthur Miller.

Ya había conocido a Marilyn en el estreno de una película de Ava Gardner, también en Nueva York, pero ahora tuvimos ocasión de tratarnos mejor. Fuimos a la casa que tenían en Nueva York, al estudio donde Miller trabajaba, y también a otra casa que tenían en New Jersey.

Me gustaba mucho Marilyn, quien estaba pasando un mal momento porque acababa de tener un aborto. Estaba anímicamente muy decaída. Vestía un blusón ancho de seda, y pantalones muy anchos también.

Quien no me gustó nada fue Miller. Sabía que era un gran escritor, pero no me cayó nada bien como persona. Era rimbombante, engreído, altanero. Se lo tenía muy creído. No había ningún motivo concreto, no es que me hiciese algo que me molestase; era su forma de ser en general la que me disgustaba, y el tiempo me dio la razón, porque en todo lo malo que escribió de Marilyn después de que la matasen (porque a mí nadie me mete en la cabeza que fuese una muerte natural o accidental) también está retratado él. Con ese libro demostró ser una persona ruin, baja, sin escrúpulos, sin corazón, sin nada.

—María Antonia, he is a great writer —me decía Tony cuando hablábamos de Miller, y yo no digo que no lo fuese, pero no me gustaba. Es más, sin conocerlo, seguro que me habría caído mucho mejor Tennessee Williams que Arthur Miller, francamente.

Sin embargo, a Arthur Miller lo traté poco porque mi marido y él solían estar trabajando o ensayando en el teatro. Cuando me cansaba de presenciar los ensayos, me iba de paseo, veía escaparates de la Quinta Avenida y tal vez compraba algo. También salía mucho con una buena amiga de Tony: la maravillosa Billie Holiday. Como ella sabía que Tony trabajaba durante todo el día, solía acercarse al teatro para recogerme y almorzar juntas. Dos o tres veces me llevó a Harlem, que yo no conocía, y yo la invité al Four Seasons, un restaurante que estaba en un piso alto de un rascacielos; era panorámico, y el suelo se iba moviendo y daba vueltas muy lentamente, permitiendo que los clientes tuviesen una vista completa de toda la ciudad. Four Seasons, Cuatro Estaciones, se llamaba así porque estaba dividido en cuatro zonas con otros tantos tipos diferentes de comida (mejicana, francesa, etc.), y todas ellas carísimas.

Había reservado una mesa para las dos a nombre de la señora Mann; aún no estaba casada con Tony, pero aun así yo utilizaba su apellido. Llegamos y me pareció un lugar precioso. Me acerco al maître, que tenía en un atril un libro con la lista de reservas, y pedí nuestra mesa.

—Sí, un momento —me dijo—. Pero será muy difícil. Tendrán que esperar.

Nos bebimos todo el bar mientras esperábamos que el del libro nos condujese a nuestra mesa. A otra gente que llegaba después sí la atendía y la acompañaba a su lugar, pero a nosotras no.

—Please, we are waiting too much —«estamos esperando demasiado», le dije.

—Oh, my lady, wait a little bit because I don't have yet table for you.

«Aún no tengo mesa para usted», insistió, y yo no caí en lo que pasaba hasta que Billie me lo hizo ver:

—No nos van a dejar entrar. No a mí. Ve tú sola y verás cómo sí puedes.

—¿Que no nos dejan entrar porque tú eres negra? Pero ¿qué me dices?

—Ya lo verás.

—Pues yo te digo que sí: que entramos, y entramos.

Entonces entré yo a la Primera Estación. Vi a todos sentados, todos comiendo, los camareros sirviendo... y a mí me entró la locura.

Me acerqué a las mesas, cogí los manteles, tiré de ellos y todos los trastos salieron volando. Arrojé al suelo la comida y la vajilla, y una mesa, y otra, y otra más.

Armé un escándalo de miedo. Tanto que Billie casi deja de ser negra y se queda blanca. Hice lo que nunca he hecho.

Me volví una revolucionaria. Hasta que me agarraron los del servicio de seguridad.

Nos llevaron a la comisaría. Es decir, me llevaron a mí, porque Billie no había hecho nada; pero ella me acompañó.

Es repugnante el racismo. Si a una persona tan conocida como Billie Holiday le pasaba algo así, qué no le pasaría a alguien desconocido. Lees cosas de Ella Fitzgerald o Louis Armstrong y te sorprendes, pero es que aun habiendo hecho *Hello, Dolly*, había sitios donde no le dejaban entrar.

Billie era fantástica, y tenía una voz ronca, aguardentosa, que me encantaba. Otra de las amistades de Tony era Julie Andrews, que estrenaba entonces *The Boyfriend* y, naturalmente, fuimos. También estuvimos cenando con Anthony Quinn, que estaba casado con la hija de Cecil B. De Mille. Luego, bastante después, en Los Ángeles, nos veríamos con un músico al que Tony protegía y que hacía música para publicidad. Estaba trabajando en un musical y vivía en una casa modesta de Beverly Hills con un chico que le escribía las letras. Eran Leonard Bernstein y Stephen Sondheim, que estaban creando *West Side Story*. Como Tony les ayudaba mucho, y tocaba el violín formidablemente, a veces nos pasaban la música al piano, y tal vez yo haya sido de las primeras personas que hayan escuchado «María»; además, como tengo tan buen oído, enseguida me la aprendí y la tarareaba con ellos. Pero aquí, como en todo, se demostró que Tony sabía trabajar con hombres, y sin embargo no veía a la mujer. Podía haberles pedido, en el momento en que no eran nadie, que me hubiesen escrito alguna canción, sabiendo que yo quería cantar, pero nunca se le ocurrió.

Yendo por la calle en Nueva York, Tony sufrió un infarto. Lo trasladamos al Manhattan Hospital y lo internaron en la unidad de cuidados intensivos. Estuvo realmente grave, a punto de morir. Ton vino de Los Ángeles y me dijo:

—Mi padre soñaba con casarse contigo. Cásate con él; dale ese gusto antes de morir.

Creíamos que Tony se moría, y en ese momento estábamos tan enamorados que me casé con él in articulo mortis.

Fueron días muy tristes para mí. Tony estaba gravísimo, y a eso se añadía todo el sufrimiento que arrastraba en los últimos tres o cuatro meses a causa de la película en España. Además, me sentía sola sin mi madre, que estaba en Los Ángeles. Y en ese momento sentí envidia por segunda vez.

La primera fue cuando se estrenó *Locura de amor* y yo lo escuchaba por la radio desde el sanatorio. La de ahora fue en el hospital, cuando aún no habían llevado a Tony a la habitación, y Ton y yo vimos por televisión la llegada de Sofía Loren al aeropuerto, que venía contratada por la Paramount. Todo el mundo la esperaba, todos los fotógrafos, y yo sentí por dentro algo que se movía, un sueño que quería explotar.

También yo quería recibir eso: llegar a un aeropuerto con éxito y saberme esperada. Pero no era yo la que lo vivía, sino Sofía, que se estaba haciendo famosa pero aún no era lo que llegaría a ser. Y yo me sentí mal, pero no se trataba de la envidia de querer ser ella, puesto que Sofía no era mi tipo de estrella. Lo que yo quería era el impacto, el bajar del avión y ver el lugar lleno de admiradores y periodistas. No se trataba de desear nada malo para Sofía, sino de desear para mí la capacidad de conmover a la gente y tener un nombre, en lugar de sentirme como me sentía: despreciada, rebajada, humillada por una película que no valía nada y que no la habían querido ni hacer.

—I'm very happy to be in United States. I'm very happy to be in America —eso dijo Sofía a la prensa mientras yo todo lo veía negativo: mi marido moribundo, mi carrera fracasada…

Para empeorar las cosas, pocos días después de mi cumpleaños (que, por supuesto, pasé en el hospital), vi en uno de los dos canales latinos de televisión de Nueva York una noticia terrible: en Yucatán, Pedro Infante, mi amigo y compañero, se acababa de matar con una avioneta.

A finales de marzo le dieron el alta y nos marchamos a Los Ángeles para que se repusiese. No le permitieron volar en avión, y atravesamos todos los Estados Unidos en un tren fantástico, a todo lujo, con coche cama. Era un tren español, el famoso Talgo, y era como una flecha de rápido.

Hicimos dos noches en el tren. Salimos una tarde a eso de las ocho, y llegamos dos días después, también por la tarde.

Ya en Hollywood, me trasladé a la casa de Tony, donde también vivía su hija Ton, mientras que mi madre se marchó a casa de mi amiga Lidia.

En Cold Water Canyon, donde vivíamos, teníamos como vecinos a Dorothy Lamour en la casa de atrás, y a Philip Yordan y su mujer Cathy pared con pared y valla con valla. Si Philip era socio y amigo de Tony, Cathy y yo también nos hicimos íntimas amigas.

En aquella época conocí a Jimmy Stewart y casi me caigo al entrar en el despacho de Tony y encontrármelo en el suelo, apoyado en la pared y con sus larguísimas piernas extendidas. También nos visitó Greta Garbo en una ocasión, y siempre he lamentado no haberme hecho una fotografía a su lado, pero es que entonces no se pensaba en esas cosas: no te dabas cuenta de que estabas al lado de un mito, sino que simplemente ocurría así. Recuerdo que me había levantado muy tarde, como siempre, y estaba con un camisón rosa y una bata transparente, de nylon, y de repente me encuentro a una mujer de preciosos ojos azules, vestida de blanco y con una toalla sobre los hombros, que acababa de jugar al tenis en nuestra cancha. Y, como era algo que no esperaba, no la reconocí al momento, hasta que mi marido nos presentó. Me quedé paralizada.

Teníamos una criada negra, Margareth, nacida en Carolina del Sur, que se quedó mucho tiempo con nosotros y hacía unas comidas riquísimas, y ella preparó el almuerzo para

Tony y Greta Garbo (que se duchó en mi baño), y yo me quedé con ellos viéndoles comer, porque para mí era la hora del desayuno: nunca me acostumbré a comer a las doce del mediodía y cenar a las siete de la tarde.

Cathy también vino a aquel almuerzo, que tuvo lugar después de que yo hiciese *La violetera*. Cathy era guapísima y majísima, y hablaba muy bien español, aunque al estilo mejicano. Ella, por cierto, fue la que recomendó a Tony que le tratase el mismo cardiólogo que se ocupaba de la esposa de Clark Gable.

Lo más importante era el descanso y el reposo de Tony. Le compré un sillón para el jardín que le permitía estar acostado pero no tumbado del todo, sino ligeramente recostado, como le habían recomendado. Era un sillón sueco, de madera clara, y modernísimo, como correspondía a la casa de Tony, famosa en Beverly Hills porque se la habían hecho con casi todo el exterior de cristal. Era de un solo piso, y en lugar de paredes tenía unos ventanales grandísimos. Estaba llena de persianas y cortinas enormes, y en el salón, miraras por donde miraras, siempre veías el exterior: el jardín, la piscina, todo. Siempre había curiosos y estudiosos de la arquitectura que se interesaban por la casa, que todavía sigue en pie porque la compró un médico y la mantuvo.

La casa era tan interesante que Joan Collins, buena amiga de Cathy, vino a verla porque quería construirse algo parecido.

Cathy es una mujer importante en mi vida. Era una judía guapísima, de hermosos ojos azules y pelo negro. Le apasionaban la quiromancia, la astrología y todas esas cosas. Era muy gitana en ese sentido, y le gustaba saber el día y la hora en que habías nacido. El Tribunal de Los Ángeles confiaba mucho en ella, y solían llamarla para participar como jurado. Es algo a lo que no puedes negarte, y cuando vas te hacen una especie de examen para elegir a los más preparados, a los que tengan una vida honesta e intachable. Pues a ella la llamaban para eso, y formó parte del jurado del juicio a Charles Manson, el asesino de Sharon Tate. Fue una ocasión en la que todos estaban aterrorizados, y tengo un amigo de origen mejicano al que también llamaron para ese jurado y que me ha escrito una carta en la que me cuenta que están muertos de miedo porque Manson pueda cumplir su condena y salir.

El caso es que Cathy me llamó y me dijo:

—Vente a casa, que estoy con unos amigos que son hermanos gemelos y quiero que los conozcas. Son chicos que hacen estudios grafológicos para el estado de California, y también entienden de cartas astrales. Son gente que, sin conocerte, te dicen tu pasado y tu futuro, y suelen acertar porque están muy preparados. Me gustaría que te hicieran tu carta astral. Sé que tú no crees en estas cosas, pero yo sí.

Así que cruzo el jardín, paso a su casa y me encuentro a los dos hermanos, que eran delgadísimos, delgadísimos, y altísimos, altísimos. Primero me echaron las cartas, el tarot; luego fui yo la que tuve que coger las cartas y echarlas. Me dijeron poca cosa: que me veían muy revolucionaria, con mucho movimiento... También veían que me iba a casar.

—Ya estoy casada in articulo mortis —repuse.

—Sí, pero usted se va a casar varias veces y va a tener hijos.

«Pues muy bien», pensé, pero las cartas no decían nada interesante. Entonces pasaron a la carta astral y me preguntaron mis datos. Después se despidieron y se fueron, porque, al parecer, hacer la carta es muy complicado, hay que consultar libros y números, y se tarda bastante.

—Son muy buenos, Sara —me dijo Cathy—. Ya sé que no crees en ellos, pero los magistrados les consultan para conocer los orígenes de los criminales.

Luego supe que la madre de Stallone también era una de estas personas que colaboraban con la corte de Los Ángeles en el estudio de los delincuentes. Lo cierto es que esto ocurrió el día 26 o 27 de abril, cuando ya llevábamos cosa de un mes en Los Ángeles, y pasaron algunos días sin saber nada de ellos. Pero el 2 o 3 de mayo, a eso de las seis de la mañana, que aún ni se veía, me despiertan unos gritos en los ventanales de nuestro dormitorio:

—Sara, Margareth…

Era Cathy, que además golpeaba en los cristales.

—Pero ¿qué pasa? ¿Qué te ocurre?

—Que los hermanos están de camino. Que tienen que hablarte.

Yo ya ni me acordaba de los gemelos, y el nerviosismo de Cathy se me contagió y me puse nerviosa a mi vez.

Llegaron los hermanos en coche y los vi excitados, nerviosísimos ellos también.

—¿Qué me pasa? ¿Qué me va a pasar? —preguntaba.

Los hermanos me dijeron que mi vida iba a cambiar, y que el cambio iba a ser completamente desmesurado. Que no sería un giro de noventa grados, sino de ciento ochenta: total, absoluto. Y que sería un auténtico boom, tanto de éxito como de dinero.

Y yo me decía:

—¿Dinero? Pero si tengo sólo 30.000 dólares en el banco, que parece mucho pero en realidad no es nada. Tony sí tiene dinero y ahora no gastaré, pero ese dinero no es mío.

Pero ellos insistían:

—Dinero, mucho dinero… Hijos, varios maridos, una prosperidad arrolladora…

Y todo esto Cathy me lo iba medio traduciendo, porque ellos querían que me enterase bien de todo.

—Es un cambio que tiene que realizarse ya: mañana, pasado mañana, la semana que viene. Pronto. Ya.

Yo estaba muy dormida todavía. Solía acostarme a eso de las dos y media, porque me quedaba hasta esa hora viendo la televisión en blanco y negro, que había sido causante en buena medida de la decadencia de Hollywood. Cuando tenía trabajo, a las cinco de la mañana ya estaba en pie y cogiendo el coche para ir al estudio, pero en vacaciones prefería descansar.

—¿Y para esto me despertáis? Pues nada, os lo agradezco mucho, y ahora esperaré ese dinero y esa vida.

Se marcharon como habían llegado, excitadísimos, y yo me quedé con Cathy.

—¿Prosperidad, dinero? —me dije—. Vamos a ver, Antonia, ¿qué es lo que tienes? No tengo nada. Bueno, sí: tengo un hombre enfermo y un contrato con la Warner para una película, donde seguro que me dan otro papel de india. ¿Qué más? Nada, ninguna visión maravillosa.

Pasan los días, pocos, y, en la madrugada del 7 de mayo, me llega un telegrama de Enrique Herreros: «La próxima Sissi se llamará Sara Montiel. Cesáreo González y Benito Perojo te van a llamar por teléfono.» Pero antes me llega otro telegrama de Luis Sanz, que entonces estaba de representante de Vicente Parra, Paquita Rico y Lola Flores, felicitándome y poniéndose a mi disposición por si necesitaba algo de él y para hablar conmigo de lo que fuese. Algunos días después, Benito Perojo me envía a su hija Carmen, a la que llamaban Nena, y al esposo de esta, Manuel Goyanes, con el encargo de proponerme un contrato en exclusiva. Y Cesáreo González me realiza la misma oferta.

Yo no terminaba de creerme todo aquello. Me lo creía y no me lo creía. Me aseguraban que el estreno de *El último cuplé* había sido un éxito rotundo pero tenía miedo de que si aceptaba otra película me pasase igual: que si se hace, que si no se hace... Además tenía todavía pendiente una película con la Warner. Y, sobre todo, tenía a Tony todavía convaleciente.

No pude comprobar por mí misma que *El último cuplé* era realmente un éxito hasta julio, porque hasta entonces estuve al lado de Tony, cuidándolo. Por fin se recuperó y pude viajar a España. En el aeropuerto de Madrid me esperaba lo que tanto había deseado: un gentío que lo abarrotaba hasta los topes, multitud de fotógrafos aguardándome con sus cámaras preparadas... Todo el mundo estaba allí: mi familia, desde luego; pero tambien Enrique Herreros con su hijo, y Benito Perojo, y un coche que me había enviado Cesáreo González.

Por la noche fui derecha al cine Rialto, donde se había estrenado El *último cuplé*. Entré por la puerta de atrás y me condujeron a las oficinas, donde me hicieron esperar a que toda la gente hubiese ocupado sus localidades. No había ningún asiento libre, ninguna butaca, porque se vendían todas las entradas con semanas y meses de antelación, y hasta había gente que, al salir de verla, se ponía en la cola de la taquilla y comprar otra para él o para sus amigos; así que cogieron una silla del despacho y la pusieron en la parte de atrás de un pasillo, para que nadie me viese.

No vi los títulos de crédito, porque esperaron a que todo estuviese a oscuras para sentarme. Entonces comencé a ver la película, y así experimenté el súmmum de mi vida. Recibía en mí toda la emoción del público. Aparecía en la pantalla cantando «Valencia», «Tú no eres eso», y veía cómo el público aplaudía y pateaba. Eran voces, gritos, clamores pidiendo al proyeccionista que parase la película, volviese al principio de esas dos canciones, y las pasase otra vez. Era un escándalo de miedo, asombroso. Era una conmoción: lo que siempre había soñado pero que tantas veces había pensado que jamás me ocurriría.

Al ir terminando la película, toda la sala parecía una plaza de toros en el momento en que se piden las orejas con los pañuelos blancos; todo el mundo lloraba: hombres mayores, chicos jóvenes, mujeres jóvenes, mujeres mayores... Todos se sonaban y todos lloraban, enjugándose con el pañuelo unas lágrimas sentidas y grandes.

Justo en el final de la película, Armando Calvo dice aquello de: «Señoras, señores, María Luján acaba de cantar su último cuplé.» Justo entonces, cortaron la película y apareció un letrero proyectado en la pantalla: «Se encuentra en la sala Sara Montiel.»

¡Lo que fue la sala entonces! La gente buscándome, matándose por encontrarme. Era una cosa increíble la que veía, mientras que yo estaba sentadita en mi silla, con un vestido azulina de Santa Eulalia que me había hecho en Barcelona durante el rodaje. Era precioso, de seda natural con flores, con una falda por debajo de la rodilla y una chaqueta levitón con botones de brillantes que me caía y dejaba ver como cuatro dedos de falda. Con mi pelito corto y sin pintar nada más que los labios y un poquito de rímel en las pestañas.

Y yo diciéndole a la señora de al lado:

—Soy yo.

Y ella sin hacerme caso.

Y yo insistiendo:

—Que estoy aquí.

Pero ni me miraba. Y mientras, seguían volviéndose locos buscándome.

Tuvieron que entrar Enrique Herreros y el encargado del cine:

—Señores, por favor, calma —gritaban.

Era un tumulto enorme, y al final me levanté y me descubrieron. Y tuvieron que venir los grises para conseguir que pudiese salir de allí. En las fotografías se me ve escoltada por ellos y rodeada de gente, y tengo la cara asustada, llena de miedo.

Pero era lo que yo quería. Lo que me habían dicho los hermanos gemelos empezaba a ser verdad. Tuve éxito y prosperidad, porque firmé un contrato con Benito Perojo por cuatro películas, otro con Cesáreo González también por cuatro películas, y un tercer contrato con los hermanos Balcázar por otras tres más. Y por cada película cobraba treinta y cinco millones de pesetas, que venían a ser un millón de dólares al cambio. Y de ellos, la mitad lo percibía en pesetas aquí en España, y la otra mitad lo ingresaba en dólares en mi banco de Estados Unidos, donde vivía.

Y también tuve varios matrimonios, porque me casé tres veces, aunque la segunda fuese una equivocación.

Y tuve hijos, Zeus y Thais, que son adoptados pero son míos, porque no hay ninguna diferencia. Pero también tuve once abortos, uno de ellos tras ocho meses de gestación. Fue después de hacer *La violetera,* que se rodó entre noviembre de 1957 y febrero de 1958. La hice embarazada, aunque no se me nota porque coincidió con las tres primeras faltas. Pero ya en Estados Unidos, cuando iba por el octavo mes, caí en la misma escalera de la puerta del estudio de Tony. Era una salida larga, con tres escalones que había que bajar para llegar al jardín. Me caí de nalgas, sentada, y al principio Margareth y yo nos reímos muchísimo. Pero el niño se movió dentro y lo perdí. Tuvieron que hacerme una cesárea para sacarlo; luego lo incineraron y lo llevaron al cementerio Orange, en New Jersey, donde estaba la tumba de la madre de Tony y donde Tony está enterrado también.

Fue, tal vez, la parte más amarga y triste de un futuro, la parte que no me dijeron los hermanos gemelos. Ahora, tantos años después, yo sigo sin creer en profecías y adivinaciones, pero, como dicen los gallegos, «haberlas, haylas».

XX

La amante del americano

En la España de la época había un sistema de cuotas según el cual las salas tenían que proyectar determinado número de películas españolas para poder estrenar películas americanas. Cada ley tiene su trampa, y la de esta regulación era que las películas españolas duraban muy poquitos días, las retiraban y entonces ponían las americanas, que generalmente tenían más aceptación y podían estar semanas y meses enteros en cartelera. Con lo cual el cine español no se beneficiaba en absoluto, porque enseguida desaparecía de la circulación y no daba tiempo a que corriese el boca a boca.

Esto era lo que se preveía que ocurriese con *El último cuplé*. Estaba destinada a sufrir la triste suerte de proyectarse durante una semana en el cine Rialto, para ser sustituida por *Fantasía*. Por eso no había apenas publicidad de la película en el vestíbulo ni en la fachada del Rialto, que, en cambio, estaba lleno de fotografías y carteles de la película de Walt Disney.

Entonces se estrenó *El último cuplé* y el público se quedó asombrado, porque era algo que nadie se esperaba. Ya desde el primer día empezó a crecer el entusiasmo, que llegó a las enormes proporciones que ya se saben. El público volvió a verla y rápidamente se fue extendiendo la voz. En cambio, la crítica no ayudó en nada, porque hubo críticas horrorosas que, respecto a mi trabajo, se limitaban a repetir lo mismo que se había escrito tantas veces en Méjico: que muy guapa y que tal y cual; lo de siempre.

No eran críticas positivas, y además reincidían una y otra vez en preguntarse qué era el cuplé. Les parecía un asunto lejano, casi desconocido. De todos modos, tampoco les importaba mucho: al fin y al cabo, era una película menor que no iba a durar nada y de la que no valía la pena ni escribir; eso debieron de pensar.

Pero a los tres días ya no quedaban entradas, a la semana ya habían vendido todo el aforo para una semana más, pronto pasó lo mismo para la siguiente, y en el cine hablaron con la distribuidora de *Fantasía*:

—Esperemos un poco, porque esto durará tres o cuatro semanas a lo sumo y después entramos con *Fantasía*.

Pero eso era en mayo, y en julio, cuando llegué, comprar una entrada para *El último cuplé* era más difícil que conseguir un seiscientos por enchufe. Esto me lo habían ido contando, pero el acontecimiento era aún mayor de lo que me esperaba. De todos modos, ya lo pude notar por mí misma cuando subía al avión de Iberia en Nueva York y las azafatas empezaron a decirse entre ellas:

—Mira, es Sarita.

Y el comandante, que me invitó a acompañarlos en la cabina, se quedó asombrado conmigo y me decía:

—¡Qué joven es usted!

—Pero si tengo veintinueve años —le respondí, y es que sin pintar no los aparentaba.

Llegué a España, paré la Gran Vía, me ofrecieron esos contratos de fábula y casi de la noche a la mañana me vi triunfante y millonaria. Y no es que me hubiesen pagado mal en Estados Unidos, porque para ser una principiante estaban muy bien los 30.000 dólares que había ganado por mi última película, pero esto era otra cosa; algo que no se podía comparar con nada.

De repente, me encontré en la mano con el guión de *La*

violetera, que ya estaba escrito, y con toda una serie de condiciones que había logrado imponer en mis contratos: tenía derecho a elegir guión y a dármelo con mucho tiempo por anticipado, para poder comprometerme yo y para que ellos se comprometieran a no jugar con mi tiempo, porque para mí perder el tiempo era como perder oro; también tenía que elegir las canciones que iba a interpretar, porque mi vocación era la del cine musical y ese era un aspecto que no podía tratar a la ligera. Lo mismo pasaba con el vestuario y el decorado: quería supervisarlos para que hubiese relación entre ellos, porque todo formaba parte de un conjunto y no podía ir cada uno por su lado; eso era algo que había aprendido en Méjico y Estados Unidos, donde había mucha más experiencia de hacer cine en color que en España. Por supuesto, elegía al director y al fotógrafo; y elegía también el horario de trabajo, porque me negaba a volver a madrugar.

Todo eso lo traté con varios abogados, entre ellos Marañón, que era hijo del célebre doctor y que trabajaba para Benito Perojo; y también con Ruiz Gallardón y algunos más.

Con Orduña y su ayudante hice un viaje rápido por algunas ciudades para presentarme a la prensa y a los distribuidores. Así estuvimos en Valencia, Barcelona y Zaragoza. En esta última ciudad me dieron una cena a la que invitaron al Príncipe, que estaba en la Academia Militar. Él quería acudir, pero su preceptor, el duque de la Torre, no se lo permitió. Pero al día siguiente de la cena recibí en el Hotel Goya un bouquet de flores, muy fino y delicado, que me había enviado él.

Mucho tiempo después se publicaron unas cartas que le escribió a una condesa italiana con la que debía de mantener algunas relaciones, y en una le decía que tenía ganas de verla y escuchar juntos «Fumando espero» en el disco de Sara

Montiel. Y es que el impacto de *El último cuplé* había afectado a todo el mundo: altos y bajos, pobres y ricos, gente del pueblo y gente de alcurnia.

En 1960 tuve, por fin, ocasión de estar junto al Príncipe. Fue en una cena que me dio el embajador de Estados Unidos. Todo fue tan agradable y estupendo que terminamos cantando, con el embajador al piano, su hija haciendo los bajos y yo interpretando unas canciones sureñas que me había enseñado mi cocinera Margareth.

En la cena me sentaron a la derecha del embajador, y a mi derecha estaba don Juan Carlos. Pero antes habíamos estado en un salón donde nos habían servido alguna bebida. Al pasar al comedor, coincidí en la puerta con el Príncipe, que me cedió el paso.

—No —le dije—. Primero Su Majestad.

Se lo había dicho sonriendo, y él tal vez pensó que estaba siendo irónica con él, porque repuso:

—Por el momento, sólo Alteza.

—Pues para mí será usted siempre mi Rey —le contesté.

Éramos muy jóvenes entonces y aún no sabíamos todo lo que el destino nos aguardaba. Pero yo entonces era Sara Montiel, y era famosa en todas partes; mientras que él, en cambio, todavía no era rey, sino un príncipe al que no todo el mundo sabía valorar como merecía. Por eso, quizá, a él se le quedó esta anécdota en el recuerdo, y luego, ya de mayores, la hemos comentado.

Ya cenando, en la mesa se habló de la emancipación de los esclavos en las colonias españolas que se realizó cuando nació el abuelo de don Juan Carlos. Entre otras cosas, se comentaba el tipo de trabajo que se dejaba para los esclavos, y yo me permití una broma:

—Pues no sé lo que harían entonces, pero yo tengo una esclava blanca de Sevilla. Nunca tengo que hacer nada, porque ella sabe siempre lo que necesito y me lo tiene preparado al momento.

Entonces sentí que iba a estornudar y abrí el bolso para sacar un pañuelo. Lo despliego, y aparece roto.

—Conque esclavas blancas, eh —me dijo el Príncipe, con todo su sentido del humor.

A finales de julio o primeros de agosto me marché a mi casa de Los Ángeles con los contratos ya firmados y el compromiso de que en septiembre regresaría para preparar *La violetera*: pruebas de vestuario, ensayos de las canciones, y todas esas cosas.

Así desapareció mi carrera en el cine norteamericano, algo que tenía muy claro desde el año 1952, cuando Harry Cohn me hizo su oferta; algo que tenía muy claro mientras hacía *Yuma*, y algo que tenía muy claro desde que Burt Lancaster me cambió el nombre de Sara a Sarita para que no les pareciese negra a todos esos estadounidenses que eran más analfabetos que el demonio y lo ignoraban todo acerca de España y de los latinos. Que se lo digan, si no, a Anthony Quinn, la de veces que tuvo que hacer de indio, cuando no de esquimal. Hoy ser latino no es problema, pero entonces significaba el encasillamiento absoluto y total.

Ahora, en cambio, me encontraba ganando más que una estrella de Hollywood y triunfando no sólo en España, sino en Méjico, Argentina y toda Sudamérica, donde la película llegó enseguida.

Había copado el mercado con *El último cuplé*. Las distribuidoras americanas esperaban a que pasara el torrente del estreno para poder estrenar sus películas, que no podían competir con la mía. Le pasó, por ejemplo, a *La mujer más bella del mundo*, con Gina Lollobrigida, que se estrenó en el Capitol al mismo tiempo que la mía y prácticamente desapareció. En Francia me cargué el estreno de *Trapecio*, y después, con *La violetera*, los de *El puente sobre el río Kwai* y *Una parisina*, con toda una Brigitte Bardot en el cenit de su carrera. Y lo mismo ocurrió en Bombay, en Nueva Delhi, donde se paralizó el cine; en Turquía, en Egipto, donde barrí a la mujer de Omar Sharif, Faten Hamama, que era la gran estrella local… En todas partes cayó *El último cuplé* como una avalancha, y en todas partes triunfó. ¿Quién, en un caso así, querría volver a hacer de india?

A Tony le pareció fantástico mi contrato. Nos queríamos tanto que no nos preocupaba lo separados que íbamos a tener que estar, rodando cada uno en continentes distintos. Estaba encantado de la vida, pero no terminaba de darse cuenta de lo mucho que significaba, porque él había visto las condiciones tan difíciles del rodaje pero no, en cambio, las consecuencias del éxito. No se ponía totalmente en mi lugar.

Además, Tony estaba enfrascado en su propia película. En julio, cuando me marché, él ya estaba preparando *El hombre del Oeste*, que se empezaría a rodar a mediados de septiembre. Antes, el 28 de agosto, nos casamos por segunda vez; en realidad no hacía falta, porque los documentos del matrimonio in articulo mortis eran totalmente válidos, pero queríamos una nueva ceremonia en la que él pudiese participar y de la que disfrutásemos juntos, porque en la anterior él no había estado en sus mejores condiciones precisamente.

Tuvimos como padrino al marqués de Alcántara (más tarde duque de Osuna) que era cónsul de España en Los Ángeles. La ceremonia era de carácter civil, por supuesto, pero el juez era judío, como Tony, y nos casó añadiendo algunos toques religiosos, como el uso de una mano de plata y marfil que nos ponían en el hombro mientras hacíamos los juramentos judaicos.

Poco después, Tony se marchó al desierto de Mojave, que está a unos 300 kilómetros de Los Ángeles. Allí habíamos estado haciendo las localizaciones en varios viajes en los que nos habían acompañado algunos de los actores, como Gary Cooper, Lee J. Cobb y Julie London.

Hacia el 10 o 15 de septiembre empezaron el rodaje, y yo me acerqué a despedirme de Tony antes de regresar a Madrid para *La violetera*. Fue entonces cuando a Gary Cooper y a mí nos hicieron una famosa fotografía que se ha publicado muchas veces y en la que estoy con un suéter blanco y flequillo sobre la frente, enseñándole a Gary a tocar palmas. Y él, que tenía muy buen oído, lo hacía muy bien y lo cogía enseguida.

También aproveché para pedirle un favor al sobrino de Westmore, que estaba de maquillador. Yo había hecho *El último cuplé* a ciegas, y, como no quería volver a pasar por esas dificultades, le pedí consejo acerca del maquillaje que mejor me podía ir para el personaje de *La violetera*. Quería ir con seguridad, y él me hizo pruebas con tres tonos diferentes de Max Factor; las rodó con la cámara y me dio el rollo de película para llevármelo y verlo en España.

Como para algunas cosas soy muy despistada, regresando a Los Ángeles con el coche me metí en zona militar en la que había una base estratégica camuflada. Había anochecido, estaba sola y no me di cuenta de nada, a pesar de que al desierto de Mojave había ido muchísimas veces y conocía el camino, pero me perdí.

De pronto, vi unos destellos, unos haces de luz alargados. Era un coche de policía, también camuflado. Paré el coche y me llevaron con ellos a unas oficinas que se adentraban bajo tierra. Desde allí avisaron al consulado de España y, como tenía pasaporte mejicano, también al de Méjico. Hicieron una inspección completa de mi vida, pero por otra parte se portaron conmigo sensacional, y me dieron una cama para pasar la noche y una señora de uniforme se quedó conmigo vigilándome. Llamaron a mi marido, y Tony vino con Gary y alguno más para declarar quién era yo; ahora bien, no les tomaban declaración a la vez, sino uno por uno; tardamos tanto que estuvieron sin poder rodar hasta la tarde.

Como fueron tan amables conmigo, estaba muy tranquila. Quedó perfectamente claro que había sido un error mío. Lo que no entendían era que, estando casada con un americano y viviendo en Estados Unidos, no hubiese pedido la nacionalidad. Nunca la pedí, y eso me creó bastantes problemas. Varias veces me llamaron al downtown de Los Ángeles, donde la policía me preguntaba:

—Vamos a ver, Mrs. Mann. ¿Cómo es que no quiere nacionalizarse ni pedir la residencia?

—Porque no —les respondía—. Yo soy mejicana. Tengo mi trabajo en España y, cuando termino de trabajar, regreso a mi casa de Los Ángeles con mi marido. No necesito hacerme americana.

A ellos les parecía muy extraño, porque había, y todavía hay, gente que se mataba por entrar en el país sin papeles. Además, yo estaba casada con un general que había combatido en la Segunda Guerra Mundial y cuya madre había sido heroína nacional porque había dirigido las actividades antihitlerianas de los servicios secretos de inteligencia en Inglaterra, y fue la mujer que descubrió dónde estaban los alemanes preparando el agua pesada para la bomba atómica. Pero a mí me bastaba con entrar como turista. De esta manera, además, pagaba mis impuestos en España, no en Estados Unidos, a pesar de que la mitad del dinero me lo ingresaban allí.

Las consecuencias de todo esto fueron que tuve ficha policial, y aún la tengo. Cada vez que voy a Nueva York o a Miami, y voy con mucha frecuencia, al enseñar el pasaporte en la aduana siempre aparece mi nombre en una lista de gente que ha sido detenida alguna vez pero no han cometido delito. Y al funcionario de turno le suelo decir bromeando:

—No se preocupe, que no tengo intención de matar al presidente.

Lo raro para los funcionarios de Estados Unidos era que me hubiese casado con un americano y no hubiese querido adoptar la nacionalidad de mi marido. Lo raro en España fue que me hubiese casado por lo civil. Tan raro les resultaba que mi matrimonio no era legal en España. No parecía que me hubiese casado, sino que a todos los efectos yo seguía siendo una mujer soltera. Para España, yo no era la esposa de Anthony Mann: yo era «la amante del americano».

La España de la segunda mitad de los años cincuenta era una nación atrasada, mucho más que Méjico. La manera de pensar de la gente era muy conservadora, llena de ideas antiguas y muy metida en religión. Llevaba varios años viviendo en dos países del siglo XX, y regresaba a otro que parecía anclado todavía en el siglo XIX. Me daba mucha pena, y era algo de lo que solía hablar con Miguel Mihura. Por mi mentalidad tan abierta me encontraba en Estados Unidos como pez en el agua, y lo mismo en Méjico, pero en España lo pasé muy mal y tuve que reprimirme muchas cosas para poder vivir aquí. Tuve que tragarme mucho de mis gustos y mi forma de ser, y aun así me atacaron por muchos lugares; lo primero, desde luego, por mi marido.

No es ya que me considerasen una mujer soltera; es que me consideraban una mujer mala, como se decía entonces; una pecadora. Y además, como me hice tan famosa y popular, Franco no quiso que diese ese ejemplo de libertad a la gente. Los que viajaban, los que entraban y salían, sí sabían que había otro mundo, veían la vida de otra manera, pero, por lo demás, España era un gueto cerrado. La excepción era Barcelona, que se trataba de una ciudad mucho más abierta y cosmopolita, más francesa, y donde se respiraba un ambiente más liberal. En Barcelona se podían tener conversaciones sobre lo diferente que era España de Francia, Italia o Estados Unidos, y no pasaba nada grave; en Madrid, eso no era posible porque, el que no era hitleriano (aunque hubiese perdido la guerra), era fascista hasta la médula.

Tuve, y tengo, amistades buenísimas entre los fascistas, pero eso no quiere decir nada, porque me refiero a un atraso general. Por ejemplo, la situación de la mujer no la podía entender; al casarse, pasabas de regirte por la ley del padre a regirte por la ley del marido; de estar dominada en una casa, pasabas a estar dominada en otra. Por eso podía entender el miedo de las chicas de casa normal que, al quedarse embarazadas, dejaran a los hijos en la inclusa. Y la que tenía un hijo y no quería entregarlo, era echada de casa. Eso era un retraso mental de padres, abuelos y bisabuelos que no sabían nada de lo maravilloso que es ser madre.

El atraso se notaba también en la medicina, donde Marañón era incuestionable porque era una institución, pero todo un Severo Ochoa tenía que investigar en el extranjero, y enfermedades como la tuberculosis se habían convertido en la posguerra en el sida de ahora, arrancando numerosas vidas que no se habían podido salvar por lo mal que estaba la situación.

Lo mismo pasaba con la literatura. Alguien como Miguel Hernández estaba prohibido y no se le conocía popularmente. Todo un Antonio Buero Vallejo tuvo enormes problemas por su compromiso de izquierdas, y un Premio Nobel como Jacinto Benavente no podía estrenar con su nombre, sino como «el autor de *La malquerida*», por sus ideas y por su homosexualidad. Al homosexual que se desviaba un poco lo metían en la cárcel. Algunos venían a mis estrenos vestidos con plumas a lo Sara Montiel, porque me adoraban y les encantaba imitarme, y los grises les daban unas palizas de muerte y los encarcelaban; y yo he sacado de la Dirección General de Seguridad a montones de chicos usando influencias, porque no hay derecho a perseguir a gente que no es delincuente y que sólo quiere amar a su manera.

Aquel era un mundo totalmente horrible, y no hace falta que sea yo quien lo diga. Lo dice la Historia, y la Historia no la he escrito yo, pero sí la he vivido.

En aquel mundo labré mi carrera, y aquel mundo quiso aprovecharse de mí. Franco me utilizó; a través de Cesáreo

González, me utilizó. Cuando mis películas se convirtieron en auténticos bombazos en la Unión Soviética y sus países satélites, me mandaron a Rusia y a Rumanía; a Rusia fui a cambio de petróleo, y a Rumanía a cambio de madera.

Aparte, esas películas recaudaron miles de millones de divisas para España, y me utilizaron para vender una imagen de modernidad al exterior. Eso ocurrió, por ejemplo, con la revista *Life*, que vinieron dos veces desde Estados Unidos para hacerme sendos reportajes de portada. La primera ocasión fue en 1959, cuando ya había hecho *El último cuplé* y *La violetera*, y preparaba *Carmen la de Ronda*. Las dos películas se habían pasado allí con rótulos en inglés, que era algo que nunca se hacía, y eso les llamó la atención y quisieron conocerme. Entonces fuimos a Toledo, donde vino Tony, para hacerme fotografías allí; pero cuando nos descubría la gente se armaba un tumulto y los grises tenían que intervenir para apartarlos y dejarnos continuar. Los periodistas estaban asombrados:

—Pero ¿cómo es tan famosa? Es más que una estrella de Hollywood.

Y entonces hicieron una encuesta por las calles de Toledo preguntando cuántas veces habían visto esas películas. Y cada persona les decía que *El último cuplé* la habían visto quince, veinte veces…; y con *La violetera* pasaba lo mismo. Luego hicieron la misma encuesta en Madrid, y pasó igual.

—Es comprensible que eso pase en España —me decían—, pero ¿por qué *El último cuplé* tiene éxito en Estados Unidos, si la corrida de toros, el torero muerto y esas cosas no son comunes para nosotros? ¿Y *La violetera*? Nosotros no tenemos duques, ni marqueses, ni esa sociedad aristocrática; nuestra alta sociedad es la de Boston, Filadelfia y San Francisco. ¿Cuál es la razón del éxito?

Volvieron en 1962 por *Mi último tango* y *La reina del Chantecler*, que había arrasado en Rusia, donde me llamaban Carola Chantecler. Cuando fui a la Universidad de Moscú, se enseñaba español con trozos de mis películas, para aprender la dicción y la fonética. Me llevaron a un aula que tenía forma de anfiteatro, y estaban dando clase con una pantalla; al entrar, el profesor se enfadó, y entonces uno de los que me acompañaba nos presentó, y los alumnos, al reconocerme, armaron un revuelo de miedo.

También me llevaron al Kremlin, donde nunca había actuado ninguna española. Después dieron una función en mi honor en el Teatro del Bolshoi. Estuve sentada en el palco de los antiguos zares y cené en casa de la maravillosa primera bailarina, que vivía con una hermana y sólo tenían el dormitorio, el cuarto de baño y la cocina compartida. Me dio una pena terrible, porque al terminar de bailar tenía que vestirse, recoger su ropa personal sin ayuda de la sastra, que estaba sólo para el teatro, y coger el tranvía para regresar. Y yo quise que nos fuésemos con ella en el tranvía para no hacerle de menos. Luego, en la noche de fin de año, me llevaron a los estudios de televisión para actuar justo detrás del discurso del presidente.

Más tarde fui a Checoslovaquia, aunque no para actuar, y de ahí a Rumanía, donde fue algo de miedo. Actué en el Teatro Real, que está justo pegando al Palacio Real y que es un teatro inmenso con altavoces en la espalda de las butacas, y ponían un camión por la puerta de atrás del escenario para recoger los miles de flores que me entregaron. Era increíble y espectacular, imposible de imaginar si no se vive.

Pero esta era una de las contradicciones que no podía entender. ¿Cómo Franco podía fusilar a gente como Julián Grimau, y al tiempo estar tan a bien con los rusos? Y es verdad que España estaba muy tranquila, en el sentido de que había mucho mando y pocos desórdenes, pero, como yo, había mucha gente que pensaba de manera distinta a la de aquellos que nos regían. En 1962, Manuel Vázquez Montalbán me hizo una entrevista y yo dije que era de izquierdas y venía de una familia socialista: pues no fuimos a la cárcel porque a Franco no le interesaba dar ese escándalo con Sara Montiel.

Pero insisto: ¿cómo en España se cogía a los comunistas y se los metía en chirona, y se estaba a bien con ellos en sus países? No entendía la política, pero me parecía que la política sólo es cuestión de dinero. Yo no estaba con los comunistas, pero siempre los he respetado y tengo grandes amigos comunistas, y veía cómo Juan Antonio Bardem estaba continuamente en la cárcel por una reunión o una manifestación; y Juan Antonio ha tenido suerte dentro de lo que cabe, porque a otros se los ha barrido Franco con la tranquilidad del que se bebe un café con leche.

Dos de mis tíos estuvieron más de veinte años en la cárcel, a causa de la guerra, y muchas veces fui al penal de Chinchilla a llevarles comida. Uno de ellos se quedó ciego, y quise interceder por ellos. Pues la respuesta de la señora doña Carmen Polo, a la que llamaban La Collares, fue que, si estaban en la cárcel, es que algo habían hecho. Y los pobres salieron cuando tuvieron que salir.

Aun así, siempre respeté que, sabiendo como sabían de qué familia venía yo y cuáles eran mis ideas, me permitiesen hacer mi trabajo. Podían no haberme dejado trabajar aquí, pero no ocurrió así y eso lo he respetado. No sé si es que tendré algo de diplomática o qué, porque con mi forma de ser, tan clara y tan derecha, pude quedarme en España sin tener que marcharme como le ocurrió a tantos. Los vencidos se habían ido, salvo los que no podían hacer otra cosa y los que estaban de acuerdo con Franco. Pero entre ellos me he encontrado con gente muy educada, muy buenas personas aunque tuviesen ideales que no fuesen los míos; lo mismo que también he conocido gente revolucionaria que se la jugaba dentro de España. Y con todos he podido estar, porque la gente no era violenta o, por lo menos, no había sensación de violencia.

De no haber podido estar aquí, me habría marchado a cualquiera de esos países donde la libertad es tan hermosa y puedes ser socialista, comunista o de derechas, y no pasa nada: la misma Francia, que la teníamos al lado y era la demostración de que se podía vivir en libertad.

Pero me quedé, y así es como me invitaron al Palacio de La Granja para la recepción del 18 de Julio. Y esa fue la única vez que conocí a Franco, cuando a Tony y a mí nos sentó tan mal que, siendo él general del Aire condecorado, no le permitiesen acudir a la fiesta donde estaba todo el cuerpo diplomático y tuviese que quedarse en el saloncito donde nos hicieron esperar a los artistas. Y encima, el pobre, se puso enfermo.

A partir de entonces hice todo lo posible por no estar en España cuando se celebrasen esas reuniones, y así no tener que aceptar ni que negarme. Procuraba marcharme a otro país y así poder decir que estaba de viaje. Al Teatro Calderón sí fui una vez porque me lo pidió el jefe de la casa civil de Franco, don Fernando Fuertes de Villavicencio, un hombre buenísimo y maravilloso del que yo era amiga por una de esas casualidades de la vida.

En el mismo julio en el que firmé los contratos, me buscaron y compré una casa para poder vivir cuando regresase en septiembre para *La violetera*. Era un ático que estaba en una casa nueva, en el número 117 de la calle de San Bernardo. Enfrente vivían don Fernando con su mujer y dos hijas. Con una de ellas, que era un poco más joven que yo, nos veíamos mucho mi madre y yo cuando bajábamos a tomar algo a un café que estaba debajo de su casa. Era todo muy casual y empezamos a tratarnos. Un día me presentó a su padre, y así la amistad se extendió a toda la familia.

Don Fernando me dijo que Franco y su mujer querían conocerme porque se pasaban mis películas en el cine que tenían en el Palacio de El Pardo. Así es como recibí la invitación para lo del 18 de Julio, y luego, en 1964, otra para actuar en la gala de Navidades que daba doña Carmen en el Calderón, cuando ponía a sus nietas en el palco, y cuya recaudación se destinaba a comprar muñecas y juguetes para los niños pobres. Recuerdo que salí a escena con una peluca rubia platino que me prestó Capucine y que fue muy comentada porque aparecí en televisión con ella.

Después, don Fernando volvió a llamarme y fui al Ministerio de Asuntos Exteriores donde me dieron órdenes de preparar el viaje a Rusia y Rumanía, y me dieron dos números de teléfono a los que debía llamar si me pasaba algo o tenía que hacer cualquier consulta.

Y efectivamente tuve que consultar, porque en Bucarest me encontré con un congreso de la Internacional Comunista, y Santiago Carrillo me invitó para darme un almuerzo. Yo había oído muchas cosas del régimen de terror que había en Rumanía, y no quería encontrarme con sus dirigentes, entre ellos Ceaucescu, que era el secretario general del Partido y que estaba invitado al almuerzo, aunque luego no pudo ir, lo cual fue una suerte para mí.

El caso es que llamé y lo comenté. Después volvieron a llamarme y me dijeron que sí, que aceptase la invitación. (En cambio, Franco no permitió que conociese a Picasso, quien siempre me mandaba una invitación para sus cumpleaños.) Así que fui y…

Al llegar a este punto debo volver seis años atrás, a 1959. Era verano, a eso de las tres o las cuatro de la mañana, y yo estaba leyendo en mi ático de San Bernardo, al lado de donde vivía el capitán general de Madrid.

De repente, dos jóvenes de veintidós o veintitrés años aparecen en mi terraza y me piden que les ayude porque los persigue la policía, que ha irrumpido en una reunión clandestina donde, por cierto, también había estado Juan Antonio Bardem.

Sabía lo que eso significaba. Sabía que, de cogerlos, los encerrarían; sabía que eso sería la muerte para ellos, y los escondí en un armario enorme y muy hondo.

¿Cómo iba a esperar yo que los grises vinieran a mi casa? Pues lo hicieron. Subieron tocando a todas las puertas y llegaron a mi piso, que era el último y en el que sabían que vivía Sara Montiel.

Les abrí la puerta, porque tanto el servicio como mi madre estaban, a esas horas, durmiendo al otro lado de la casa, que era muy grande.

—¿Quién es? —pregunté antes de abrir.

—La policía. Pero no se preocupe, que no pasa nada. Tan sólo queremos hablar con usted.

Abrí, como es lógico.

—¿Qué pasa? ¡Dios mío! ¿Ha habido algún robo? ¿Han cogido a un ladrón?

—No se preocupe —me dijeron, intentando calmarme y sin sospechar nada de mí, porque nadie iba a imaginar que Sara Montiel estuviese metida en algo así.

En el techo había un altillo al que el portero estaba continuamente entrando para arreglar el depósito de agua. Había una escalera corredera para subir, y los policías la utilizaron para acceder allí.

—Enciérrese usted y no le abra la puerta a nadie. Pero no se preocupe, que no pasa nada.

Eso hice, y así esperamos hasta que amaneció y se calmó la calle. Vigilaba constantemente y, cuando vi que ya no había nadie, los preparé para sacarlos de casa y ponerlos a salvo. Los vestí de mujer con ropas mías, los maquillé, les puse pelucas y bajé con ellos. Los dejé en la iglesia:

—Hijos míos, que Dios os ampare, porque ya no puedo hacer nada más.

Regreso ahora a 1965, al almuerzo de Santiago Carrillo. Yo estaba a la izquierda de Carrillo, en la cabecera de una mesa, que eran muy largas y llenas de gente. Pero yo me fijé en un chico:

—Esta cara me suena. ¿Dónde lo habré visto?

Entonces el muchacho viene hacia mí y me dice:

—Quería darle las gracias por salvarme la vida.

¡Era uno de aquellos dos fugitivos a los que ayudé y de los que no había vuelto a saber nada!

Le pregunté por su compañero de aquella noche y me dijo que sólo se había salvado él. A su amigo lo mataron.

XXI

Un matrimonio llega a su fin

Mi madre me había acompañado al cine Rialto cuando fui a ver *El último cuplé,* pero se sentó junto a mi hermano Antonio y mi cuñada Manolita al otro lado de las filas. Se hinchó a llorar, pobrecita. Se hinchó a llorar y me dijo:

—Hija mía, no sabes lo que has hecho. Con lo que hemos luchado, con lo que luchaste y lloraste tú. Todo a trompicones, todo con dificultades, sin dinero, sin nada…

Estaba emocionada, pero le chocaba oír algunos comentarios de la gente que también oía yo, igualmente extrañada:

—Qué pena que haya triunfado ya tan mayor.

Veintiocho años tenía cuando hice la película; veintinueve cuando se estrenó. ¿Se me podía llamar una señora mayor?

El problema era que el público se quedaba con la imagen final de la película, con esa María Luján acabada. El personaje tenía más presencia que yo, porque a mí nadie me recordaba y ni siquiera vivía en España. Y aunque empecé a salir continuamente en las revistas, el equívoco se mantuvo hasta que hice *La violetera.*

Esta fue una película que cuidé muchísimo. Benito Perojo había contratado al argentino Luis César Amadori, que acababa de llegar a España, y me lo propuso. Poder trabajar con él fue algo que me gustó mucho, porque Amadori era un hombre de enorme éxito que, entre otras, había dirigido *Dios se lo pague,* una película con Arturo de Córdova que había dado la vuelta al mundo, gustando en todas partes, incluidos países como Canadá o Estados Unidos.

El guión ya lo había escrito Arozamena, y era magnífico. Por un sexto sentido que me acompañó desde que vi *El último cuplé*, entendí que iba a ser muy comercial, porque me preocupaba mucho la respuesta del público. Hoy, el cine español es muy atractivo y hay un amplio sector del público que lo busca y lo convierte en taquillero. Pero entonces había cierto rechazo hacia el cine que se hacía aquí. Mucha gente hablaba en tono despectivo de «las españoladas» y huían del cine donde se pusiese una película española, porque estaban acostumbrados a aburrirse con ellas. De vez en cuando surgían joyas como *¡Bienvenido, Mr. Marshall!* o *Calle Mayor*, pero eso no ocurría todos los días.

Con *El último cuplé* había conseguido un gran impacto en el público, y no quería estar por debajo de lo que se esperaba de mí. Me habría gustado hacer un papel dramático o una alta comedia, sólo como actriz, pero me di cuenta de que el público me prefería cantando. Todo el mundo se hizo rico vendiendo mis canciones: la casa discográfica, los cancioneros, las revistas con fotografías de la película... Ponías la radio y siempre estaban «Fumando espero», «Nena» o «Clavelitos». En Francia se me llamó «Sara Montiel, la voz de oro». Todas estas cuestiones me hacían ver que en *La violetera* debía cantar.

En realidad, ya estaban previstas tres o cuatro canciones; entre ellas, la del maestro Padilla que daba título a la película. Pero a mí me parecían pocas y quise utilizar once. Ahora bien, no quería once canciones cualquiera y puestas al azar, sino que estuviesen integradas dentro del argumento. Era importante que las canciones tuviesen alguna relación con la historia, para que no estuviesen fuera de lugar. Todo esto lo hablé con el productor antes de firmar el contrato, porque en Méjico y Estados Unidos había aprendido que, en cuestiones de negocios, todo tiene que estar bien claro. A Perojo también le pareció que era mejor para la película que cantase algo más de lo previsto, así que rechacé las canciones que me daban y fui a la Sociedad General de Autores para que me sacaran partituras. Escogí «Bajo los puentes de París», «Mimosa», «Rosa de Madrid», «Flor de té», que no la termino de cantar porque me quedo ronca...; así hasta once canciones que eran todas buenísimas.

Juan Solano me hizo unos arreglos, y la dirección musical era de Juan Quintero, que no hay que confundirlo con Antonio Quintero, el del célebre trío Quintero, León y Quiroga. Quintero no era quizá tan buen director como Solano, pero no era malo. Pero el director con el que mejor me he entendido y con el que he trabajado siempre a partir de *Carmen la de Ronda* (en la que Solano me hizo algunas canciones), ha sido Gregorio García Segura, que es un músico extraordinario, lleno de elegancia, de sentimiento, de calidad, aparte de una bellísima persona.

Conocí a Gregorio en Hispavox, con quienes firmé contrato para editar los discos con las canciones de *La violetera* y de las películas posteriores. En Hispavox escuché un disco de canciones populares del maestro Quiroga y me encantaron los arreglos. Quise saber de quién eran, me dijeron que de García Segura, lo llamé y nos pusimos a preparar el siguiente disco.

Estuvimos casi tres meses preparando *La violetera* antes de rodar: haciendo las canciones, yendo a París a encargar las telas, porque ya no era cuestión de confeccionar vestidos de papel...

En diciembre, cuando ya habíamos empezado el rodaje, vino Tony, que acababa de terminar *El hombre del Oeste*.

Tony fue al cine Rialto a ver *El último cuplé,* y fue solo, porque no quise ir con él.

Él me había visto rodar el final de la película, y había quedado muy decepcionado por la pobreza de medios. Aun así, se negó a ayudar a su financiación. Antes, Juan de Orduña había vendido los derechos de distribución en Méjico a Gonzalo Elvira a cambio de 40.000 dólares. A Elvira lo llamaban sus compatriotas El Pelado, porque siempre andaba pobre, pero con esta operación cambió su suerte, y en el cine Magerit de Méjico hay una placa que conmemora los tres años seguidos que *El último cuplé* se estuvo proyectando allí.

Juan intentó que Anthony Mann participase de la misma manera, y habló conmigo para que lo convenciese de poner treinta o cuarenta mil dólares, que era mucho pero un hombre rico como Tony se lo podía permitir. Por su parte, Juan le cedería los derechos de distribución en Estados Unidos.

Pues bien: Tony se negó.

—Oh, Antonia —me dijo—, it's a ham.

«Ham» era como llamaban a un actor malo, a una película mediocre.

—¿Cómo voy a dar cuarenta mil dólares para esta película? —insistió, y no hubo manera de sacarlo de ahí—. It's a ham.

Esa era la idea que él tenía de la película. Así que, cuando fue a verla al Rialto, se llevó la sorpresa de que no encontró entrada. Entonces habló con el encargado del cine, un hombre muy amable que siempre atendía a mi madre cuando iba con mi sobrina Toñi a ver alguna de las canciones, generalmente «Tú no eres eso», para marcharse después. Tony se presentó a este señor, que le colocó una silla en el pasillo, igual que había hecho conmigo.

Luego, cuando regresó a casa, me comentó algo en lo que tenía razón:

—Es muy bueno el montaje de la película: ágil, fluido. Tú estás bellísima, aunque eso no es una sorpresa para mí —añadió—, y cantas muy bien. Pero —y esto fue lo que más me sorprendió— tampoco es una película para que la gente se mate por verla. Vamos, que no es *Lo que el viento se llevó* para que mueva esas masas y ese escándalo.

Fue un jarro de agua fría lo que Tony arrojó sobre mí con

su opinión. Él, el hombre a quien tanto admiraba por su personalidad y por cómo trabajaba, seguía sin respetar mi trabajo. Ya me había advertido Max Arnow cuando me avisó de que era un hombre que no veía a la mujer, pero que hiciese esto con su propia esposa fue una decepción enorme. Para él, yo era Antonia, y se volvía loco por Antonia; a Sara Montiel, en cambio, la idolatraba todo el mundo menos él.

Para algunas cosas, Tony era muy americano: no le daba ninguna importancia ni a España ni a lo español. Para la gente de Estados Unidos, Europa era una tierra de judíos que habían emigrado a causa de la persecución nazi, mientras que los españoles éramos unos gitanos que llevábamos la navaja en la liga. Tony, además, asociaba Europa al abandono de sus padres, cuando estuvo en el orfanato de San Diego desde los siete años hasta los catorce mientras ellos espiaban en Alemania, donde el padre murió.

Le repliqué:

—Tienes que saber que en España hay directores muy buenos que han hecho carreras importantes y que han ganado premios en Cannes y Venecia.

Pero a él le daba igual, porque para él España era un sendero de cabras, y lo único que le interesaba del país era que yo había nacido aquí y me gustaba venir para trabajar y estar con mi gente. Por eso me disgusté tanto con él y no sólo dejé de ir con él al cine, sino que impedí que viese las proyecciones de trabajo de *La violetera*.

—Le voy a decir a mi marido que vosotros no queréis que él vea la proyección —les dije a Luis César Amadori y al productor—, porque os resulta violento que un director americano de tanto éxito vea lo que hacéis.

Tony sólo vio *La violetera* cuando estuvo totalmente terminada, y entonces me habló de ella en mejores términos. *El último cuplé* no la había entendido, pero *La violetera* le pareció visualmente más fina, más elegante, con una historia más rosa… No le entusiasmó, pero tampoco la rechazó.

Al terminar la película regresamos a Los Ángeles. Iba embarazada y fue entonces cuando me caí en la escalera de su estudio y aborté.

No habíamos dicho nada de mi embarazo durante el rodaje para no interferir de ninguna manera, aunque la prensa de entonces no llegaba a los extremos de hoy. Por suerte, estaba en los primeros meses, y podía trabajar puesto que no se me notaba nada. Después sí me ensanché un poquito, pero más hacia el pecho que en la barriga, porque el embarazo venía muy alto.

Al caerme sentada, Margareth y yo nos reímos de lo lindo, porque no sentí nada. Pero a las cuatro horas me sentía malísima y tenía todo el cuerpo lleno de pintas negras. Me llevaron rápidamente al hospital, me hicieron una cesárea y me lo sacaron muerto. Enseguida lo incineraron.

Tony y mi madre estuvieron conmigo. Fue un golpe muy duro para todos. Pero a mí no me dejaron verlo. Eso que se dice de «ojos que no ven, corazón que no siente», no es verdad. Luego he ido muchas veces al cementerio con Pepe, y allí hay un pedazo mío, una parte mía, de mi vida, de mi sangre; allí, en el cementerio de Orange, en New Jersey, estoy yo. Pero también he pensado muchas veces que seguramente habría sido peor si hubiese nacido vivo y se me hubiese muerto a las pocas horas. Ahora tengo de él un recuerdo más espiritual, más íntimo, pero no sé si en el otro caso habría sido un recuerdo más verdadero; no lo sé. No lo cogí, no lo tuve entre mis brazos, no lo toqué, ni siquiera lo vi. Pero era, es, parte de mí.

Cada vez que encuentro una escalera, tengo a mi hijo presente. Y siempre que tengo que bajar una, me agarro, porque es un miedo y un recuerdo que nunca se marchan. Y jamás he vuelto a caerme por una escalera, aunque sí por una rampa del teatro Nuevo Apolo mientras actuaba en *Satirízate*. Llevábamos diez días de espectáculo, con dos funciones diarias, y veía que había una rampa demasiado inclinada.

A Paco Bello, que había hecho los decorados, le pedí que la quitase o la rebajase, porque temía caerme a causa del ímpetu con el que salía a escena, pero no lo hizo y me caí, y por eso le tengo cierta manía a ese teatro.

El doctor que me atendió cuando perdí a mi hijo me dijo que tendría secuelas debido al edema de Quint, y así ha sido. He tenido once abortos. Me quedaba embarazada pero a los tres, cuatro, cinco meses…, todos los perdía a causa de una inflamación en los tejidos blandos. El último embarazo lo tuve con casi cincuenta y un años: tuve la primera falta en noviembre de 1978 y a últimos de febrero de 1979 lo perdí. Pero, lo que es la vida, para entonces llevábamos mucho tiempo solicitando una adopción, y había ido a Brasil donde esperaba el nacimiento de un niño. Tuve el aborto, y a los pocos días, el 3 de marzo, vi nacer a Thais.

Siempre quise tener hijos. Jamás en la vida he tomado anticonceptivos, y he estado en tratamiento con el doctor Paredes, el doctor Botella y otros ginecólogos de España y Estados Unidos, pero no fue posible. Ahora, con Thais y Zeus, la vida es diferente, pero hasta entonces fue una gran decepción. Yo, como hija, era intachable; mi relación con mi madre era perfecta, mi cariño por mi familia era enorme, porque siempre he sido muy familiar, y quería formar yo también una familia. Por eso, cada aborto era un disgusto, un desequilibrio del cual me venía mucha depresión. He tenido grandes depresiones, pero en realidad siempre ha sido la misma depresión, repitiéndose una y otra vez por el mismo motivo.

Zeus y Thais son mis hijos. Thais nació en Brasil y Zeus en España. Thais nació con raquitismo, desnutrida, con toda la piel pegada a los huesos, que se le transparentaban; sólo la cara la tenía normal, y era una cara preciosa. Zeus nació sanísimo, grande, enorme, pesando casi cinco kilos. No han estado en mi vientre pero sí están dentro de mí. Ellos son mi vida y mi vida es de ellos. Me he dedicado a ellos totalmente porque son mis hijos y yo soy su madre. Porque ellos, su padre, que en paz descanse, y yo, hemos sido y somos una familia.

No volví a quedarme embarazada de Tony; en siete años que estuvimos casados, fue la única vez. Con Vicente, mi segundo marido, apenas hubo ocasión, porque sólo estuvimos juntos un mes. Los otros embarazos los tuve con Giancarlo y con Pepe. De haber prosperado todos, hoy estaría llena de hijos, porque no soy partidaria del aborto. Tal vez se junten dos motivos: el que yo no quería perderlos y el que a mi madre la obligaron a abortar. Y me pongo en el caso de mi hermano, que no nació porque lo quitaron de en medio.

Creo que nadie tiene derecho a quitarle la vida a nadie por capricho. Entiendo los supuestos de que esté en juego la vida de la madre, que haya sido consecuencia de una violación o que venga con malformaciones. Son situaciones muy graves que no pueden ser tratadas a la ligera. Pero abortar porque no te interesa tener a tu hijo me parece horroroso; eso hay que pensarlo antes y poner los medios para que no ocurra. Para eso están los métodos anticonceptivos: diafragmas, preservativos… Un hijo genera toda una serie de gastos brutales, y no todas las parejas se lo pueden permitir; si creen que no tienen para asistirlos, para criarlos, es lógico que eviten llegar al embarazo. Lo mismo que me parece bien que una chica soltera que quiera tener a su hijo y criarlo sola, lo tenga. Eso no me preocupa. Pero el aborto por sistema es algo con lo que no estoy de acuerdo; y no se trata de una cuestión de religión, sino de un convencimiento ético mío acerca de lo que creo que está bien o está mal.

Poco después de abortar, enfermé de tiroides y me puse gravísima. Don José Puche vino de Méjico para verme, porque era el que mejor conocía mi historial de problemas con la tuberculosis, que se me había reproducido alguna vez más. Estuve tan mal que parecía necesario operarme, pero los médicos estaban preocupados porque se trataba de una operación muy difícil. Entonces, el mismo doctor que operó a Liz Taylor de los ganglios que tenía en el pulmón, me preguntó si tenía acceso a don Gregorio Marañón, porque quería conocer su opinión.

Llamé enseguida a Marañón, me pusieron con él, y me dijo que sí podía recibirme. Él ya estaba muy enfermo y se estaba muriendo, pero cada día escribía acerca de la evolución de su enfermedad, porque le atacaba a la memoria y quería dejar constancia de cómo se iba desarrollando.

Don Gregorio sólo vivió un año y algunos meses más. En ese tiempo me trató y no me operé. Antes de morir, preparó una documentación de mi historial, e indicaba que en torno a los cuarenta y cinco años debía chequearme bien el tiroides, porque esperaba una recaída. Efectivamente, la tuve mientras estaba en Puerto Rico. Acudí al doctor Suárez, un anciano de unos ochenta años cuya clientela había pasado a su hijo, pero que aún se ocupaba de casos especiales. Nada más verme entrar con Pepe en su consulta, dijo:

—Señor Tous, llévesela a que la doctora Torregrosa le haga inmediatamente una analítica del tiroides.

Yo era un monstruo. Tenía toda la cara hinchada, los párpados, las orejas. Lo mismo pasaba con los brazos y las piernas, y no podía caminar porque los muslos se rozaban y me causaban un dolor horroroso.

La primera vez no fue tan grave, y además los síntomas se habían ido manifestando paulatinamente: veía doble, el cuello se había inflamado y me dolía al tragar... Pero Marañón ya había previsto que la segunda vez sería peor. Lo único es que él creía que me iba a coincidir con la menopausia, y no fue así, porque la menstruación me duró hasta los cincuenta y siete años.

A la doctora Torregrosa le llevaron las pruebas, pero no sabía de quién eran. Tan sólo aparecía un nombre: «Antonia Abad Fernández.» Al verlas, preguntó:

—¿A qué hora ha muerto esta señora?

—¡Si está esperando en la sala con su marido! —le respondieron.

—Será que me he equivocado.

Y volvieron a pincharme para sacarme sangre y hacerme nuevas pruebas. El resultado fue el mismo: no se había equivocado.

La Cruz Roja tardó sólo tres horas en traerme la medicina desde Nueva York. El doctor Suárez me mantuvo con un suero y al final logré salvarme. Pero pude haber muerto, como había previsto Marañón más de quince años antes.

Cuando vine a España para que me viese el doctor Marañón, aproveché para quedarme aquí y preparar otra película, aunque había decidido que sólo podía hacer una al año, porque no era cuestión de hacerme la competencia a mí misma. Tony se quedó en Los Ángeles preparando *Cimarrón*.

Después de *La violetera* vi que el flamenco y lo andaluz gustaban, y me dije: «¿Por qué no hago una *Carmen*?» Había visto varias versiones de *Carmen*: la que había hecho Imperio en Alemania; la de Rita Hayworth, que era una visión demasiado americana y nada española; y la francesa de Vivianne Romance, que era la que más me había gustado. Vivianne era jovencísima y preciosa cuando había hecho su *Carmen*, y, aunque no cantaba, ese era el modelo de la *Carmen* que yo quería hacer. Así surgió *Carmen la de Ronda*, y quise hacerla lo más sexy que permitiese la censura. Yo había visto en Méjico un par de películas de Tulio Demicheli, y me parecía muy buen director: joven, moderno, intrépido, rápido, ingenioso… Un director muy vivo, con un sentido del cine muy dinámico. Le dije al productor que lo quería a él.

También hablé con Rafael de León, para saber si me veía a mí como Carmen:

—Tú puedes ser una Carmen maravillosa —me dijo Rafael, que me adoraba—. Tú cantas «Ojos verdes» y no tienes que avergonzarte ni echarte para atrás.

Y Rafael ayudó a Tulio con el guión, mientras a mí me ayudaba a coger el acento rondeño que necesitaba para el personaje.

Entonces empezamos la película, pero sucedió que a Tony se le atrasó el rodaje de *Cimarrón* y vino a acompañarme. Estuvo conmigo en Ronda, aunque no se quedaba durante las filmaciones, sino que cogía el coche y se marchaba a ver pueblos de la serranía. Al terminar y ver la película, comentó:

—It's a nice western.

«Es un bonito western», esa fue su opinión, pero para mí fue la puntilla.

De todos modos, Tony y yo nunca dejamos de querernos. Simplemente ocurrió que, conforme pasaban los años, fui viendo en él cada vez más al padre y menos al esposo. Conforme iba sintiéndome más viva y llena de energías, él iba declinando más y más. Era cuestión de la diferencia de edad, tal vez, y de que él no era un hombre alegre y jovial. Su juventud había hecho de él un hombre serio; no severo, pero sí amargado. Era muy buen padre, y lo demuestra la buena relación que favoreció entre sus hijas y yo, pero era un hombre triste. Con la madre de sus hijas no se llevaba bien, y también por ese lado había una historia desagradable: el padre de su primera esposa se había suicidado arrojándose desde la ventana de un rascacielos después de arruinarse por la depresión de 1929.

Busqué en Tony la protección, pero no la encontré; o, al menos, no totalmente. Él me permitía participar de su vida profesional, comentar con él sus películas, su trabajo; el mío, en cambio, lo hacía de menos.

Estuvimos juntos en Granada, y le enseñé la Alhambra y Sierra Nevada. Visitamos muchos pueblos de Andalucía, viendo paisajes bellos de morirse. Quería que conociese España, a la que tanto despreciaba, y lo llevé también a La Pedriza, Navacerrada, Segovia... Lo hice por mí, pero también por él. Se me ocurrió proponerle algo:

—¿Por qué no haces un western en España?

Para entonces se hacían muchas películas americanas en Europa y el norte de África. Los costes eran menores aquí, y a las productoras les interesaba invertir en el lugar el dinero que hacían en Europa.

—Tienes veintiocho mil montañas maravillosas en España. En Asturias, en los Picos de Europa, puedes hacer que aparezcan pieles rojas y todos se lo tragan.

Recordé un cuento que me había leído la señorita Fina cuando era pequeña y fui a Valencia. Era la historia del Cid, en una versión para niños con dibujos.

—En España hay un personaje que fuera no lo conocen y que te podría servir —le dije—, porque es muy novelesco. Hay emoción, luchas, conquistas... Ganó una batalla después de muerto. Es una historia de western pero en España. Podrías hacerla con la Metro o con tu socio Philip Yordan, y te saldría más barata que en Estados Unidos.

A Tony le interesó, y conseguí que Menéndez Pidal, que era el máximo estudioso del Cid Campeador, nos recibiese. Menéndez Pidal ya era muy mayor, y estuvo muy cariñoso con nosotros. Nos habló del personaje y nos enseñó mucha documentación: libros, grabados, ilustraciones... Tony se quedó con la copla, pero aún no pasó nada.

Entonces apareció Samuel Bronston. Me habló de una película que iba a hacer con Rita Hayworth y me ofreció un papel. Se trataba de *El fabuloso mundo del circo*, que aún tardaría un par de años en realizarse, pero yo tenía firmados mis contratos y rechacé la oferta, recayendo finalmente en Claudia Cardinale. Sin embargo, hice amistad con Bronston y con su familia. Además, dio la casualidad de que el guionista que estaba preparando la película del circo era Philip Yordan.

Puse en contacto a Tony con Bronston, porque quería que Tony trabajase en España. Pensaba en él, no en mí, porque a mí no me interesaba. Así surgió el proyecto de *El Cid*.

Estuvimos juntos buscando las localizaciones. Fuimos a Andalucía y a Valencia, al Peñón de Ifach y a Peñíscola, cuando aquello era todo playa y roca, sin casas ni turismo. Para entonces estaba terminando *Mi último tango* y estaba a punto de irme a trabajar en Argentina durante seis meses, que fue una de las mejores cosas que hice en mi vida de artista. Entonces, Bronston me propuso interpretar el papel de doña Jimena, y yo dije que no.

Bronston, que no era nada tonto, sabía lo que yo daba en pantalla y lo que vendía en todo el mundo. Pero yo sabía que el de doña Jimena no era un papel para mí; no era lo que el público esperaba de Sara Montiel. ¿Cómo iba a pasarme toda la película a la sombra de un señor, quedándome en casa mientras el otro se va de batallas y luchas? Así que di el nombre de Sofía Loren y fue ella quien la hizo. Y Sofía luchó mucho por conseguir más presencia en aquella película de hombres; por ejemplo, logró que la película terminase con un plano de ella y las dos hijas después de muerto el Cid, y eso no estaba en el guión.

A Tony le fue bien en España con *El Cid*, y, justo después de divorciarnos, todavía hizo otra película más aquí: *La caída del Imperio Romano*. Y conseguí que cambiase su opinión sobre mi país.

Estando con Severo, tuve con Hemingway y Joe Kanter unas relaciones que no se interpusieron en el amor entre Severo y yo. Ese sentido mío de la libertad fue el mismo que tenía cuando, estando casada con Tony, tuve una historia con ese hombre extraordinario que fue Maurice Ronet.

Conocí a Maurice haciendo *Carmen la de Ronda,* donde él interpretaba al francés José. Teníamos la misma edad, con sólo un mes de diferencia, porque él había nacido en abril y yo en marzo. Hablaba bastante español, aunque el rodaje lo hacía en francés para después ser doblado.

Me parecía un chico muy tímido, muy correcto, pero que siempre estaba solo. Eso lo hablaba con Jorge Mistral, al que quería como a un hermano. Le parecía tan extraño como a mí, y le pedí que saliese con él. Pero Jorge era muy diferente a Maurice, más alegre, más abierto, y, aunque hicieron amistad, no era lo que yo quería. Jorge se mostraba muy cariñoso en el plató con Maurice, pero este seguía siendo un hombre solitario; tan aislado se le veía, que algunas de las mujeres del rodaje, que estaban todas locas por él, se preguntaban si no sería homosexual.

Como sólo descansábamos los domingos, un sábado le dije a Maurice:

—¿Quieres que vayamos a cenar cuando terminemos de rodar? Puedo enseñarte el viejo Madrid.

—¿Y podré ir contigo por la calle, con la de gente que siempre tienes alrededor? —me contestó.

—Tú tranquilo, que nadie nos molestará.

Me lo llevé a la calle de la Bola, donde estuvimos cenando. Luego paseamos por la Plaza Mayor y el Madrid de los Austrias, que es una zona muy bonita, pero pasó lo que él temía, porque todo el mundo me reconocía. Entonces cogí el coche y nos fuimos fuera de Madrid, a uno de esos ventorrillos que había cerca de El Pardo y en los que se cantaba flamenco. Eran lugares a los que había ido con Raf Vallone cuando hacíamos *La violetera,* aunque Raf, con quien no tuve ningún tipo de historia amorosa, sí conocía Madrid porque ya había rodado aquí *La venganza.*

En aquel lugar, Maurice y yo empezamos a hablar, y me

di cuenta de que algo le pasaba. Él, físicamente, estaba imponente, pero además era un encanto de persona; sin embargo, no quería mirar a ninguna mujer y hasta se podría decir que era maleducado con las mujeres: arisco, nada amistoso... Le pregunté cuál era la razón de este comportamiento tan extraño.

—Sara —me contestó—, yo tuve una mujer. Estuvimos juntos mucho tiempo. La quise y ella me quiso a mí. Pero llega un momento en el que no puedes vivir con la persona a la que has querido porque el amor se termina. Se terminó el amor, y yo terminé con ella. Esa mujer me avisaba de que se iba a matar si no regresaba a su lado, pero yo no la creí; no tomé en serio sus palabras, que me parecían una exageración fruto del despecho. Pero estaba equivocado. Ella se suicidó, y desde entonces tengo algo por dentro que me impide querer ver a nadie.

Maurice tenía una pesadumbre acompañada de un complejo terrible. Había sido tal shock para él el suicidio de aquella mujer que no había aceptado el fin del amor, que no quería dar lugar a que ninguna otra mujer pudiese enamorarse de él. Y las mujeres le rondaban, pero él las rechazaba. Cuando hicimos nuestra segunda película juntos, *Mi último tango*, Anouk Aimée no paraba de rondarle, y él la rechazó.

—Conmigo no tienes ningún compromiso —le dije cuando él me pidió que le perdonara—. Yo soy libre como un pájaro, y no voy a ser ningún problema para ti; y no es porque tenga marido. A mi marido le quiero, pero eso no tiene nada que ver con cómo soy, siento y padezco. Soy como soy, y puedo ser tu amiga. No te voy a enamorar ni me voy a matar por ti, ni nada.

Esto último lo decía ya en broma, porque pronto nos conocimos y nos tuvimos confianza. Y, en efecto, mientras estuvimos en Madrid no pasó nada entre nosotros. Nos íbamos a cenar, venía a recogerme para ir al estudio..., pero todo como amigos y compañeros. Nos gustábamos, por supuesto, porque no éramos tontos, pero todo lo llevábamos por el terreno de la amistad.

—No digas eso, por favor, que quiero olvidarlo —me pedía cada vez que en guasa le aseguraba que no me iba a suicidar por él.

—Pues entonces tienes que dejar de pensar que no puedes fijarte en otra mujer. Aunque, si te fijas en mí —le decía medio en serio y medio coqueta—, ya sabes que no hay ningún problema.

Después de Madrid, nos fuimos a Ronda para los exteriores. Estuvimos allí algo más de un mes, en esa preciosidad de lugares, con montes y valles que son una belleza auténtica.

En Ronda nos alojamos en el hotel Inglés, donde también estaban Jorge Mistral y otros miembros del equipo. Jorge y Maurice intimaron más en Ronda y adoptaron a un burro como mascota. Para ir a los exteriores, se lo repartían: así, en vez de ir en coche, un día iba uno en burro, y al día siguiente le tocaba al otro; y yo también me subía muchas veces al burro con ellos y me hacían fotografías vestida de gitana.

Un día, durante el rodaje, se armó un vendaval terrible que nos obligó a interrumpir el trabajo. Eran las doce del día, porque para los exteriores sí me levantaba a las ocho y media, y así poder aprovechar la luz al máximo; llegábamos hasta la tarde, con unas puestas de sol increíbles que venían muy bien para la película. Entonces, al encontrarnos con el resto del día libre, pareció que nos hubiésemos puesto de acuerdo:

—Sara —me dijo Maurice—, vámonos por ahí con el burro.

Nos fuimos sin cambiarnos: él vestido de soldado y yo de gitana. Nos alejamos mucho y encontramos una cueva que, lo que son las cosas, ahora tengo dos vistas de Ronda hechas en el siglo XIX, y una de ellas está cogida justo un poquito por delante de esa misma cueva.

Atamos al burro, entramos y vimos que era una cueva de gitanos en la que no había nada, salvo unas esterillas de esparto. Allí hicimos el amor Maurice y yo, con toda la tranquilidad y la paz del mundo.

De repente, llegaron unos gitanos a la cueva, mientras nosotros estábamos completamente desnudos. Maurice hablaba español, pero no con fluidez suficiente, así que salí yo la primera. Me puse la enagua, el corpiño de Carmen… El pelo, que lo tenía larguísimo y recogido en una coleta, estaba deshecho y con las peinetas colgando.

Los gitanos, al verme desnuda y con esas ropas al lado, habían creído que yo era gitana. Pero les dije que no, que era paya y que estábamos haciendo una película cerca de allí; que era una película de Sara Montiel y que nosotros salíamos de figuración, de bulto. Ellos no sabían ni quién era Sara Montiel ni nada, porque esa parte de Andalucía era aún muy solitaria y agreste, y eso fue una suerte, porque esperaron fuera a que nos vistiésemos y no pasó nada. Salimos Maurice y yo, cogimos el burro, y con el burro nos volvimos.

Me lo pasé muy bien con Maurice. Cogíamos un Mercedes descapotable que yo tenía, y recorríamos muchos sitios conduciendo él. Tengo ganas de regresar a Ronda, porque guardo memoria de lugares en los que estuve con Maurice y que significan momentos hermosos de mi vida. Me lo pasé muy bien con Maurice, y no pensaba que con eso estuviese engañando o dañando a Tony. Los únicos que sabían de nuestra relación era la señora Inés, que me ayudaba y que era un poco como mi madre, y Jorge. Tulio también lo adivinó, porque él era divino y listísimo, y no se le escapaba nada; era muy moderno y tenía una mentalidad tan abierta como la mía, por eso nos hicimos tan amigos. Luego Tulio sufrió muchísimo, porque estaba casado con una mujer muy guapa pero que tenía depresiones y se suicidó cortándose las venas en el baño.

Cuando estábamos llegando al fin del rodaje y Tony ya había venido a acompañarme, a mi marido le dio un ataque de apendicitis y hubo que traerlo enseguida a Madrid para operarlo. Maurice condujo el coche y vino con nosotros a la clínica de la Virgen de los Milagros, donde estuvo todo el tiempo conmigo. No es que se portase bien: es que era maravilloso.

Cuando Tony se restableció y terminamos finalmente la película, nos despedimos.

—Enamórate de una mujer —le aconsejé.

Pocos meses después nos reencontramos para *Mi último tango*, y tras él vino Anouk Aimée. Yo estaba mala por un catarro y él vino a verme. Lo vi muy bien y le pregunté qué tal estaba, y él me dijo que había conocido a esa mujer, pero que no la quería.

Anouk era delgada y muy atractiva. Tenía una cara fotogénica como nadie, pero era muy posesiva, y eso no podía gustarle a Maurice.

Maurice se alojaba en el Hotel Gran Vía, que fue uno de los primeros que tuvieron apartamentos. Luego los hicieron también en el Hotel Emperador, que fue donde se alojó durante nuestra tercera película, *Noches de Casablanca*.

Durante *Mi último tango* reanudamos nuestra relación. Al terminar de rodar solíamos quedarnos para ver proyección; después, a eso de las diez y media u once, en vez de regresar a mi casa me iba a cenar con él, y después nos íbamos a su hotel. No me importaba lo que dijeran, aparte de que todavía las cosas no se divulgaban tanto como hoy. Procuraba llevar siempre cuidado para no ser muy descarada; ahora bien, si íbamos a un restaurante, no pasaba nada. Al fin y al cabo, Maurice Ronet y Sara Montiel eran amigos y compañeros de trabajo; él era su galán perfecto: ¿qué más normal que cenar juntos?

Tony no supo nada de esta relación, ni yo quise abandonar a Tony para irme con Maurice. Maurice y yo éramos amantes, sí, pero ante todo éramos amigos. Mi madre, conociéndome como me conocía, no le dio una importancia especial, porque sabía que era una simple cuestión de libertad.

A finales de 1960 regresé de mi viaje de seis meses por toda América, aunque fundamentalmente Argentina. Fue el viaje en el que un perro rabioso me mordió en Chile, como ya he contado. No tuve ningún encuentro amoroso, pero sí muchas satisfacciones profesionales y personales. Di conciertos multitudinarios y tuve la suerte de que Rafael Alberti diese una cena en mi honor con muchos intelectuales recién llegados de China. Rafael había reunido a toda «la crema de la intelectualidad», y allí conocí a Alejandro Casona y a gente de la canción, como Discépolo, Miguel de Molina y doña Libertad Lamarque. Tuve muy buena amistad con Rafael, y en 1966 Giancarlo y yo fuimos a su casa del Trastevere romano a celebrar la Nochevieja con Alfaro Siqueiros y su mujer Ángeles. Giancarlo, que ya había leído todo Lorca, había empezado a leer a Alberti y estaba encantado con él e íbamos a verlo continuamente.

Tony estaba enfrascado con *El Cid*, y me fui a vivir con él a un apartamento de la Torre de Madrid. En un piso superior vivía Sofía Loren, y más abajo estaba Raf Vallone. Charlton Heston, en cambio, había alquilado una casa que Benito Perojo tenía en el Paseo de la Castellana, y varias veces fuimos allí a cenar.

También estuve en alguna ocasión con Tony en los estudios. Robert Krasker, que era el director de fotografía, aprovechó para fotografiarme; estaba muy disgustado porque yo no había querido hacer la película, y a él le había hecho ilusión la posibilidad de trabajar conmigo. También yo le tenía gran admiración: había ganado un Oscar por *El tercer hombre* y había hecho otro trabajo muy hermoso con *Romeo y Julieta*. Y es que siempre me ha preocupado la fotografía de las películas; por eso quise que Néstor Almendros trabajase conmigo, pero no lo conseguí porque estaba el pobrecito haciendo películas de clase B en Barcelona y nadie lo quería.

Muchas veces se pasaba Sofía a recoger a Tony de madrugada para ir al rodaje, en El Espinar. Era invierno y cogí un catarro que me obligó a permanecer en cama, y Sofía aparecía a las cinco o a las seis de la mañana, perfectamente maquillada y preparada, a saludarme. Yo la admiraba, porque me sentía incapaz de levantarme a esas horas. Sofía era muy amable, pero yo procuraba no ir al plató cuando ella tenía que rodar; no me parecía bonito presentarme en mitad de su trabajo después de haber rechazado su papel.

Al terminar *El Cid,* Tony se marchó a Estados Unidos y yo me quedé en España preparando *Pecado de amor.* La separación iba produciéndose sin traumas, como consecuencia lógica del desencuentro entre dos personas con mucha diferencia de edad y que vivían la vida de manera distinta. Yo estaba en mi mejor momento como mujer y como artista; él, en cambio, ya hacía las cosas casi por inercia.

Pero jamás tuvimos una discusión ni una pelea ni nada parecido. No nos separamos con rencor; en ningún momento intentamos dañar al otro. En 1962 yo estaba en Barcelona haciendo *La bella Lola* y él había ido a Italia a rodar unos exteriores para la Metro, y saltó a España para verme. Me trajo un bolso de cocodrilo del Nilo, precioso, y unas gafas con brillantitos, y quedamos de acuerdo en que nos divorciaríamos en Estados Unidos, como era lógico, ya que en España no constábamos como casados.

Muy poco después, en verano, estaba en Madrid rodando *La reina del Chantecler* y él vino. Estuvimos juntos en el apartamento de la Torre de Madrid. Él se puso a preparar *La caída del Imperio Romano* y yo empecé a salir con Chente. La gente no comprendía que estuviésemos divorciándonos y al tiempo siguiésemos viviendo juntos, pero nosotros teníamos un cariño completamente diferente.

Sin embargo, lo cierto es que él, en un principio, no había querido separarse y me había pedido que lo pensase mejor, porque quizá yo era demasiado joven y podía estar equivocada. Pero al final llegamos a la misma conclusión.

En septiembre de 1962 fui al estreno de *La bella Lola* en Barcelona, y aproveché para llevar un recado que me había dado Chente para su familia. Chente era una persona nueva; un chico joven, cosa rara en mi vida; que me caía bien pero con el que no había tenido nada de cama. Tonteábamos, sin más.

En la primavera de 1963, haciendo *Noches de Casablanca,* Chente y yo ya éramos novios. Entonces vino Tony desde Inglaterra, donde montaba *La caída del Imperio Romano,* porque nos concedieron el divorcio en la Embajada de Estados Unidos. Tico Medina era mi relaciones públicas, el que me llevaba y me traía, y tenía controlados a todos los fotógrafos y periodistas que aguardaban a la puerta de la embajada.

—Bueno, Sara —me dijeron—, y ahora ¿qué vas a hacer?

—Ahora —respondí— me voy a mi casa con mi marido.

Y Tony y yo nos fuimos a nuestro apartamento en la Torre de Madrid.

XXII

Un recuerdo de Venecia

Mi madre lo pasó mal con el divorcio, porque nunca es una situación agradable, pero comprendía que Tony era demasiado mayor para mí. Además, ese había sido el único motivo de la separación: no había sido porque no nos quisiésemos, no había habido otras personas por medio… Ella quería mucho a Tony y había entre ellos una relación maravillosa. Tony era una persona fundamental en mi vida, alguien a quien quise y a quien nunca dejé de querer. La prueba es que, al separarnos, seguí a su lado; y siempre he tenido conmigo la fotografía de nuestra boda, y una fotografía de cuando él tenía cinco o seis años está constantemente puesta en mi dormitorio.

Habíamos tenido el problema de que no valoraba ni mi trabajo ni el cine español; sin embargo, hubo una vez en que tuvo que reconocer que mi fama podía eclipsar su propio trabajo.

Ocurrió en la Bienal de Venecia, donde tuve un éxito de escándalo. Fue en 1958, después de haber tenido el aborto que me había impedido estar presente en el estreno de *La violetera.* Tony había terminado *God's Little Acre,* que podría traducirse como *El trocito de tierra de Dios,* pero que en algún país de Sudamérica se llamó *La chanclita de Dios.* Entonces nos fuimos a Francia para presentar la película, y de ahí pasamos a Venecia.

En Los Ángeles cogimos un avión hasta Nueva York con

la hermana de Kennedy y su marido, Peter Lawford. Era un avión de hélices con literas y, como yo estaba muy nerviosa y me sentía muy enferma, me dieron una pastilla en el aeropuerto para calmarme los nervios. Me metí enseguida en la cama, mientras ellos se quedaron en el salón jugando a las cartas. Despegamos, y nada más salir el avión de Los Ángeles vi cómo uno de los motores se incendiaba. Me tiré de la cama y empecé a gritar: «Fuego, fuego.» La tripulación sí se había dado cuenta, pero los pasajeros todavía no hasta que yo se lo dije. Entonces dimos la vuelta para regresar al aeropuerto y ya no me enteré de nada más, porque me hizo efecto la pastilla.

Nos mudaron a otro avión y salimos hacia Nueva York. En el trayecto me desperté y en un primer momento no supe dónde estaba. Tenía la imagen del motor en llamas, pero Tony, que estaba en la litera de abajo, me tranquilizó.

En Nueva York subimos al *United States*, porque íbamos a hacer la travesía en barco. Allí nos presentaron a Kennedy, que entonces era senador, y a Jacqueline. Viajaban a El Havre, donde les esperaba el coche de Onassis, con quien luego ella se casaría.

El viaje era muy corto, sólo de cuatro o cinco días, pero yo lo pasé todo malísima, vomitando, cayéndome. Había distintos restaurantes en el barco, y cada vez iban a uno distinto, pero yo me sentía muy mal. Lo que sí me gustó fue una película que vimos a bordo: *Gigí*.

En El Havre nos despedimos de ellos y subimos a una limousine que nos estaba esperando para llevarnos a París. En el coche iban Erskine Caldwell, el director de United Artists en Francia, que era canadiense; su esposa, que era azafata del Festival de Berlín y con la que acababa de casarse; su secretaria y la jefa de prensa.

Yo iba con un traje de chaqueta oscuro, el pelo muy corto cepillado para atrás y con un flequillo horroroso, y una carita de enferma que no podía con ella. Tony me presenta por mi verdadero nombre, Antonia, y me meto en la parte de atrás junto a la publicista y la esposa del director; los demás se sentaron en el asiento grande de enfrente y en dos asientos abatibles que había a los lados.

Empezaron a hablar de lo que siempre hablan los distribuidores y la gente de cine: que cómo va todo, cuál es la película que está dando dinero, cuál va mal… Erskine quería saber qué posibilidades tenía su película, y el director le respondió que para estrenarla era mejor que pasase el éxito de la película española.

—¿Qué película? —preguntó Erskine.

—Una que se ha comido *El puente sobre el río Kwai* y *Una parisina*. No interesa estrenar hasta que pase.

Yo seguía la conversación, pero tenía mi propia opinión. La película de Tony no me había gustado nada. Había acompañado a Tony y a Erskine en las localizaciones. Iba también la mujer de Erskine, guapísima, que nos pusieron a las dos una vacuna contra la poliomelitis porque hubo un brote de la enfermedad. Así conocí el Sur de Estados Unidos, que me entusiasmó, pero la película no me interesó para nada. Y tuve razón, porque no gustó ni en Estados Unidos, a pesar de que la novela de Erskine Caldwell se había vendido más que la Biblia.

Conforme entramos en París empezamos a ver esos típicos señalizadores redondos, y en todos ellos se anunciaba *La violetera*. Tony ya lo había sospechado, me había preguntado:

—¿Tú sabías que tu película se estrenaba en Francia?

Pero yo no sabía nada.

Entonces Tony dijo a aquella gente que la actriz que tanto daño les estaba haciendo era esa chica tan débil que iba con ellos y a la que habían hecho tan poco caso.

Al llegar a París, los de United Artists hicieron un pase para los críticos, y me pidieron que no estuviese presente porque toda la publicidad me la habría llevado yo. Así que llamé a unos amigos, que uno de ellos era el representante de

Iberia en París, y me fui con ellos. Me llevaron a las dos salas que Gaumont tenía en los Campos Elíseos, y en las dos estaba *La violetera*. Me dieron un recorrido por todo París, y en todas partes estaba *La violetera*. En toda Francia se exhibía la película, a través de la cadena de cines de la familia Mitterrand, gracias a lo cual hice mucha amistad con ellos, especialmente con el sobrino del que luego sería presidente. Frédèric me admiraba mucho porque la gobernanta de su casa era española y desde pequeño creció oyendo hablar de mí y viendo mis películas.

Desde París nos fuimos a Venecia. A mí me pidieron que no saliese del hotel, pero los periodistas italianos se enteraron de que Sarita Montiel, «la ragazza de las violetas», había llegado, y empezaron a llamar a todas horas para pedirme entrevistas, así que los recibí. Y es que *La violetera* se había estrenado al mismo tiempo en Francia, Alemania, Suiza e Italia.

Pero a los dos días de llegar se presentaba la película de Tony en el Festival, para lo cual vinieron los protagonistas, y los de United Artists me pidieron entonces que no fuese al pase.

—¿Y por qué no voy a ir? —me dije, así que esperé a que Tony se fuese y entonces me arreglé.

Había encargado un vestido sacado de un cuadro de Goya: *La familia de Carlos IV*. Era igual que el que viste la última figura del cuadro, la que tiene un niño en brazos y que tiene una belleza parecida a la mía. Me puse ese vestido, de lamé dorado, bordado, con escote imperio que me dejaba casi todo el pecho al aire. En la cabeza me puse una mantilla francesa, antigua, que me llegaba hasta los pies; y un collar de brillantes que Tony me había regalado me lo puse en la frente. Además llevaba un abanico y un bolsito de brillantitos. Iba goyesca total, y parecía una reina.

Cogí una barquita y me presenté sola en el Lido. Al llegar se armó un revuelo enorme, porque a los dos lados había una alfombra roja y dos filas de carabineros vestidos con plumas, y todo estaba lleno de admiradores que querían ver la llegada de los artistas.

Cuando aparecí se armó un escándalo de miedo:

—Ah, la ragazza de las violetas —gritaban.

Delante de mí iba René Clair. Se volvió y me preguntó en francés:

—Sarita, ¿vienes sola?

Pero, sin darme cuenta de quién era él, contesté:

—Soy Mrs. Anthony Mann.

El caso es que su cara me resultaba conocida, pero no estaba segura de quién era. Entonces me cogió del brazo para acompañarme, y en ese momento llegó Jean Gabin con su esposa:

—Monsieur Clair —dijo Jean Gabin, y así me di cuenta de que iba del brazo de todo un genio del cine.

Así de bien acompañada entré, y entonces Tony me vio y se picó. Los de United Artists se tragaron el escándalo que se armó, y no hicieron nada por incorporarme a su grupo. En lugar de eso me senté junto a Jean Gabin, su esposa, René Clair y otro amigo de ellos, y juntos vimos la película de mi marido.

—Compréndelo —me había dicho Tony—; ellos se han gastado mucho dinero en publicidad. Total, tú ya has recibido a los periodistas en el hotel, así que, por favor, no vengas.

Pero a mí me molestaba que los americanos creyesen que el único cine era el suyo, cuando al final resultó que la actriz más taquillera de los años 1958 y 1959 en Italia fui yo. Por eso no le gustó a Tony que yo apareciese, que me llevase a toda la prensa, y que encima estuviese con René Clair, que era mejor director que él y al que Tony tenía mucha admiración. Pero no llegamos a tener ninguna discusión.

—Siento muchísimo lo de United Artists —le dije después—, pero yo no tengo nada que ver con tu película. Has entrado con tus protagonistas y habéis tenido vuestra prensa —aunque en realidad el más conocido de todo el grupo en

Italia era Erskine Caldwell, que había acumulado un gran prestigio como escritor.

Estuve toda la gala con René Clair. Cuando íbamos a marcharnos vino Tony y salimos juntos, y es entonces cuando me hicieron unas fotografías que dieron la vuelta al mundo y que en España retocaron de blanco para que no se me viese tanto escote. Y es lo único que ha quedado de aquello, porque de la película no se oyó hablar para nada.

Pero el problema no fue mío.

El problema fue de la película, que no era buena.

XXIII

Entre Chente y Joe

Chente, José Vicente Ramírez García-Olalla, era un bilbaíno que salió de Deusto con una carrera y entró en la Seat a trabajar como economista. Le pagaban de sueldo 15.000 pesetas al mes, que para aquel tiempo estaba muy bien, pero no tenía dinero suficiente para comprarse una casa y vivía en una casa de huéspedes de Núñez de Balboa, enfrente de donde ahora vivo yo; aunque el edificio que puedo ver desde mi terraza no es el mismo, porque aquel lo tiraron y construyeron uno nuevo.

No sé por qué me enamoré de Chente, y menos aún sé por qué me casé con él. Lo he pensado mucho y aún lo ignoro. Sólo sé que fue un error.

Chente y yo nos conocimos en 1962, cuando ya había terminado *La bella Lola* y estaba haciendo *La reina del Chantecler*. Todavía no había regresado con Tony al apartamento de la Torre de Madrid, y, aunque conservaba mi piso de San Bernardo, en ese momento vivía en una casa que había comprado en La Florida. También tenía desde 1959 un piso en Plaza de España 11, planta diez, que a partir de 1964 se convirtió en mi vivienda habitual. En La Florida, en cambio, estuve poco tiempo, porque era una zona muy húmeda y a mi madre no le sentó bien. Allí lo conocí, en una fiesta que dieron unos vecinos de la urbanización que eran jóvenes como nosotros.

Entonces empezamos a salir, aunque no sé por qué ni qué era lo que podía gustarme de él.

Mis circunstancias psíquicas de entonces no eran las mejores. Estaba a punto de divorciarme de Tony, y, aunque era de común acuerdo y seguíamos queriéndonos, era un punto de desequilibrio. Además, todo sucedía en un momento en el que yo estaba muy mal vista socialmente. Estaba en la cúspide de mi carrera, la gente me adoraba, y eso hacía que tanto Franco como la Iglesia pensasen que daba muy mal ejemplo que alguien con tanto impacto estuviese casada por lo civil. Para esas cosas eran muy estrictos y las hacían notar. Y, aunque yo no fuese una mujer religiosa, es posible que inconscientemente me doliese la no aceptación de la Iglesia.

Estaba tan confusa, tan perturbada, que quizá salí con Chente creyendo que tal vez así me sentiría más respetada. Pero tampoco estoy segura de que esta fuese la razón. No lo sé. Algo suyo debió de gustarme, pero no sé qué.

Chente tenía mucho amor propio y nunca quería ir en mi Mercedes. Venía a recogerme con su 600 e íbamos a cenar y luego a una boîte, que eran las predecesoras de las discotecas. Era muy educado y caballeroso, y tuvimos lo más parecido a un noviazgo tradicional, algo que yo nunca había tenido: llegábamos a besarnos y acariciarnos, pero nada más.

No recuerdo cómo eran nuestras conversaciones, sólo sé que su mayor ambición era ser banquero. Y lo consiguió: no es banquero exactamente, pero sí hombre de negocios e inversionista.

Era el segundo hijo de una familia numerosa. Su padre había sido íntimo amigo de Franco, y había luchado a su lado como ingeniero militar. Al terminar la guerra, lo pusieron en Bilbao como director de una fábrica estatal de motos y bicicletas; lo que luego fue la Seat. Cuando más tarde instalaron fábricas en Cataluña, el padre las dirigió y se trasladaron a Barcelona.

En otoño se estrenó *La bella Lola* en Barcelona, y Chente me pidió que visitase a sus padres. También me dio un regalo para su hermana Maribel, que iba a casarse: era un cuello de visón blanco, para que se lo pusiera en el vestido de novia.

Para entonces éramos medio novios, pero no novios formales. Por eso me recibieron los padres en la casa: como a una amiga.

La familia me agradó. Fueron muy amables conmigo. Nos hicimos fotografías y los invité al estreno.

En el estreno de *La bella Lola* casi me desnudaron: me quitaron un tirante, me quedé sin zapatos… En aquella locura perdí una piel pequeñita de chinchilla que era la primera que me había comprado: una estolita. En realidad, no me gusta la chinchilla por el color que tiene, pero sienta bien. Me la arrancaron, aunque luego apareció en el hotel cuando menos nos lo esperábamos.

El Arycasa era un hotel estupendo en el que ya habíamos estado durante el rodaje. En ese hotel había tenido una anécdota muy curiosa con Roger Moore. Él estaba casado, pero estaba enredado con Luisa Mattioli, que hacía de hermana mía en *La bella Lola,* y con quien luego se casó. Yo tenía una suite con un hall en la entrada, un dormitorio y un baño a mano derecha, y otro dormitorio con otro baño a la izquierda. Ahí dormía la señora Inés, que me acompañaba siempre desde *La violetera.*

Un día viene Luisa y me dice:

—Ay, Sarita, per favore, esconde aquí a Roger, porque ha venido su mujer de Inglaterra y lo quiere coger in fraganti.

Así que metí a Roger Moore en el dormitorio de la señora Inés, y ella durmió conmigo en la otra habitación.

Pero su mujer se había enterado de que él estaba en mi suite, y es que las mujeres nos enteramos enseguida de todo. Total, que a media noche la inglesa empezó a aporrear la puerta. Yo no abrí, sino que llamé a recepción y avisé de que alguien estaba armando un escándalo en mi puerta y no pensaba abrir porque no sabía quién era.

Ella montó un follón de miedo. Y él, que tenía habitación en el mismo hotel, se marchó a otro al día siguiente.

A Tony le había dicho que había conocido a un chico que no estaba mal, pero que no pertenecía al mundo del cine y no tenía ni idea de nuestro trabajo:

—¿No es del show business? —me preguntó Tony.

—No. No tiene nada que ver.

—Pues qué raro que salgas con él.

Con Tony podía hablar de estas cosas, igual que luego él me pidió consejo cuando Anna se quedó embarazada. Chente, en cambio, veía con extrañeza una situación que para mí era normal: vivir con Tony mientras nos estábamos divorciando, y seguir con él cuando el divorcio ya fue firme.

De todos modos, había aspectos de mi vida en los que Chente no se quería meter, seguramente porque era un hombre muy retraído con las mujeres.

Por ejemplo, una de las veces que salimos juntos estrené un traje de falda y chaqueta de visón blanco. Íbamos, como siempre, en su 600, y no en mi Mercedes, porque no deseaba parecer un mantenido ni quería sentirse inferior, a pesar de que sabía perfectamente lo que yo ganaba, igual que yo sabía lo que ganaba él; pero ese amor propio que tenía no me parecía mal en aquel momento.

Después de cenar nos metimos por un camino viejo, de cabras. Hacía una noche preciosa, muy romántica, y Chente y yo nos abrazamos y nos besamos con entusiasmo, pero sin llegar a más.

Él siempre iba impecablemente vestido. Era muy jesuita, muy correcto, a la hora de vestir; y en verano utilizaba trajes oscuros de alpaca, de seda negra o azul marino. Pero resultó que el visón estaba sin cepillar, y después de ese pequeño momento de locura su traje apareció lleno de pelos blancos, como si fuese un paisaje nevado.

Es tan fuerte el pelo de visón que no podíamos quitarlo con la mano. Se le había pegado por todas partes. Estaba invadido por el visón.

Nos pareció tan gracioso que nos hizo reír. De ahí me llevó directamente a la casa de San Bernardo, donde me había trasladado otra vez por mi madre. Entonces le dije que subiese para que le pudiese cepillar el traje, y él se negó:

—No, no. Qué vergüenza que me vea tu madre a estas horas. Ni hablar, ni hablar.

Y se fue. Así de retraído era con las mujeres.

Saliendo con Chente hice *Noches de Casablanca,* donde me reencontré con mi amigo Maurice Ronet, y en octubre de 1963 me trasladé a Brasil para el rodaje de *Samba,* y allí me di cuenta de que fue una equivocación seguir con Chente. Joe Kanter me estaba esperando en el aeropuerto, y debí casarme con él.

Quiero recordar que a Joe lo había conocido en 1953, cuando fui a Brasil a hacer *El americano.* Yo venía de Hollywood, donde había hecho las pruebas de vestuario, y volaba junto a Glenn Ford, su mujer, Eleanor Powell, y el hijo de ambos. Mi madre se había quedado en Méjico, pero en São Paulo tenía a un amigo español, Jaime Prades, que era el representante de las películas de Cesáreo González en Brasil.

Jaime sabía que me gustaba la pintura y que en Méjico me relacionaba con muchos artistas, y en casa de un pintor me presentó a Joe Kanter, que había sido un héroe de la Segunda Guerra Mundial (donde, curiosamente, había conocido a Tony) y que, sin ser marchante, sí era muy amigo de Picasso, Miró y otros muchos artistas a los que frecuentaba. Y también conocía a gente del cine: Luis Buñuel, Bob Hope, Kirk Douglas, Charles Chaplin, cuyas hijas pasaban temporadas con él en Brasil… En ese momento se estaba divorciando de una galerista de Nueva York, y él mismo tenía en su casa una colección impresionante de pintura: Utrillo, Manet, Cezanne, Van Gogh, Gaugin…

Joe y yo tuvimos un romance muy agradable. Hacíamos el amor, por supuesto, pero lo más importante era la compenetración, la amistad, la conversación… Yo estaba enamorada de Severo, y no consideraba que le estuviese engañando, porque nunca he mezclado el amor con el sexo.

Dio una fiesta en mi honor a la que asistió el alcalde de São Paulo. También me llevó a una cena con gente importante, donde me presentó a Alfaro Siqueiros y al poeta Nicolás Guillén. Antes él había preguntado si podía acudir. Me dijo:

—Tengo que preguntarlo porque son gente muy rara, y como tú vienes de la España franquista quizá no les apetezca. Pero yo les diré que eres una buena chica, que has ido a Méjico a trabajar y que no tienes nada que ver con esos asuntos.

—Bueno, pues tráela y así veremos a la niña franquista —le respondieron.

Y yo estuve allí, muy callada al principio, escuchando, hasta que empecé a hablar de León, de los pintores mejicanos, de un mural de Alfaro Siqueiros que había visto en Cuernavaca… Así nos hicimos amigos, y luego Nicolás Guillén me visitó cuando vino a Méjico.

Cuando ya tuve que marcharme de Brasil porque se suspendió el rodaje, Joe y yo nos dejamos de ver, aunque de vez en cuando todavía nos escribíamos como amigos. Mientras rodaba *Veracruz*, él hizo una escala en Méjico camino de Nueva York, y vino al rodaje, porque además era amigo de Aldrich. Entonces intentó recuperar nuestra relación, pero yo no quise.

No volvimos a vernos hasta 1963; pero yo sabía que iba a estar esperándome en el aeropuerto, entre ese gentío inmenso que se agolpaba para recibirme.

A Pepe Tous le conté toda mi historia con Joe y cómo siempre he creído que debí haberme casado con él en 1964.

Joe, por su parte, se casó con Mariela, una princesa polaca maravillosa. En 1977 fui con Pepe a Brasil a actuar, y vinieron a vernos. Luego volvimos a encontrarnos en 1978, y en 1979 estuvieron con nosotros cuando mi hija nació.

Pepe y Mariela sabían que Joe y yo nos seguíamos queriendo, aunque fuese de otra forma; que entre nosotros había, y hay, un cariño que no se puede extinguir.

Hoy, Joe es uno de mis mejores amigos; alguien en quien confío y a quien nunca olvido; alguien a quien quiero.

En Brasil estuve todo el tiempo con Joe. Desde octubre de 1963 a marzo de 1964, cuando regresé. Sólo hubo unos días en que nos separamos, porque Chente vino a Brasil para pasar Reyes. Me envió un telegrama para anunciarme su llegada, pero ya antes me había avisado por teléfono mi amigo Luis Fernando.

Chente estuvo cinco o seis días en Río, y se hospedó en el mismo hotel en el que me alojaba con mi madre y la señora Inés, y donde también estaban el fotógrafo Christian Matras y el resto del equipo de *Samba*. Joe se fue a su apartamento de Río, que no era su casa habitual porque él solía vivir en São Paulo, y no apareció por el hotel hasta que se marchó.

La señora Inés, que es buenísima y estupenda, me dijo:

—Ay, Sara; Chente es muy buena persona, pero no le va a usted.

—Ya, si el que me va es Joe. Pero ¿qué hago en España sola si me caso con Joe?

—Ah, pero ¿se casaría usted otra vez por lo civil? Porque Joe Kanter es judío; no lo van a aceptar en España y le van a seguir haciendo a usted la vida imposible.

Pero yo estaba en un sí-no-sí-no de casarme con Joe.

Entonces tuvimos que regresar a Madrid para unos interiores, supuestamente de Bahía, que allí no se podían hacer. Joe y yo nos despedimos y quedamos en que nos seguiríamos hablando por teléfono hasta que terminase totalmente la película, y después decidiríamos si yo me iba a Brasil o él venía a España. Pero yo tenía claro que, si nos casábamos, la residencia la tendríamos en Brasil y yo vendría a España para trabajar, igual que había vivido en Estados Unidos durante mi matrimonio con Tony.

Pero una vez en España las cosas empezaron a sucederse con rapidez y sin control. Me hicieron hija adoptiva de Orihuela, el obispo de Alicante andaba por ahí y Chente vino conmigo. Y ahí me pilló:

—Tenemos que casarnos, porque tú estás muy sola y no te conviene. Una vez casados, tú sigues siendo Sara Montiel y yo te protejo…

Fui tonta, me vi enredada no sé cómo, y acepté.

XXIV

Empezó en boda

Una vez aceptada la propuesta de boda, quise que el matrimonio se celebrase fuera de España y por lo civil, pero Chente se negó. Él, siempre tan católico y tan hombre de iglesia, quería una ceremonia religiosa.

Esta fue, tal vez, una de mis contradicciones. Con Joe no me casé, entre otras razones, porque el matrimonio no habría tenido validez en España y yo habría seguido sintiendo una fortísima presión social. En cambio, con Chente me salía mi espíritu libre y mi rechazo a todos esos valores que yo encontraba caducos y más propios de la mentalidad de Felipe II que de un país europeo en la segunda mitad del siglo xx.

Cuando tras el éxito de *El último cuplé* me hice tan conocida, enseguida se supo de mi unión con Tony y se me llamó por ello la amante del americano, como ya he contado. La Iglesia, entonces, me rechazó. En el propio Campo de Criptana, mi pueblo, el párroco prohibió que la gente viese la película, porque se me consideraba una descarriada; y eso mismo sucedió en otros muchos pueblos de La Mancha y de toda España. Había momentos en que esa situación me dolía, y otros, los más, en que quería rebelarme contra todo y demostrar que no podían conmigo.

Por eso no tenía mayor interés en una boda religiosa con Chente:

—Otro tipo de boda no es legal en España —me decía.

—Pero yo tengo pasaporte mejicano —le recordé, aunque no por eso había dejado de ser española.

Pero finalmente accedí, porque, además, Cesáreo González había influido mucho ya que eso era lo mejor para su negocio, porque me hacía más querida y aparentando una mentalidad menos contestataria; así que comenzamos los preparativos del matrimonio para casarnos en la Concepción, que está enfrente de donde Chente vivía. Sólo que entonces fue la propia Iglesia la que se opuso, porque se habían recibido órdenes de El Pardo impidiéndolo. Yo no lo podía entender, pero, al parecer, Franco no quería que yo diese un escándalo casándome por la Iglesia cuando estaba excomulgada por haberme casado por lo civil y, encima, haberme divorciado.

Decidimos entonces casarnos fuera de España, y acudimos a la iglesia española de Montserrat, en Roma. Ofició la ceremonia Pérez de Urbel, abad del Valle de los Caídos, que era amigo de Chente pero que se hizo más amigo mío porque él también pensaba de manera diferente.

Antes, con el marqués de Santa Rita, que era mi abogado, habíamos hecho capitulaciones matrimoniales completas, por las cuales yo era libre de entrar y salir de mi casa, de tener bienes propios, etcétera. Pero esas capitulaciones daban a Chente el derecho de quedarse legalmente con mi hijo en caso de que me quedase embarazada de otro hombre. Por lo demás, teníamos separación de bienes y separación de cuerpos si yo quería, porque como esposa no quedaba sometida al marido. Y es que yo le había dicho a Pepe Santa Rita:

—Mira, Pepe, mi libertad no me la corta nadie. Sé cómo es la Iglesia, y sé que aquí el marido se hace dueño de ti y te deja sin derechos, pero yo quiero seguir siendo Sara Montiel.

En Roma teníamos que casarnos el 30 de abril. A las ocho y media de la mañana fuimos a la alcaldía a firmar en el Registro Civil; vinieron mi madre, mi amiga María de Santa Engracia, Pepe y Luis, el hermano mayor de Chente, que era nuestro testigo y fue el único de su familia que vino a la boda, porque los demás no me querían ni me quisieron nunca. Luego, a las diez, iba a ser la ceremonia religiosa, pero dejé a Chente compuesto en la puerta de la iglesia y no fui. Me quedé en el hotel Excelsior con mi amiga María, hermana de Pepe Santa Rita, que me aconsejaba que no me casase si no estaba segura de querer hacerlo.

Con toda la prensa que había en Roma, aquello podía ser un escándalo de miedo, pero mi madre me dijo:

—Mira, Antonia, Chente está muy equivocado. No sabe nada de ti, ni te conoce, ni nada. A ti la Iglesia te importa tres bledos, y no tienes remordimiento por creer que estás pecando. Tienes las capitulaciones hechas y eres libre. Si fueras religiosa, te diría que el paso que vas a dar casándote es para toda la vida, y que aunque tu marido te mate a palizas tú vas a ser su mujer y su esclava. Pero, como no es así, ¿qué más te da? Deja de armar el escándalo, que tampoco Jesucristo quería escándalos —y es que mi madre sabía que Jesucristo, como hombre, siempre me había fascinado—. Si te va mal, te separas; y, como viene en las capitulaciones, tú vives en tu casa y él en la suya.

Chente creía que yo no me quería casar por el temor a perder mi libertad. Un amigo suyo, Emilio, le decía:

—Yo que tú no me casaba, que Antonia se ha vuelto atrás. Te vas a meter en una vida que no es la tuya. Acuérdate de lo que te dice tu amigo y no te ates.

Pero Chente no le hizo caso.

—Si he firmado las capitulaciones —me decía—. Por favor, Antonia, si yo te quiero. Vamos a ser muy felices. Tú podrás seguir trabajando, haciendo tu carrera. Vas a seguir siendo libre.

Así que cambié de parecer y, como al mismo día siguiente era demasiado precipitado, en la iglesia nos dieron fecha para un día después; y el 2 de mayo nos casamos.

Cuando habíamos ido al despacho de Pepe Santa Rita para firmar las capitulaciones, este me había comentado que Chente tenía que estar muy enamorado de mí para aceptar aquello sin poner ningún reparo. Tanto le quería yo (por la razón que fuese, pero le quería) y tanto creí que me quería, que, sin que él me lo pidiese, decidí otorgarle poderes para que pudiese manejar mis asuntos financieros. Al fin y al cabo, él era economista y quería ser banquero; si a eso sumábamos que iba a ser mi marido, estaba claro que era la persona adecuada para llevar mi dinero. Así que hablé con mi abogado sin que Chente lo supiese y le pedí que me enviase un notario para redactar estos poderes.

Todo parecía perfecto, hasta que, en el mismo momento de salir de la iglesia tras la boda, después de dejar mi ramo en la tumba de Alfonso XIII, descubrí el error que había cometido.

—Bueno, Antonia —me dijo—, vete olvidando de ser Sara Montiel. Nosotros vamos a formar una familia, yo trabajaré con más ahínco, pero no quiero que mi mujer sea Sara Montiel. Se ha terminado lo de dar autógrafos a nadie, porque Sara Montiel ya no existe. Ahora eres la señora de Ramírez Olalla: Antonia Abad de Ramírez Olalla.

Si acaso, yo me había convertido en la señora de Ramírez García, porque Olalla era en realidad el segundo apellido de la madre, aunque él lo utilizaba porque le parecía más señorial que su auténtico García; pero esta era una cuestión menor, aunque ya servía para definir al personaje. Lo verdaderamente importante era que jamás habíamos hablado de algo así; más bien al contrario. Y quizá mi error había sido no haber vivido con él antes de casarnos (ni siquiera habíamos tenido relaciones sexuales), porque quizá entonces lo habría conocido mejor. Me había enamorado de un chico serio, formal, honrado, católico, de buenos sentimientos; pero este parecía otro.

Teníamos que ir al hotel para cambiarnos, porque a las doce teníamos una audiencia con el papa Pablo VI y no podíamos entretenernos. Este era uno de los grandes deseos de Chente, que tenía que haberse cumplido dos días antes; por suerte, había sido posible cambiar la fecha. Además se había preocupado de avisar a la prensa, porque le interesaba que esa fotografía se publicase en España.

En el Excelsior nos encontramos con Paco Balcázar y Ladislao Vajda, que habían venido desde Suiza para entregarme el guión de *La dama de Beirut* y así poder leerlo durante el viaje de novios.

Yo había firmado con los Balcázar un contrato para tres películas, de las cuales ya se habían hecho *La bella Lola* y *Noches de Casablanca*. Faltaba sólo una.

Paco, al verme, me dijo:

—Sara, tenemos ya el guión y tenemos que hablar de la producción.

—La próxima vez que usted quiera hablar del trabajo de mi mujer —saltó Chente—, no se dirija a ella, porque es conmigo con quien tiene que hablar.

Paco, lógicamente, se quedó de una pieza.

Nos cambiamos (él en una habitación y yo en otra), me puse de negro y mantilla, y fuimos al Vaticano. En el camino, le dije:

—Mira, Chente, yo no puedo dejar de hacer esta película, porque si no me puedo quedar en la calle.

Pero él insistía que no, y que él hablaría con los Balcázar.

Llegamos al Vaticano, y allí esperamos a la puerta de un salón grande, precioso. Oigo unos pasos, miro, y veo llegar a Pablo VI. Su Santidad venía por un pasillo de grandes ventanales y vestía una túnica blanca que, con el contraluz del mediodía, se le transparentaba ligerísimamente, revelando la forma del cuerpo. Ese mismo contraluz creaba un aura en torno a él, y parecía como si no caminase, sino que avanzase deslizándose sin apenas rozar el suelo, por el aire. Junto a él venía un secretario, que llevaba en la mano una cartera grande de piel negra.

Creí que nos iba a recibir de pie, pero nos indicó que nos sentásemos. Entonces, hablando un español bastante bueno, me dijo que había visto todas mis películas y que le encantaban, especialmente *Magdalena,* que era como se titulaba *Pecado de amor* en Italia.

—Ah, Sara, qué dulzura tiene usted, qué maravilla. Sara, me tiene usted que hacer la vida de Eva Lavalier —me dijo el Papa, y sacó de la cartera una sinopsis.

Yo miré a Chente, que callaba y no decía nada mientras Pablo VI explicaba que Eva Lavalier había sido una cupletista francesa, hija de una costurera de pocos recursos. De joven la violaron y fue expulsada de su pueblo. Se puso a cantar e hizo mucho dinero, porque además fue amante de un banquero importante. Pero al hacerse mayor repartió el dinero entre los pobres y acudía a los hospitales a ayudar a los enfermos. Murió de cáncer de lengua, pero antes de morir hizo al menos dos milagros: salvar a una niña que tenía cáncer de sangre, y a otra persona de cáncer de laringe.

—Ah, esta picola ragazza de las violetas. Tiene usted una esposa maravillosa —le decía a Chente—. ¡Qué bondad transmite en la pantalla! ¡Qué bondadosa tiene que ser en la realidad!

Pablo VI estuvo maravilloso con nosotros. Era un hombre majísimo e inteligentísimo, con unos ojos azules enormes que te atravesaban. Me tenía encantada, y le prometí a Su Santidad que haría la película, aunque luego Cesáreo González se negó a producirla.

Salimos del Vaticano y Chente seguía callado.

—Tengo que seguir llamándome Sara Montiel, porque es lo normal. El Papa quiere que haga esa película y debo hacerla.

Pero él, más papista que el Papa, me dijo que no, que yo no tenía que hacer cine nunca más porque me había convertido en la señora de Ramírez Olalla y teníamos que dedicarnos a tener hijos y formar una familia.

Llegamos al hotel para cambiarnos nuevamente y marcharnos al almuerzo nupcial, donde no era cuestión de acudir de negro, y que se celebraba en el Gran Hotel, el mismo lugar donde don Juan de Borbón y doña María de las Mercedes habían celebrado también sus esponsales. Yo subí a la habitación con María de Santa Engracia y, mientras, Paco Balcázar, que era listísimo, avisó a Chente:

—Ya que no quiere que hable con su esposa, tendré que hablar con usted. No tengo inconveniente en no hacer la película, pero he invertido mucho dinero y tendrá que indemnizarme por incumplimiento de contrato y por daños y perjuicios sobre las ventas previas que se han firmado ya.

Ante ese panorama, Chente llegó a un acuerdo con Paco. Cuando bajé, primero me encontré a Rubinstein en el ascensor, luego a Ingrid Bergman en el bar del hotel, y por fin se me acerca Paco y me dice a solas:

—Creo que me voy a entender muy bien con tu marido, porque tu marido es tan negociante como yo.

Jamás se me olvidarán estas palabras de Paco. Luego, la familia Balcázar, que es estupenda, lo pasó muy mal, porque se metió en cosas de drogas y lo mataron en Méjico, al día siguiente de entrar en la cárcel. Fue una pena, porque no tenía ninguna necesidad de hacerlo y siempre los aprecié mucho tanto a él como a su familia.

Nos fuimos a comer y enseguida comenzamos el viaje de novios, que estaba ya preparado e iba a durar un mes. Primero fuimos a Dinamarca para coger un enlace a Moscú. En el avión seguíamos sin apenas hablarnos, y al llegar a Moscú se enfadó mucho, porque yo era muy conocida allí y, al enterarse de mi llegada, vinieron al aeropuerto numerosos responsables de la cinematografía soviética para recibirme y hacerme un homenaje: me dieron banquetes, me llevaron a la universidad, me invitaron a los estudios donde se rodaba *Guerra y paz*... Y no paraba de firmar autógrafos, que tanto disgustaban a Chente.

En Moscú nos alojamos en el Hotel Ucrania. Al lado de nuestra habitación estaban dos banqueros españoles que se encontraban allí de negocios. Esas relaciones siempre me sorprendían, a pesar de que estaba acostumbrada a que Cesáreo González, mano derecha de Franco, hiciese tanto dinero conmigo en la Unión Soviética; pero eso contrastaba con el maltrato y la persecución de que eran objeto los comunistas en España.

Chente se hizo muy amigo de estos banqueros. Cuando a mí me invitaban a visitar el Kremlin, él prefería quedarse con ellos antes que venir conmigo. Estábamos totalmente distanciados.

Desde Moscú viajamos a Japón, con escala en Alaska. Ese ha sido el peor vuelo que he hecho en mi vida. Aterrizamos en Anchorage, donde había habido un gran terremoto y las pistas estaban abiertas. Allí me dio claustrofobia de pensar que tenía que montarme otra vez en el avión, y eso que no me acordaba de que Tony, cuando habíamos ido a Hawai, me había dicho que en el Pacífico hay zonas de turbulencias peligrosísimas, continuas, que habían desplomado a muchos aviones durante la guerra. Y, en efecto, fueron horas y horas de traqueteo, que me hicieron enfermar y no pude comer ni dormir ni nada.

Llegué malísima a Tokio, en medio de una tormenta increíble. Y de repente oigo música, veo pancartas en japonés pero con mi nombre en español, y me encuentro con un recibimiento digno de un rey. Este sí lo esperaba, aunque no imaginé que sería tan grande, porque Hispavox me había avisado de que se me iba a hacer entrega de un disco de oro por las ventas de *Tango*. Me llevaron a ver funciones de teatro kabuki y nô, y me sacaban al escenario para saludar. También fui a la Sociedad de Autores, donde me pagaron un dineral como liquidación de los derechos de mis películas. Chente hacía las cuentas, aunque sin comunicación entre nosotros, e ingresó este dinero en un banco de españoles que había en

Tokio. Y, como necesitábamos otro dinero para continuar el viaje, lo sacó de mi cuenta, que él podía manejar gracias a los poderes que le había otorgado.

De Japón volamos a Los Ángeles. Mi amiga del alma Lidia Ibarrondo y su marido Conrad nos esperaban en el aeropuerto. Al llegar a su casa, Lidia y yo subimos al dormitorio a deshacer las maletas mientras Chente y Conrad se quedaban abajo.

—Antonia, ¿con quién te has casado? ¿Quién es? Este hombre no te va, y perdona que te lo diga —me dijo Lidia—, pero soy tu hermana y te quiero muchísimo, y veo que este hombre no tiene nada que ver contigo.

—Tienes razón —le confesé—. Es muy buena persona, muy buen chico, pero me he equivocado por completo, porque no es lo que esperaba. Me ha prohibido trabajar, me ha prohibido ser Sara Montiel.

—¿Y eso? ¿Es que es millonario? ¿Con qué te va a mantener?

—¡Qué va! Si sólo tiene un salario al mes, y yo le ayudaré en lo que pueda con mi dinero para que lo invierta, porque es muy buena gente por lo demás. Lo que pasa es que me ponía una cara cuando éramos novios, y al casarnos me ha puesto otra.

En Nueva York teníamos la última etapa del viaje. Nos alojamos en el Warwick, y recibimos una invitación del consulado español para una fiesta. Había mucha gente, entre ellos Gómez Acebo, el marido de la infanta doña Pilar. Y allí, en el mismo salón donde lo había visto por primera vez, me volví a encontrar con Severo y con Carmen.

Fue horrible. Fue la puntilla para mi desgracia. Con todo lo mal que me sentía, con la enorme decepción que Chente había significado para mí, lo peor fue encontrarme con el amor de mi vida y darme cuenta de lo mucho que había perdido y de lo infeliz que yo era.

Si llego a tener a Tony o a Joe cerca, habría dejado a Chente de inmediato para refugiarme en sus brazos. En lugar de eso, regresé con Chente a Madrid, no sin antes escuchar de él algo terrible:

—Cuando lleguemos a casa, se acaban las visitas de tu hermano Antonio y de tu cuñada Manolita.

Me dijo eso a mí, con el sentido familiar que yo tenía y lo encantada que estaba de acoger a mi familia cuando venían de Ciudad Real a ver a mi madre. Pero eso no fue todo:

—Y a tu madre se le da un dinero y que se vaya a vivir con tu hermano; o, si no, le pagamos una pensión. Porque en mi casa no va a estar viviendo tu madre, como tampoco vive conmigo la mía.

Ahí se me cayó todo y no pude más. Mi madre había tenido una relación estupenda con Tony y con sus hijas, y nunca se había planteado algo semejante.

—Chente —le dije—, ¿tú tienes una casa para que vivamos como vivimos? Tú no tienes para alquilar una casa, y menos para comprarla. Pero eso no me importa, porque yo me he casado contigo por ti, no por tu dinero. Y resulta que no vamos a vivir en mi casa, sino en la casa de mi madre, porque yo la compré para ella. Tú no puedes echar a la dueña de la casa; es mi madre la que tiene derecho a echarnos si quiere.

Llegamos a casa y Chente se mete en el dormitorio, mientras yo me quedo a solas con mi madre, que veía que algo iba mal entre nosotros.

—Pero, hija mía, ¿qué ha pasado? —me preguntó ella, que ya me había dejado en Roma sin quererme casar.

Me dijo mi madre que yo no tenía que tener ningún problema; que el problema, si acaso, lo tenía él.

—Tú no crees en la Iglesia. Si no funcionáis y te separas, el problema será suyo.

Después llamé a mi amigo Luis Fernando y, por la tarde, en una terraza de la Castellana, se lo conté todo y me eché a llorar: había fracasado.

—Sarusca —me dijo Luis Fernando—, nunca pensé que

fuese una cosa perdurable, pero no creí que te darías tan pronto cuenta del error. Con tu sentido de libertad, con esa mente diferente, no me extraña lo que os está pasando, pero es horrible que todo ocurra tan rápido.

Como al mes o los dos meses de llegar a casa, él ya aceptaba que yo hiciese la película, y el dinero que tenía que ganar lo cobró él. Ahí Chente fue muy agradable y me volvió a engañar, porque yo aún le quería. Él, a lo mejor, me había estado mostrando una parte buena sólo para casarse conmigo, y quizá pensaba que ya lo tenía todo hecho. El caso es que él me envolvió y me dijo que me quería mucho, que el día de mañana me daría satisfacciones, que mi madre podía estar con nosotros, pero (y siempre había un pero)…:

—… Pero tú sabes que las parejas, cuando se casan, quieren estar solas. Comprendo que no te puedo dar una casa, pero…

Entonces tuve un dolor en la matriz y fui al ginecólogo. El médico llamó a Chente y le dijo:

—Veo muy difícil que su señora se quede en estado.

Chente no le creyó y pedimos una segunda opinión. El doctor Hervías me internó, me hizo algo, y nos dejó a Chente y a mí en una habitación del sanatorio. Hicimos el amor, mandado por el doctor, para ver si me podía quedar embarazada.

Pasó un mes y no me quedaba embarazada. Pasó otro mes, y tampoco. Mientras, las cosas seguían mal. Él dormía en el dormitorio, y yo dormía en un saloncito-vestidor, donde estaba el armario en el que escondí a los dos chicos comunistas. Y mi madre me dijo:

—Esto no puede ser. Tenéis que separaros.

Llamé a mi amigo y casi hermano Luis Fernando y le pregunté:

—¿Qué hago?

—Sarusca, tenéis que separaros de común acuerdo.

Y nos separamos de común acuerdo, pero Chente me dijo:

—Nos separamos, pero tú eres mi mujer y yo soy tu marido.

En agosto se comenzó a preparar *La dama de Beirut,* que se rodó en Barcelona. Allí conocí a Giancarlo Viola.

Chente estaba viviendo en su antigua habitación, y me llamó para decirme que iba a ir a Barcelona a pasar las Navidades y quería que aparentásemos seguir juntos como marido y mujer, aunque estuviésemos separados. Me pidió que lo acompañase a casa de sus padres como si no hubiese pasado nada.

Giancarlo desconfiaba de él:

—No me gusta el hombre que permite que su mujer haga su vida y le pide que finja seguir juntos. No es un hombre legal.

Y tenía razón.

Chente sabía que Giancarlo y yo estábamos juntos, pero a veces me llamaba y me decía:

—Antonia, tengo que ir a tal banco y necesito que vengas conmigo, porque quiero que sepan que estamos casados. O:

—Antonia, mis socios y yo vamos a necesitar un dinero que vas a poner tú.

Para la compra del solar de Núñez de Balboa donde luego construyeron el edificio en el que ahora vivo, puse dinero yo. Pertenecía a los Gómez Acebo, que tenían aquí un chalet. Chente utilizaba los poderes que yo le había dado, pero fue Giancarlo el que me abrió los ojos.

En 1965, cuando fui a Rumanía, se presentó allí Chente con mi representante de Hispavox, Enrique Gadea. Chente venía de Suiza en ese momento y, aunque hacía año y medio que nos habíamos separado, me pidió que le consiguiese unos iconos para satisfacer los compromisos que tenía con unos banqueros.

En Rumanía, yo estaba trabajando a través del Ministerio de Asuntos Exteriores. Me pagaban poquísimo, pero me hacían regalos, y pedí que me regalasen dos iconos. Uno me lo quedé, y el otro se lo di. Vino al aeropuerto de Madrid a recibirme para que los banqueros viesen lo supuestamente unidos que estábamos.

Giancarlo había venido a Rumanía cuando terminé de trabajar. Conocíamos allí a un matrimonio de españoles, socialistas, que tenían un hijo estudiando arquitectura; querían que su hijo pudiese entrar en España y yo se lo conseguí. Como a Giancarlo le gustaba la caza, nos invitaron a cazar con ellos, y así estuvimos varios días. Después Giancarlo volvió a Roma y yo a Madrid.

A los pocos días, Giancarlo vio en la prensa la foto de cómo la señora Ramírez Olalla, Sara Montiel, era recibida por su marido al regreso de su viaje tras el Telón de Acero.

—Lo que está haciendo Chente no está bien —me decía Giancarlo—. No me gusta nada que te tenga para las apariencias y para los bancos.

Cuando terminé con Giancarlo y me uní a Pepe, necesité una importante suma de dinero. Hacienda había hecho una inspección en Suevia Films, descubriendo que Cesáreo González no había pagado ciertos impuestos míos pero que él había asumido en nuestro contrato, pero Cesáreo había muerto en 1968. Lógicamente, Hacienda vino a mí y me encontré con que tenía que pagar. Y llamé a Chente.

Siempre confié en Chente. No le quité los poderes hasta que me enteré de que todas las propiedades que había adquirido y los negocios que había hecho con mi dinero, estaban a su nombre:

—¿Cuánto necesitas? —me había preguntado—. Porque yo ahora no puedo rendirte cuentas.

Desde 1964 hasta 1970 había estado utilizando mi dinero, y no tenía nada que presentarme. Así que Pepe y yo llamamos a un abogado para retirarle los poderes y para obligarle a entregar la memoria de sus actos. Así descubrimos que, a los dos meses de casarnos, ya había comprado una casa que había puesto a su nombre; y desde entonces, todo lo demás.

Pero él señaló que era mi marido (y lo fue durante catorce años, hasta que en 1978 me concedieron la anulación matrimonial) y tenía poderes, por lo cual no tenía por qué justificar nada.

Chente quiso la anulación para casarse con la mujer que fuese. No sé con quién, aunque a él siempre le han gustado las putas. Entonces habló con Pepe y conmigo, y nuestro notario me dijo:

—Antonia, coge todo lo que te dé, porque, si no, no vas a ver nada.

Para conseguir la anulación era necesario que yo diese mi consentimiento. A cambio, Chente me ofrecía la limosna de tres casitas de nada, pero la acepté por no tener nada más que ver con él.

Me acordaba de Giancarlo y de cuánta razón tenía al sospechar de un hombre tan interesado en las apariencias y tan oscuro por detrás.

Ahí terminé con Chente, hasta que hace poco tuve que hablar con él. Fue a causa de su hermano Luis, nuestro padrino de boda, el único de su familia con quien siempre he tenido buena relación.

Últimamente me ha pasado algo muy triste, pero que tal vez no sea tan extraño conociendo a Chente. Él nunca ha sido amigo de amigos; en cambio, amigo de putas sí. Él tuvo una amiga puta que era famosa por su danza del vientre, y muchas veces coincidíamos en el cine; entonces me decía esta señora:

—Sarita, yo te quiero mucho, pero no tengo la culpa de

que tu marido, Chente, me compre abrigos de visón. Él me tiene como amiga, pero yo sé que Chente y tú estáis separados, y yo no quiero que me digan que las pieles que llevo son del dinero de Sara Montiel.

Estas cosas no me gustaban, pero Chente, que ahora es multimillonario gracias a mí, era así. En este tiempo nos vimos un par de veces, nos saludamos fríamente y nada más. Pero hace dos años fui a Barcelona para encontrarme con su hermano Luis, que estaba muy mal. Era diabético, y tuvo la mala fortuna de que se le gangrenaron los dedos del pie; se los cortaron y siguió viviendo; le cortaron el pie después, y luego le cortaron toda la pierna. Pero le pasó lo mismo con la otra pierna, y se la fueron cortando por partes hasta que se quedó finalmente sin ninguna de las dos piernas.

Cuando le cortaron la segunda pierna, tenía en el mismo hospital a su mujer ingresada con cáncer. No habían tenido hijos, pero siempre se habían llevado muy bien. Chiqui era una mujer muy preparada, muy inteligente, y él también. Su casa estaba llena de libros y archivos de prensa hasta el techo. Por suerte, la diabetes no le atacó la vista y pudo seguir leyendo.

La mujer murió en el hospital mientras a él lo subían de la UVI. Entonces Luis se negó a tomar medicinas y alimentos, porque quería matarse, pero los médicos se dieron cuenta y le dieron alimentación intravenosa.

Al advertirlo, recapacitó y empezó a pensar que, si no se reponía, no iba a poder suicidarse, que era lo que quería. Así que se alimentó, mejoró, le dieron de alta, salió del hospital, un enfermero le acompañó a su casa, se encerró, se acercó a la terraza y se arrojó al vacío; era un noveno piso.

Tuvo la suerte de que rebotó en un toldo del segundo piso, y cayó encima de una señora que estaba en su terraza arreglando las flores. A la pobre mujer le rompió la clavícula, el brazo y no sé si algo más.

Luis vendió el piso y se marchó a una residencia.

Mientras, yo estuve buscándolo en Barcelona, pero nadie me decía dónde estaba. Unos meses antes había estado en Lima con la familia de su madre, que son gente encantadora y a quienes conocí yendo con Pepe. Los llamé y ellos me dijeron que Luis estaba muy mal y me indicaron la dirección de la residencia.

Mi amiga Mercedes y yo estuvimos con Luis. Él se puso a llorar y me dijo que quería morirse, que se sentía muy solo y que nadie iba a verlo. Entonces comencé a viajar con frecuencia para visitarlo. Alquilé una ranchera para poder sacarlo a pasear con su silla. Lo llevé a la Villa Olímpica, y estaba encantado porque ya creía que no iba a volver a salir a la calle.

Pero un día me llamó el chico que lo cuidaba:

—Doña Antonia, venga usted, que el señor Ramírez está muy mal.

Fui y me encontré con que le había dado una embolia y tenía todo el lado derecho del cuerpo paralizado, y con una mueca terrible en la cara. Justo le sucedió cuando le iban a dar una prótesis para la pierna derecha.

Volvió a querer morirse. En la residencia tenían miedo de que hiciese algo, y me pidieron que estuviese con él lo más a menudo que fuese posible.

—¿No ha venido tu hermano? —le pregunté.

Necesitaba una enfermera que le diese masajes para la parálisis, y necesitaba a su hermano. No para que pagase a la enfermera, sino para poder verlo simplemente. Es así: necesitaba a su hermano.

Pero Chente no fue a verlo.

Me quedé en Barcelona unos días, volví a Madrid por unas gestiones, y regresé para estar con él e intentar subirle la moral. Y ya decidí hablar con Chente.

Lo llamé y se puso al teléfono una señora antipática que al parecer era su señora:

—Mi marido no puede atenderte. Está fuera y está muy ocupado.

—¿Si llamo a las nueve de la noche cree usted que habrá regresado ya? —le pregunté—. O puedo llamarle después, si tiene costumbre de regresar a otra hora.

—Atenderte, no creo que te pueda atender. Haz lo que quieras.

Llamé por la noche y se puso Chente:

—¡Pero bueno, y cómo llamas, qué raro! —me dijo.

—Te llamo porque necesito un favor de ti. No es dinero. Gracias a Dios, mi marido, Pepe, me ha puesto muy bien para toda la vida. No es dinero lo que te pido, aunque sería dinero mío, pero en fin… Es un favor: que antes de que muera tu hermano, vayas a verlo, aunque sólo sean cinco minutos.

Y entonces me dijo que era un hombre muy ocupado, que tenía una familia…

—Pero es que no tienen nada que ver los cojones para comer trigo —se lo dije así—. Vas a Barcelona veintiocho mil veces por asuntos de trabajo, y no te has acercado a ver a tu hermano. Y tú sabes que tu hermano está muy grave.

—Ah, cada uno se lo busca como puede. Él nunca ha hecho caso de que tenía azúcar, pues allá él; es su destino.

Y me colgó.

Eso es lo que tengo de recuerdos de Chente Ramírez García.

XXV
Gianca y Pajarota

Giancarlo Viola pertenece a una buena familia de Civitavecchia. Su padre era ingeniero, y durante la Segunda Guerra Mundial había solucionado un problema de los aviones italianos, que a determinada altura fallaban; él inventó cierto tipo de tornillo o sujeción de las hélices, y fue muy respetado por esto. Pero yo no lo conocí, porque había muerto tres meses antes de empezar el rodaje.

Por su parte, Giancarlo tenía una fábrica de munición y pólvora, y había patentado unos cartuchos de caza y militares. Años después, esa fábrica se incendió por el descuido de un empleado que estaba fumando a pesar del riesgo y la prohibición; y en ese desastre perdió la vida una de las trabajadoras, todo lo cual fue una tragedia para Giancarlo y su familia. Aparte, era muy aficionado a la fotografía, y desde muy joven había participado en fotonovelas. Así conoció a Claudia Cardinale y actuó en una película con ella. De todos modos, él no tenía intención de ser actor.

Tenía treinta años cuando intervino en *La dama de Beirut*, y si lo hizo fue porque Ladislao Vajda y su padre habían sido muy amigos. Como era impresionante de guapo (y su hermana es más bella todavía), Vajda lo contrató y, como ni los productores ni yo sabíamos nada de él, nos trajo unas fotografías suyas. Por las condiciones de mi contrato, yo tenía derecho a discutir el reparto, pero con Ladislao no hacía falta hacerlo, porque yo confiaba totalmente en él. De todos modos, Ladislao nos dijo que no era actor:

—Pero no os preocupéis, porque yo lo convertiré en actor.

Tenía presencia y conocía muy bien la técnica de la fotografía y bastante la del cine. En cuanto a la voz, iban a doblarlo al español, y a los dos nos iban a doblar al italiano, así que no teníamos por qué dudar de la seguridad de Vajda.

Durante casi todo el rodaje de *La dama de Beirut,* Giancarlo Viola fue simplemente un compañero de trabajo. Entre toma y toma, solía quedarse en algún rincón leyendo un libro gordísimo. Eso me llamó la atención, y le pregunté qué autor estaba leyendo. Me lo mostró él mismo: Federico García Lorca.

Me quedé muy sorprendida, porque Lorca no era un autor precisamente bien visto en aquel momento, y de repente me lo encontraba en manos de un actor italiano. «¡Qué curioso!», me dije.

Giancarlo era guapísimo, y al verlo tan solitario y leyendo, las chicas de maquillaje y yo supusimos que debía de ser homosexual. Seguramente era un prejuicio nuestro, pero nos extrañaba que alguien tan atractivo se pasase los días en el hotel sin recibir ninguna visita y sin salir más que para dar alguna vuelta en el coche.

Un día apareció en el rodaje una rubia guapísima, y el ayudante de dirección se los encontró en el camerino haciendo el amor.

—Ah —pensamos—, no es homosexual. Lo que pasa es que no debe de ver a nadie porque está casado y esta es su señora.

Pero a los pocos días apareció una chica pequeñita con gafas, con el pelo muy cortito, y nos la presenta como su esposa. Y esta lo era de verdad, porque la anterior era una de sus amigas, holandesa, muy simpática, que hacía fotonovelas en Italia con Giancarlo, Clint Eastwood y Franco Nero.

Gianca no era homosexual, qué va. Gianca era un señor cultísimo que, cuando quería, se las llevaba de calle.

Giancarlo iba a pasar las Navidades solo en Barcelona, porque no le venían ni la amiga ni la esposa. Estaba alojado en el hotel Presidente, donde también residían Gema Cuervo y parte del equipo de la película. Mi madre y yo teníamos igualmente sendas suites en ese hotel.

Entonces vino Chente para que guardásemos las apariencias ante su familia. Estando Chente a mi lado, Giancarlo me llamó a la habitación:

—Guarda, Sara; quisiera invitarte a una comida en plan de amigos con Gema, Luis —que era el ayudante de dirección—, y algún otro.

—Pues lo siento mucho pero no puedo ir.

—Ah, entonces lo dejamos para otro día, porque yo tengo interés en que estés tú también —y canceló la reunión sólo porque yo no iba a poder estar.

Pasa Nochevieja y regresamos al estudio para seguir el rodaje. Mi madre viene conmigo ese día, cuando nos pasamos toda la tarde con una misma escena que tuvimos que repetir cincuenta y tantas veces. Ni antes ni después he participado en una escena que necesitase tantas repeticiones, pero esta era especialmente difícil. Se trataba de que Giancarlo y yo veníamos caminando hacia un sofá grande; yo, que llevaba un precioso vestido negro de Dior, con toda la espalda al aire, me apoyaba en el borde; él se abrazaba y caíamos los dos dentro del sofá dándonos un beso.

La dificultad era que hacía falta tomarlo desde tres posiciones distintas, y unas veces la cámara se salía de nosotros, otras éramos nosotros los que nos metíamos en el campo cuando no nos correspondía, o no se veía el beso… Siempre había algún problema que obligaba a repetir. Y cincuenta y tantas caídas con otra persona sobre un sofá son muchas caídas y mucho dolor de espalda.

De repente se oye una voz:

—¿Esto es un estudio de cine o es un burdel?

Se hace un silencio. Vajda se vuelve, ve a Chente, que era el que había hablado, y le pregunta:

—¿Cómo dice?

—Que llevo aquí desde que empezaron, y esto es un burdel.

—Haga usted el favor de salir del plató —le ordenó Vajda—, porque usted no pertenece al rodaje.

Ladislao Vajda echó a Chente. Mi madre fue tras él hasta mi camerino y le dijo:

—Mira, Chente; no vuelvas a hacer esto, porque es ridículo. Te aconsejo que no os veáis más, ni para quedar bien ante la gente ni para nada, porque así no podéis estar.

Mi madre ha estado presente en los momentos importantes de mi vida, y siempre ha tenido a punto la palabra precisa.

Ella le hizo ver a Chente lo ridículo de su comportamiento; pero es que Chente no entendía nada de cine. Nunca iba a los estrenos de mis películas, pero sí vimos juntos *Samba* y montó un escándalo sólo porque enseñaba una pierna cuando estoy tumbada en la cama de la favela donde se supone que vivo con mi abuela.

A mitad del rodaje, al pobre Vajda le dio un ataque. Lo llevé al hospital, pero no hubo nada que hacer y murió en mis brazos. Gianca y yo fuimos juntos al entierro, y poco después empezamos a salir.

Él no era muy feliz en su matrimonio. Ana y él se habían casado muy jóvenes por un acuerdo entre los padres de ambos, lo cual era hasta cierto punto habitual en Italia. No amaba a su mujer pero la respetaba, y a su manera la quería, ya que era la madre de sus hijos y él siempre ha sido una persona muy honesta que ha procurado no hacerle daño a nadie.

Hicimos el amor gustándonos aunque sin estar enamorados, pero pronto descubrimos que entre nosotros había una química impresionante. Poco a poco, sin embargo, fue creciendo el cariño entre los dos. Él, al principio, me tenía algo de miedo, o quizá sería mejor decir que sentía una pequeña prevención hacia mí, porque sabía que él no me podía dar todo aquello a lo que estaba acostumbrada por el nivel de vida que había conseguido. Era cuestión de ese amor propio que tienen los hombres cuando son hombres.

Pero a mí eso no me importaba. A mí me bastaba con estar con él, a su lado. Por eso, cuando empezó a cavilar acerca de si debía separarse o no, yo le dije que eso no era ningún problema para mí; que yo no necesitaba que él dejase a su mujer para unirse a mí, porque yo era libre y no necesitaba papeles que me ligasen a él.

Sin embargo, eso se convirtió en algo importante para él. Por un lado quería separarse de Ana porque veía que esa relación no llevaba a ninguna parte; por otro, tenía un gran sentido familiar, y no quería dañar a la niña pequeña que ya tenían. Él luchaba consigo mismo, pero yo no lo aprisioné, porque no tenía ningún interés en obligarle a divorciarse.

En los primeros días de nuestra relación fuimos dos o tres veces a la montaña para que no me viera nadie. Los sábados, cuando terminábamos el rodaje, cogíamos el coche y nos íbamos a cenar a Castelldefels, que aún no se había convertido en el barullo que es hoy. Si alguien nos descubría cenando podía parecer una cita normal entre compañeros de trabajo que estaban haciendo la misma película. Y así, jamás dimos un escándalo. Es más, ni siquiera cuando vivimos juntos salió esto en la prensa, ni se dijo que yo me había separado de Chente.

En Semana Santa terminamos *La dama de Beirut* y él regresó a Roma. Yo volví a Madrid, pero teníamos muy claro que íbamos a seguir viéndonos, porque ya habíamos superado ese momento de simple atracción sexual, y nos estábamos convirtiendo en algo más que amantes casuales. Giancarlo es una persona muy dulce; es muy cariñoso y enseguida se hace querer; y yo ya había empezado a quererle, lo mismo que él a mí.

En verano quedamos en vernos en Milán. Él, siempre encantador, me había dicho que no fuese sola, sino que llevase a mi madre. Nos hospedamos en un hotel precioso que hay en un palazzo de las afueras de Milán, y estuvimos allí cinco o seis días. Como él era un excelente tirador, fuimos en su Masserati a un torneo de tiro al plato que se celebraba a unos doscientos kilómetros de Florencia, mientras mi madre se quedó en el hotel.

Mi madre quería muchísimo a Giancarlo. Le había caído muy bien cuando lo conoció en el rodaje, y lo apreció aún más cuando empezamos a salir. Aunque no quisiésemos hacer pública nuestra relación, ella estaba al tanto de todo, porque jamás he dejado a mi madre fuera de mi vida.

Al volver de Milán nos estuvimos llamando constantemente por teléfono, y empezó a plantearme la posibilidad de pasar más tiempo juntos. A fin de cuentas, éramos personas adultas casi de la misma edad; personas que se querían.

Entonces comenzó a venir a menudo a Madrid, y alquiló un ático por la zona de Puente de Praga. Allí nos veíamos por las noches, porque yo vivía ya con mi madre en Plaza de España, y jamás quise hacer el amor con ninguno de mis hombres en la casa donde viviese mi madre; era un respeto que yo le tenía.

Otras veces era yo quien viajaba a Italia. Me decía:

—Antonia, pajarota —que era como siempre me llamaba—, que llevamos varios días sin vernos. Anda, vente, te espero en Roma y nos vamos a cazar a Vitervo.

Y yo acudía y nos íbamos a Vitervo; o, si no, me quedaba en Roma en casa de su hermana Edilia.

Estuvimos así hasta diciembre de 1965. Ocho meses de ir y venir, con un cariño enorme pero sin locura, hasta que me plantea:

—Pajarota, yo necesito estar a tu lado. No quiero estar volando de un sitio a otro. No quiero vivir así.

Pero yo le pedí que no se separara, porque no estaba segura de creer que lo nuestro fuese una cosa definitiva. Sin embargo, él me hizo ver que su trabajo le obligaba a permanecer más tiempo en Italia, porque tenía que hacer sus fotonovelas, dirigir su fábrica y algunas tiendas de armas que poseía en Roma y Civitavecchia:

—Si te vienes a vivir a Roma podremos vernos más tiempo. Yo no hago nada en España y tengo trabajo aquí.

Cogimos un apartamento justamente enfrente de donde vivía su hermana y me trasladé allí. Pero antes llegamos a un acuerdo:

—La casa la pagas tú —le dije—, pero el teléfono, como lo voy a usar más que tú, lo pago yo; y la comida la pagas unas veces tú, y otras veces yo.

—Lo que no puedo es hacerte regalos como esos vestidos de cinco mil dólares que te compras en Via Venetto.

Porque yo a veces me encaprichaba de un bolso o de cualquier joya de Bulgari, y me lo compraba. Y luego llegaba al apartamento y se lo enseñaba a su hermana:

—Edi, mira qué preciosidad me he comprado.

—Mamma mia, como te la vea Giancarlo le va a dar un ataque. Si ya tienes muchas joyas.

De vez en cuando llevaba las joyas grandes a un banco que había debajo de donde vivíamos, y las guardaba en una caja fuerte. Pero a mí no me importaba que Giancarlo no pudiese comprarme ese tipo de joyas, porque no era eso lo que esperaba de él.

En 1966 comenzaba el rodaje de *La mujer perdida*, y allí había un papel de escultor italiano. Cesáreo González había entrado en coproducción con Italia y Francia, y, como habíamos hecho tan buena pareja en *La dama de Beirut*, se le ocurrió llamar a Giancarlo para el papel.

No fue una proposición mía, porque sabía que a él no le gustaba actuar. Como actor era malo y le costaba muchísimo. Lo que pasa es que Vajda lo había dirigido de manera magnífica, aprovechando su sobriedad y su elegancia, y por eso había dado tan buen resultado.

Nadie del mundo del cine o la prensa sabía nada acerca de nuestra relación. Mis amigos José de la Rosa y Luis Fernando sí, pero ellos eran como hermanos. En cuanto a Chente, no le interesaba que se supiese porque necesitaba hacer ver que seguíamos juntos para poder hacer sus negocios con mi dinero. Así que le dije a Giancarlo:

—Gianca, deja de leer a Lorca y Alberti, y ponte con este guión, que tienes más papel que en *La dama de Beirut*.

—Si tú me ayudas, podré interpretarlo. Pero lo mejor es que así estaré contigo, pajarota —me dijo cuando lo leyó.

Dejó sus negocios en manos de su hermano pequeño, y nos volvimos a España.

Parte del rodaje tenía que hacerse en exteriores en Roma, y allí pasamos quince días. Me alojaba en el Excelsior, porque nadie sabía que yo tenía una casa en la ciudad. Después fuimos a Toledo, y, como para entonces llevaba mucho tiempo sin ver a su hija, le pidió a su mujer que se la trajera.

—Pajarota, va a venir Ana con la niña, pero no te van a molestar para nada, porque vamos a estar en otro hotel.

—Pero no pasa nada. Tú necesitas estar con tu niña y me parece muy bien.

No me preocupó que Ana y la niña viniesen a Toledo.

Para mí era lo más natural, porque yo no tenía interés en romper aún más un matrimonio que ya se había separado. No pretendía dar un escándalo con Giancarlo. Mi mente seguía actuando con libertad, pero con cierta prudencia.

Acaso porque intuía que él no iba a ser el hombre definitivo de mi vida.

Hasta 1969, hicimos más vida en Roma que en España. Pero en ese año fue cuando murió mi madre y algo se derrumbó dentro de mí.

La muerte de mi madre fue terrible. Ahí se portó muy bien Maruja Díaz, que me acogió en su casa y siempre le estaré agradecida, porque yo había perdido el sentido de las cosas.

Estaba tan mal que los médicos me aconsejaron que hiciera algo, que volviese a trabajar en cine o en teatro, a fin de recuperar un compromiso con la realidad. Así es como me presenté por primera vez en España con un espectáculo: *Sara Montiel en persona*.

Debuté en el Teatro de la Zarzuela a primeros de diciembre, cuando nadie me conocía en esta faceta. Giancarlo estuvo conmigo, pero seguíamos sin querer que la gente supiese de lo nuestro. Incluso había estado en el entierro de mi madre, pero apartado de los demás. Yo no había llegado a tiempo de ver a mi madre con vida, pero él sí había podido despedirse de ella, porque ella lo llamó cuando se sintió morir. Después nos seguimos viendo, pero siempre en su piso, porque ni siquiera entonces consentí estar con él en la casa de Plaza de España.

Pero yo había cambiado con la muerte de mi madre, y lo que sentía por él ya no era lo mismo. Seguíamos llevándonos bien, porque con él es imposible estar a malas, pero no fue en él en quien me refugié. Al morir mi madre me refugié en la responsabilidad de tener que salir ante el público y dar la cara.

Yo me había vuelto loca, y sólo lo superé por el estímulo del trabajo y la profesionalidad.

Y lo de loca no lo digo por decir: había enloquecido verdaderamente. Por una parte engañaba a mi hermana Elpidia, y por otra engañaba a Marujita. A Elpidia le decía que por las noches me iba con Marujita, y a Marujita le decía que estaba con Elpidia: eran dos mentiras.

La verdad es que cada noche me iba al cementerio a dormir encima de la lápida de mi madre. Y a eso de las seis y media o siete de la mañana, cuando empezaba a clarear, salía del cementerio por una boca que habían hecho unos obreros en la tapia para poder entrar los ladrillos de una obra.

Una noche de octubre cayó una tormenta terrible, y me refugié en la cripta familiar de los marqueses de Urquijo, quienes aún estaban vivos. Allí me encontraron dos obreros, uno de ellos sordomudo, que al verme se llevaron el mismo susto que yo. Me trajeron a casa y el director del cementerio habló con el doctor Azcona, que me atendía.

El doctor me llevó a López Ibor, cuya esposa, Socorro, era muy agradable y ya la conocía. Estuve en tratamiento con él más de un mes, y en noviembre decidieron que tenían que ponerme a trabajar. Así me organizaron el espectáculo, en el que tenía que actuar cada día, y efectivamente me sirvió para procurarme un alivio. No es que con eso se me pasase el dolor, pero empecé a encontrar un objetivo en la vida.

Al terminar en el Teatro de la Zarzuela me fui a Alicante, en cuyo Teatro Principal estuve una semana. Giancarlo vino conmigo para intentar ayudarme. Desde Alicante tenía que ir a Palma, pero yo no quería; creía que allí no había más que suecos y turistas:

—Pero Sara, por Dios, ¿cómo dice usted eso? —me decía el empresario Joaquín Gasa—. Los de Palma son unos empresarios maravillosos que tienen un teatro fabuloso y con los que ni siquiera tengo que hacer contratos, porque para ellos la palabra es sagrada.

Fuimos a Palma. Cuando bajé del avión, allí estaban los dos empresarios, que eran socios, y uno de los cuales era Pepe Tous; pero a este le acompañaba además una amiga: Norma.

Bajé sola y Gianca se quedó atrás, porque nunca dábamos la cara juntos por si había prensa. En el hotel cogió una habitación aparte, como era lógico; pero, después de recibir a los periodistas, bajó Giancarlo y nos fuimos a cenar los cuatro: Pepe, Norma, Gianca y yo.

Había venido también la señora Inés. Las dos nos habíamos fijado en Pepe cuando lo vimos en el aeropuerto. Luego, en el coche que nos llevó al hotel, nos fijamos en sus manos, y la señora Inés me dijo por lo bajo:

—No lleva anillo.

Joaquín Gasa, que también había venido, le preguntó:

—¿Qué, Pepín, sigues soltero? ¿No hay quien te amarre?

A la señora Inés y a mí nos gustó entonces mucho más.

—Sí, estoy de novio y me voy a casar. Ya he amueblado el piso —se refería al ático del edificio donde estaba el periódico *Última Hora,* que era suyo.

Íbamos a Palma para doce días, pero estuvimos veintidós. Antes de llegar había vendido la primera semana, así que prorrogamos. Cada tarde, a las seis, tenía que estar en el teatro, pero por la noche nos llevaba a todos los sitios de diversión que había en Palma.

La semana anterior a Semana Santa actué en Valencia, y, como en esas fechas no se podía trabajar, me quedaban unos días libres hasta el Sábado de Gloria, en que tenía que debutar en el Teatro Victoria de Barcelona:

—¿Por qué no nos vamos a Palma a pasar la Semana Santa? —le propuse a Giancarlo, y él accedió.

Así lo hicimos, pero yo llevaba malas intenciones, porque mi verdadero interés no era descansar sino conocer más a Pepe. Tenía claro que Giancarlo y yo estábamos dejando de funcionar como pareja.

Aunque es posible que la que ya no funcionase fuese yo. La muerte de mi madre me había afectado mucho, y recordaba cómo ella, que apreciaba muchísimo a Giancarlo, me había dicho:

—Antonia, no es el hombre tuyo. Tú vas a conocer a tu hombre a través del agua.

Para que los del hotel de Palma no dijeran nada, cogimos dos habitaciones, pero procuramos que estuviesen juntas. Por la noche salíamos con Pepe, su novia y unos íntimos amigos suyos, pero yo me daba cuenta de que algo pasaba; sin embargo, ni Pepe ni yo nos dijimos nada.

Llegamos a Barcelona, y avisan a Giancarlo para comunicarle el incendio de su fábrica. Él se marchó, hubo un juicio y cerraron la fábrica, aunque él no fue a la cárcel ni le hicieron nada porque tenía todas las normas de seguridad en regla.

En esos días, además, nos habíamos planteado buscar otro apartamento en Roma. Su hermana y su cuñado, que ya tenían dos hijos, se habían comprado una casa en la calle Kenia, donde aún viven, y queríamos mudarnos cerca de ellos. La razón era que en Roma me sentía muy sola, y ellos eran mis únicas amistades.

Gianca me llamó para decirme que había encontrado un piso estupendo:

—No es un ático, como a ti te gusta, pero hay mucha zona verde alrededor, y está enfrente del de mi hermana.

Como yo no podía ir a verlo, porque no tenía ningún día de descanso, él me proponía venir; pero yo me las apañaba para que retrasase su viaje.

¿Qué había pasado? Que Pepe y yo, pero por iniciativa mía, nos dedicamos a llamarnos por teléfono cada noche, después de la función, y nos contábamos nuestras vidas. Y a veces me decía:

—Tengo que ir a Barcelona para hacer unos contratos.

Yo creía que esa era la razón, pero la verdad era que venía sólo para verme. Aunque lo de los contratos no era mentira, porque llevó a Palma a Antonio Machín, María Dolores Pradera, Marlene Dietrich, Cher, Shirley Bassey... Con esta última, por cierto, había estado saliendo casi un año.

Joaquín Gasa, que lo conocía desde que Pepe era pequeño y acompañaba a su padre, cenaba con nosotros. Luego Pepe y yo nos íbamos a Boccaccio, después me dejaba en el hotel y enseguida me llamaba por teléfono para saber cómo estaba. Él no era un hombre de noche, porque además se levantaba a las seis y media de la mañana para estar a las siete en el periódico, pero tenía que ser de noche para controlar los teatros de los que se encargaba: el Lírico, el Balear y la discoteca Rosales.

También me preguntaba:

—¿Y Giancarlo? ¿Cuándo viene?

—Pues no sé, porque estamos regular y estoy pensando que a lo mejor lo tenemos que dejar.

—Ah, pero ¿seguís? —me preguntaba él, que estaba en un tris de casarse.

El 25 de agosto de 1970, estoy en Burgos con mi sobrino Teodorín, mi administrador, la señora Inés, Gasa y Carmen, su mujer. Habíamos hecho una gira por toda España y Lisboa, y de Burgos íbamos a ir a Bilbao, porque la terminábamos en el Arriaga.

Ese 25 de agosto me llama Elpidia por teléfono:

—Antonia, Giancarlo va para allá, porque ha venido y ha preguntado que dónde estabas, y se lo he dicho.

Un par de días antes, en Sevilla, me había visto con Pepe en la puerta del cementerio de Dos Hermanas, donde tengo a mi hermano enterrado. Él había hecho una travesía en barco con su madre hasta Cádiz, y de ahí había pasado a Sevilla sólo para verme. Baja del coche y me dice lo que no me había dicho nunca:

—Estoy locamente enamorado de ti. Sé que tú quieres a

Giancarlo, pero como me estás diciendo que a lo mejor lo dejas, quiero que sepas que eres la mujer de mi vida. He cortado con la novia y estoy aquí para que me digas que sí o que no.

—Sí, me gustas —le respondí—, pero tengo que hablar con Giancarlo, porque no puedo dejar esto así.

Cuando mi hermana me avisa, llamo a Pepe:

—Giancarlo va a venir a Burgos. Me gustaría que estuvieses aquí.

Pepe había estado diez años sin viajar en avión desde que tuvo un aterrizaje forzoso en el desierto del Líbano, y no se mató el pasaje de milagro. A Cádiz había ido en barco por esa razón. Pero cogió un avión hasta Madrid, y de ahí vino volando en coche. Mientras, avisé a todos:

—Giancarlo viene, y también Pepe. Vais a ser testigos, porque tengo que elegir a uno de los dos y los voy a enfrentar.

—Y Giancarlo no sabe nada —me dijo la señora Inés, que sabía todo lo mío.

—No, no lo sabe. Pero se lo tengo que decir. Y tiene que ser delante de Pepe, porque es amigo suyo —y era verdad, porque se habían llevado muy bien.

A las dos de la mañana apareció Giancarlo:

—Hola, pajarota. Has tenido molto suceso.

Y entonces llega Pepe:

—Hombre, Pepín —le dijo Giancarlo, que seguía en las nubes.

Entonces cogí a Gianca y lo llevé a mi habitación:

—Giancarlo, tenemos que hablar seriamente, y además quiero hablarlo delante de Pepe Tous, porque no quiero decírtelo a ti solo. Tengo que elegir y saber con quién me quedo: si contigo o con Pepe.

Él no se esperaba esto. No se le había pasado por la imaginación.

—Pero ¿qué me dices? Pepe no ha podido hacerme esto a mí. Pepe Tous es un señor; no ha podido engañarme.

—Pepe no tiene la culpa —le dije—. Pepe no tiene nada que ver con mi decisión. Tengo que ver yo sola, hacia ti y hacia él. Pepe no se ha metido en nada.

Bajamos y, delante de todos, digo:

—Giancarlo, yo he sido mujer tuya durante siete años. Ahora he conocido a Pepe. A ti te quiero mucho, pero no puedo seguir siendo tu mujer. Se ha terminado. Y yo me quedo con Pepe. He decidido ser su mujer.

Hubo un silencio. Todos estaban sentados menos nosotros tres, que estábamos de pie. Pepe estaba temblando porque creía que no me iba a decidir por él. A pesar de habernos visto en Sevilla, creía que le iba a decir que me gustaba mucho pero que estaba enamorada de Giancarlo. No se lo creía.

Jamás olvidaré la reacción de Giancarlo:

—Pepe, Pepín, eres un hombre afortunado, muy afortunado. Sé que no ha sido culpa tuya, pero hay que saber perder, y yo pierdo.

Giancarlo tenía unas lágrimas enormes. Lloraba, pero estaba lleno de dignidad, de señorío. No eran lágrimas de derrota, de humillación. Eran lágrimas de amor y caballerosidad. Eran lágrimas de hombre. Cómo sería la situación, que Pepe se lo llevó a su habitación y se quedaron juntos toda la noche, porque Pepe quería que no cogiese el coche y regresase inmediatamente a Madrid con aquella congoja dentro de sí.

Por la mañana, Pepe dejó a Giancarlo marcharse. No lo volví a ver hasta 1982, en Roma, casada ya con Pepe. Pepe y Giancarlo recuperaron su amistad, porque se querían y se respetaban mucho.

Esto ocurrió un 25 de agosto, que es una fecha marcada para mí. El 25 de agosto de 1970 me decidí por Pepe, y el 25 de agosto de 1992 Pepe murió. Menos dramático fue el 25 de agosto de 1991: estábamos trece en un barco, y la dueña dijo que ella era muy supersticiosa y no quería comer con trece a bordo, porque no quería morirse, y prefería comer fuera; así que se tiró al agua, cogió su canoa, le dimos el plato para comer, y comimos doce en el barco.

Al año de estar yo viuda, Giancarlo reapareció por casualidad. Lo llamaron de Televisión Española porque me iban a hacer *Esta es su vida,* y se pusieron en contacto con la gente que había estado relacionada conmigo: actores, amigos… Él, claro, había sido un puntal para mí.

Se llevó un susto de miedo cuando lo llamaron. No lo encontraban en su casa, y dejaron el recado de que, en cuanto llegase el señor Viola, llamase a Televisión Española, porque tenían algo importante que decirle sobre Sara Montiel. Y él, lo primero que pensó fue que me había muerto:

—¿Cuándo ha muerto Sara Montiel? —les preguntó.

—No. Sara Montiel no ha muerto. Quien murió hace un año fue su marido.

No se había enterado de la muerte de Pepe, y yo había estado muy enfadada con él y con su hermana por no haberme enviado un telegrama dándome el pésame ni haberme llamado.

Así reapareció en mi vida. Y aunque ya no es lo mismo, nos llevamos muy bien. Hemos vuelto a hacer el amor y ha sido como el encuentro de dos leones, porque nuestra química sigue funcionando, e incluso mucho más fuerte que antes.

Giancarlo Viola y yo nos tenemos un cariño entrañable, pero cuando se está sola y hay dos hijos que criar, no se tiene la libertad de la juventud. Ya soy mayor y me debo a mis hijos, pero nada puede romper esta amistad con uno de los hombres que más han significado en mi vida.

XXVI

El cine del millón de dólares

Me sorprendió mucho cuando, al rodar *Cleopatra*, se dijo que Liz Taylor era la primera actriz que cobraba un millón de dólares por una película. Eso mismo lo venía cobrando yo desde 1957. El precio del dinero podía subir o bajar, el dólar podía estar a treinta y cinco o a sesenta pesetas; daba igual: mi contrato establecía esa cantidad, y eso era lo que se me pagaba.

La violetera fue la primera película de esa nueva etapa, cuando ya pude controlar los distintos aspectos de la producción. Había aprendido el sistema americano de hacer las cosas, y sabía que cuestiones como vestuario, maquillaje, iluminación y decoración debían ir integradas, reforzándose las unas a las otras. Recuerdo, como ejemplo de esto, que en *Pecado de amor* le tuve que pedir al decorador Enrique Alarcón, paisano mío, que cambiase el color de las paredes de lo que se suponía que era mi dormitorio, porque tenían una tonalidad amarillenta que se confundía con la piel, sin ningún contraste. Por suerte vi el decorado un día antes de rodar en él, y, aunque con prisas, pudo rectificarse.

También hablaba con los fotógrafos, y me gustaba seguir de cerca aspectos como el raccord de luces en diferentes tomas, o la elección de los filtros, porque a mí me iban especialmente bien los rojos y azules mezclados, y también algún amarillo suave, dependiendo del carácter de la escena y lo fría o cálida que fuese.

Luis César Amadori vio enseguida la experiencia que yo tenía, y no tuvimos ningún problema. Él era un hombre exquisito, elegante, muy preparado. Estaba casado con Zully Moreno, la famosa actriz argentina, y él mismo era también un hombre de éxito. Tuvimos una relación profesional muy buena, de confianza total.

En *La violetera* trabajaba Raf Vallone, que era un actor excepcional, y a mí me interesaba quedar a su altura, porque me gustaba mucho como actor y era un reto para mí. Al principio no nos conocíamos, y en la primera escena que rodamos todavía nos guardábamos cierta distancia, y eso me hacía sentir incómoda. La complicidad con tu compañero de reparto es fundamental, y la había tenido en *El último cuplé* con Armando Calvo, al que conocía de siempre, nos habíamos visto en Méjico, había trabajado con su padre... Con Jorge Mistral era imposible que hubiese algún problema, y podíamos repetir abrazos y besos porque éramos como hermanos. Pero con Raf había una mínima tensión, que por suerte se rompió en cuanto nos tratamos un poco y ya nos hicimos amigos, salíamos a cenar continuamente, se habló de un pequeño escarceo entre nosotros...

Raf era un hombre divertidísimo con el que me apetecía estar. Cuando la película ya se había estrenado en Francia, coincidimos en París. Él se alojaba en el hotel Rafael con su mujer, y yo en el George Sand con Tony. Fuimos los cuatro a ver a Ingrid Bergman, que interpretaba *Té y simpatía* en el teatro Antoine, y luego quisimos cenar en Maxim's. Su mujer y yo nos quedamos en el coche mientras Tony y Raf entraban en el restaurante para ver si había mesa libre y si aún servían; pero era demasiado tarde y ya cerraban la cocina. Al entrar Raf, los músicos dejaron lo que estaban tocando y lo recibieron a los sones de *La violetera*. Luego me contó Raf que cada vez que entraba a un hotel o un restaurante francés, y había un pianista o una pequeña orquesta, le tocaban *La violetera*.

Carmen la de Ronda es una de mis películas favoritas. Si con Raf Vallone me llevé muy bien, con Maurice Ronet y Jorge Mistral era la locura, y eso se nota. Era tan buena la pareja que hacía con Maurice, que antes de terminar el rodaje ya lo contrataron para *Mi último tango*, y es que era un actor fantástico, moderno, que se ve su trabajo hoy y parece actual.

Fue tan inmejorable el resultado de *Carmen la de Ronda*, estuvo tanto tiempo en los cines, que hubo que retrasar un poco el estreno de *Mi último tango* para que no se hiciesen competencia.

Mi último tango era una comedia elegante, que me permitió cambiar de registro interpretativo después de un papel tan dramático. Pero, como la hice cuando tenía treinta y un años, y hay partes de la película en que mi personaje era adolescente, se empezó a decir que si me había quitado las muelas para marcarme pómulos, que si me había puesto dientes postizos, que si me había operado la cara, que si llevaba peluca porque apenas tenía pelo, que si qué pena de haber triunfado tan mayor, que si no enseñaba las piernas porque las tenía torcidas y muy feas, cuando en realidad era la censura la que me impedía mostrar más que media rodilla… Todo era ridículo, cosas absurdas a las que no debía ni quería dar la menor importancia.

Pecado de amor fue mi tercera y última película con Luis César Amadori. Iba a titularse *Cabaretera*, como la canción, pero hubo que cambiar el título porque a la censura le parecía demasiado fuerte. Y es que decir «cabaretera» era como decir «puta»; aun así, se enteraron todas las putas de Madrid y de España, y hubo que poner en el cine una sesión especial a las cuatro de la tarde para que ellas, que eran gente de la noche, pudiesen asistir antes de entregarse a sus quehaceres. Mi madre iba con Toñi y se ponía en la cola de la taquilla entre ellas, porque era incapaz de entrar y decir: «Soy la madre de Sara Montiel.» Y le decía a Toñi:

—¿Somos un público sólo de mujeres? Pero, qué señoras tan raras, ¿verdad? —hasta que se enteró de su profesión y entonces ya lo comprendió, y es que acudían a ver en la pantalla la vida de una de ellas.

De *La bella Lola* tengo una anécdota que demuestra mi interés por conseguir que todos los elementos de una película fuesen los mejores. Y es que mi preocupación no era, como alguna vez se ha dicho maliciosamente, que yo saliese guapa. No, mi preocupación era que nada de mis películas decepcionase al público.

Hay una escena en que la bella Lola acude a una fiesta de la aristocracia, que es para ella su presentación en sociedad. Yo llegué al estudio, como siempre, y me encuentro a la sastra que me dice:

—Ay, Sara. Los vestidos… Las extras están vestidas horrorosas.

La sastra lo era también del Liceo de Barcelona, y estaba acostumbradísima a *La traviata*. *La bella Lola* era una historia muy similar que transcurría en la misma época, y ella sabía lo que hacía falta para transmitir el lujo del momento.

Al oírla, no dije nada. Me maquillé y aparecí en el plató a mi hora, porque jamás he llegado tarde ni he desertado de mi trabajo. Habré podido discutir con el director, el ayudante o el fotógrafo, pero han sido discusiones profesionales. Lo más que he hecho es que, en días de fútbol, si los técnicos tenían interés en verlo, al llegar las seis y media me metía en mi camerino, me daba agua sobre el maquillaje y fingía encontrarme mal; así interrumpía el rodaje y los técnicos, muy agradecidos conmigo y con los que siempre me he llevado muy bien, podían ver su fútbol.

A las dos de la tarde, pues, aparezco toda arreglada, con un vestido blanco precioso y una diadema de brillantes, y me encuentro a todas las extras vestidas con vulgaridad, con pobreza y sin enjoyar. Me negué a actuar en esas condiciones, porque la situación era inverosímil. Así que rodé sólo los planos en los que no había aristócratas, y dejamos lo demás a la espera de que las vistiesen convenientemente.

En otra ocasión tuve problemas con unos cuadros. Hacíamos una escena con un plano master, para el que la cámara iba pasando por el decorado. Me fijé que había dos pinturas de mujeres vestidas con polisón, a la moda de 1890, cuando la película estaba ambientada en la época romántica. Se lo advertí a Alfonso Balcázar, que era el director, pero él insistió en rodar, como creyendo que no se iba a notar. Al día siguiente vimos la proyección de lo positivado, y el efecto era terrible, con lo cual tuvimos que repetir el trabajo.

Alfonso Balcázar no era un hombre con gusto para estas cosas. Él había tomado clases de dirección en Estados Unidos, pero lo que realmente le gustaba era el tenis. Todas las mañanas se iba a jugar, y a veces llegaban las dos y media o tres de la tarde y no estaba en el plató. Tuve que llamarle la atención, y le dije que tenía que decidirse entre jugar al tenis o dirigir. Estaba dirigiendo por hobby, y por hobby no se podía jugar con una película de Sara Montiel. Al final se aburrió y dejó la película, porque era muy abúlico, y la retomó el ayudante, que era buenísimo. De todos modos, los números musicales de esa película y de todas las demás los hacía yo: tanto la ambientación como la planificación. Cuando había baile, contaba para esto con el coreógrafo, que en *La bella Lola* era el famoso Magriñá que trabajaba en el Liceo.

La bella Lola la terminé en la primavera de 1962, y muy poco después ya estaba con *La reina del Chantecler*, que estaba inspirada en Raquel Meller y La Chelito. Rafael Gil estaba quizá algo envejecido ya, pero aún conservaba su oficio. Además, contaba con un guión excelente del que sólo hizo falta retocar ligeramente el final, porque la censura no aceptaba un suicidio evidente. Pero Rafael era muy buen técnico y Cesáreo González era muy buen productor, tal vez el mejor que ha habido en España, y consiguieron que quedase claro sin necesidad de mostrarlo.

Con todo, yo le propuse a Cesáreo que la dirigiese Juan de Orduña, que tenía una sensibilidad especial y que ha sido, sin duda, el mejor director con el que he trabajado. Él habría entendido a la perfección el mundo del Chantecler, igual que también habría sido muy adecuado para *La violetera*. Pero Cesáreo, no sin razón, temía que el modelo de *El último cuplé* pesase demasiado. Al final la hizo Rafael que, las cosas como son, la hizo muy bien.

Noches de Casablanca la dirigió Henri Decoin, que había sido partisano durante la Segunda Guerra Mundial, había saboteado a los alemanes, y conocía perfectamente el espíritu de aquella época. Parte la rodamos en la propia Casablanca, y Enrique Alarcón reprodujo aquel ambiente al mínimo detalle.

Con *Samba* me reencontré con Joe y fui feliz, pero con *Samba* tuve también el problema de que no había manera de que pareciese pobre en la pantalla. Me ponían todos aquellos harapos de mulatita de las favelas, y aun así estaba preciosa. Y pasó lo de siempre: que ya podía dejarme la piel cantando e interpretando, que al final la gente se quedaba con la belleza de los primeros planos.

Una de las cosas buenas que se hicieron fue grabar las canciones con una orquesta del mismo Río. Así se consiguió una autenticidad que benefició mucho a la película.

Reencontré a mi primer director, Ladislao Vajda, en *La dama de Beirut*. Vajda ha sido uno de los mejores directores del cine español, y ahí están sus películas para demostrarlo. Desgraciadamente, murió a la mitad del rodaje, y entonces se hizo cargo su ayudante, Luis María Delgado. Y, como favor especial, Tulio se ocupó del montaje.

Vajda era buenísima persona, además de muy culto. Como sabía que me interesaba la pintura, me llevó a ver las obras de Blasco Picasso, el primo de Picasso, que tenía un toque naïf muy gracioso; y él se quedó con un cuadro y yo con dos.

Cuando le dio el ataque fui yo la que lo llevó en ambulancia; y también llamé a un cardiólogo que era médico del padre de Chente y que delante de mí hizo todo lo posible. Al morir mi madre, y mientras esperábamos a que se terminase el panteón que compré, me dejaron una tumba al lado de la suya, y así estuvo mi madre un año enterrada junto a Ladislao Vajda.

La dama de Beirut habría sido mejor si la hubiese podido terminar él, de eso no hay duda. No está mal, pero le falta su grandeza.

Tulio Demicheli me dirigió por segunda vez en *La mujer perdida*, y otra vez nos lo pasamos de maravilla juntos, porque era un hombre simpático, culto, enérgico… Por desgracia, estaba ligeramente forzado por Cesáreo y no podía ponerle a la película todo el morbo sexual que podía haber tenido. Él y yo lo echábamos en falta, igual que sabíamos que el guión, aunque tenía escenas muy buenas, no estaba totalmente conseguido.

Lo que sí hizo fue un muy buen trabajo de dirección de actores, sobre todo con Giancarlo. Tulio sabía que no era actor y que lo habían escogido por la buena pareja que hacíamos en pantalla, y por eso se preocupó de ensayar mucho con Gianca y conseguir de él el mejor resultado posible.

Otra cosa buena de *La mujer perdida* es su ambientación, porque rodamos en lugares bellísimos: el Teatro María Guerrero de Madrid, el Teatro San Carlo de Nápoles, la Scala de Milán... Lo único que faltó fue un poco más de calor, porque la relación entre los protagonistas es un poco fría para lo que podía haber sido.

La que es un desastre es *Tuset Street.*

Muchas veces he querido cambiar de imagen y no me han dejado. Me habría gustado hacer una película sin cantar, que se basase en la historia y en un buen director que me diese seguridad para hacer ese salto, pero los productores nunca me lo consintieron. Ellos querían que cantase, porque así tenían el éxito asegurado.

Tuve con Emiliano Piedra un guión maravilloso sobre Isabel II, y no pudo hacerse porque no dieron permiso para rodar en los Reales Sitios, aunque posteriormente sí lo dieron para *Esquilache.* Quise hacer la vida de Clara Petacci, pero no pareció conveniente remover las aguas del fascismo. Estuve a punto de ser *La gitanilla,* de Cervantes, en una adaptación de Rafael Alberti y en coproducción con la Unión Soviética, y el proyecto se fue al traste porque los rusos eran muy lentos y necesitaban un año o más para hacerla, y cuando hubiésemos terminado, en vez de llamarme *La gitanilla,* me hubiese llamado *La gitanaza.*

Entonces me propusieron hacer algo con un chico nuevo, moderno, y con guión de Rafael Azcona, lo que me volvía loca porque es un guionista extraordinario.

Azcona escribió una historia que mezclaba el mundo de la Barcelona moderna del Boccaccio con la Barcelona popular de El Molino. Eso me permitía mantener las canciones que tanto reclamaban productores y exhibidores, pero dentro de un concepto más actual.

También conocí a Jorge Grau, del que me aseguraban que era el director perfecto porque era joven, moderno, conocía ese ambiente y podría hacer una película diferente. Entonces vino a mi casa, hablé con él, y no me gustó: no tenía conexión con él, no había diálogo.

Preparamos la película y llamamos como director de fotografía a Mario Montuori. Mario ya había trabajado en *La bella Lola* y *La reina del Chantecler*, y habíamos vivido una hermosa y corta historia de amor. Luego tuve a Christian Matras, recomendado por Mario, y que era también un fotógrafo espléndido que solía trabajar con Max Ophüls. Pero Christian estaba comprometido para hacer una película francesa a finales de 1967, y acudí nuevamente a Mario, que encontró un hueco para mí entre sus trabajos con Fellini y Antonioni. Así volvimos a vernos en Barcelona y nos dedicamos a visitar juntos los museos, igual que habíamos hecho años antes en Madrid, porque además de fotógrafo era pintor y le apasionaba todo lo relacionado con el arte. Por desgracia, enfermó del hígado y tuvo que ingresar en el hospital; entonces lo sustituyó mi antiguo amigo Alejando Ulloa, con quien viví un nuevo, breve e intenso amor.

Me puse a estudiar el guión en el hotel, y así fueron pasando los días esperando a que me llamasen para rodar algo. En veinte días, lo único que había hecho era una escenita en Boccaccio y otra atravesando la calle Tuset; nada más. Yo estaba muy extrañada, y en eso me llama desde Madrid Marciano de la Fuente, que era el jefe de producción de Suevia. Según me dijo, a él le habían llamado de Fotofilm, que era el laboratorio que siempre positivaba mis películas, para preguntarle si *Tuset Street* era realmente una película de Sara Montiel:

—Pues claro —respondió Marciano.

—Es que llevamos ya como media hora de película —le dijeron los del laboratorio—, y Sara no sale para nada. Lo que nos traen para positivar no es una película de Sara Montiel.

Ese mismo día tenía llamado para estar a las dos en el rodaje. Antes, me llama Marciano y me dice:

—Te presentas, te vistes, te preparas para trabajar y, cuando estés delante de la cámara, cortas y dices que se termina el trabajo.

Eso hice. Entonces apareció Marciano y se fue con Grau para que le pasara todo lo que se había rodado. Y no había nada de lo que aparecía en el guión; parecía otra película. Entonces no sé cómo sería la cuestión legal, pero Jorge Grau desapareció y no lo volví a ver; e hizo falta encontrar a alguien que lo sustituyese.

Luis García Berlanga tenía un papelito conmigo en una secuencia. Por cierto, que es tan mal actor como buena persona: es malísimo y simpatiquísimo; está lleno de gracia y no hacíamos más que reírnos, porque tuvimos que repetir su escena no sé cuántas veces. El caso es que le pidieron a Luis que cogiese él la película.

—Hombre —les dijo—, yo dirigiría la película desde un principio. Pero para hacer un guión de Azcona, que es amigo mío, tengo que hablar con él y trabajarlo juntos. Yo no puedo seguir una película que no conozco.

Entonces buscaron a otro director, aunque casi ninguno quería solucionar el problema que ha dejado un compañero al que ha echado el productor. Al final recurrieron a Luis Marquina, que era muy amigo de Cesáreo, y que, sin ser un genio del cine, sí era un profesional muy competente y eficaz, siempre elegante y correcto.

El resultado no está a la altura del guión, porque se había perdido mucho tiempo y dinero, y el resto tuvo que hacerse un poco a la manera de parches; pero, así y todo, el escándalo que se formó benefició a la carrera comercial de

Tuset Street, porque todo el mundo quiso ver la película de tanto conflicto.

Seguía con ganas de dar un cambio, y quise hacer una película con Mario Camus. *Con el viento solano* me parecía una película preciosa, y sabía que él había visto mucho cine americano y había asimilado la técnica: te gustara o no te gustara el tema de sus películas, era imposible negar lo bien hechas que estaban.

Por otra parte, estaba detrás de que Antonio Gala me hiciese un guión, pero los productores no querían porque no lo conocían y no confiaban en él. Había hecho alguna cosita de teatro y poesía, pero aún no había destacado. Y él me pedía el favor de que le ayudase:

—Ay, Sara, yo te haría una película tan bonita… Qué gusto si te escribiese un guión.

Y, no sé por qué, se me metió en la cabeza que ese hombre sí podía hacer una historia para mí. Fue una intuición, una cuestión de sensibilidad, de oírle elogiar *El último cuplé* y *La reina del Chantecler.*

En Suevia recelaban de hacer algo con otro joven después del fracaso con Jorge Grau. Afortunadamente, antes de que ocurriese nada yo ya había dicho que no estaba segura de él. Por eso, aunque no querían a Gala ni por asomo, lo pude imponer. Y lo mismo hice con Mario:

—Pero, por Dios, si es un chico asturiano que juega a hacer cine —me dijeron.

—¿Cómo que juega a hacer cine? ¿Habéis visto cómo mueve la cámara, cómo resuelve las secuencias?

Me fui con Marciano de la Fuente a Fotofilm para que pasasen *Con el viento solano,* y demostré que era un grandísimo director.

Contrataron a los dos y se pusieron a hacer el guión. No intervine en la historia para nada; tan sólo me dieron una primera sinopsis y me di cuenta de que eso funcionaría. Tanto funcionó, que es una de mis mejores películas. En lo que sí me empeñé fue en cantar menos y que la historia fuese más importante que las canciones; que el peso de la película recayese en los personajes. Y así fue.

Mario hizo un trabajo maravilloso con la película, y tuve con él una relación muy especial. Mario y yo nos enamoramos. Yo lo admiraba por su talento, pero además era inteligente, bueno, suave, entrañable y estaba lleno de encanto. Lo nuestro duró muy poco, pero seguimos siendo amigos y lo sigo admirando. Con Pilar Miró, que en paz descanse, hablamos mucho de Mario Camus.

El rodaje fue muy malo para mí en lo personal, porque a mi madre se le declaró el cáncer y yo lo llevé muy mal. Había días en que no se podía trabajar conmigo, porque me daban continuamente ataques de llanto y angustia. Me calmaba, me maquillaba de nuevo y otra vez me venía la tristeza. Hacia diciembre de 1967 ya fui aceptando que mi madre se podía morir, pero entonces se estabilizó y mejoró mucho.

Luego, lo que es la película, creo que está mejor contada visualmente que escrita. Gala no tenía experiencia como guionista, y el principio arranca a trompicones y con mucha rapidez, y pasan muchas cosas que luego hay que unir; pero así y todo Mario supo darle mucha fuerza a todo, porque tiene la sabiduría como director de aprovechar el interior del personaje y ponerlo en relación con el entorno social, el ambiente, los tipos… Y además hay una música de fondo compuesta por Gregorio García Segura que es de lo mejor que se ha hecho en el cine español.

En cuanto a mí como actriz, me costó mucho crear la frialdad del personaje, que está durante todo el juicio que le hacen guardando un secreto y una emoción. Yo no soy una mujer fría para nada, pero sí muy contenida y detesto la sobreactuación. Y aquí tenía que encontrar el grado exacto de interpretación. Y lo cierto es que, cuando se estrenó en la cadena de cine de los Reyzábal, con los que solía trabajar, tuve muy buenas críticas, y hubo quien dijo que era la primera vez que se me veía como actriz. Salí muy bien parada.

Teóricamente, a finales de 1969 tendría que haber empezado una nueva película. Suevia me propuso hacer *La guerrillera de Villa* en Méjico, pero yo me negué porque era muy mala. Me pusieron un pleito por no hacerla y al final no ganamos ni ellos ni yo.

En septiembre, Vittorio de Sica me propuso *La bella de Cádiz*, pero mi madre había muerto un mes antes y yo no me enteraba de nada. Sé que estuve tres días en Roma con él y su mujer, María Mercader, pero yo me trastorné, él se enfermó, y al final no se hizo. También hubo un proyecto con Jaime de Armiñán que me apetecía mucho, pero también se deshizo, aunque no sé concretamente por qué, porque en esos meses no fui consciente de casi nada.

Por fin, el productor Eduardo Manzanos vino a mí y llegamos a un acuerdo. Él era una persona maravillosa, un hombre de cultura y con una sensibilidad parecida a la de Juan de Orduña. Entonces le pedí que contratase a Juan Antonio Bardem.

A Juan Antonio lo llevaba proponiendo desde hacía años, pero los productores siempre lo rechazaban. Me había entusiasmado *Nunca pasa nada*, una película en la que no pasaba nada, y sin embargo pasaban muchas cosas. Me encantaba *Calle Mayor*. Pero en la propia Suevia, donde él ya había hecho varias películas, Cesáreo se negaba a contratarlo para mí.

Pero a Eduardo Manzanos sí le convencí de que podía hacernos una película a nuestro gusto, musical, de lujo, si es que tenía interés en hacerla. Y Juan Antonio dijo que sí; y aunque no había hecho ningún musical, eso no era problema, porque de esa parte me encargaba yo. Entonces cogió la idea de *Cómicos*, que él mismo había hecho, y le añadió un toque de *Eva al desnudo*; y, como es muy honesto, nunca mintió al respecto. Hizo una sinopsis que a Eduardo y a mí nos gustó; y le pedimos que escribiese todo el guión. Hoja a hoja, lo fue escribiendo y nos lo fue presentando. Venía a casa cada vez que tenía una parte, y la leía; después se la enviaba a Eduardo, nos reuníamos los tres, y los tres firmábamos cada página, para que no hubiese problemas del estilo de los que había habido en *Tuset Street*.

Lo cierto es que jamás tuve ningún problema con Juan Antonio acerca del guión. Lo que él escribió me pareció bien y eso fue lo que se rodó. No le pedí que cambiase nada. Si acaso, alguna vez le preguntaba si podía decir tal cosa de otra manera, pero eso fue todo. Y es que yo admiraba a Juan Antonio, y lo admiro; lo quería, y lo quiero. Creo que ha sido un director estupendo y maravilloso, y yo necesitaba tener una película de un director tan bueno como él y que se había convertido en toda una personalidad importantísima del cine español.

Necesitaba a Juan Antonio porque quería estar en su mundo artístico, más inquieto, más revolucionario. Mi mundo habitual estaba compuesto a base de directores muy buenos, pero con otra mentalidad. Y a pesar del fracaso de *Tuset Street*, seguía insistiendo por ese camino; por eso había trabajado con Mario Camus, por eso estaba trabajando con Juan Antonio Bardem, e incluso por eso había estado a punto de trabajar con Jaime de Armiñán. Y, para mí, la mejor película de Juan Antonio es *Varietés*, como la mejor película de Mario Camus, después de *Los santos inocentes*, es *Esa mujer*.

Juan Antonio hizo muy buen trabajo con los caracteres de todos los personajes, no sólo con el mío. Y suya es la escena de amor más bonita de todo mi cine. Todo eso es mérito de Juan Antonio, que hizo la película como él quiso.

Aparte, *Varietés* es la única película que hice con mi amigo Vicente Parra, una persona muy cercana a mí del que había oído hablar pero que no conocía hasta que me hicieron un homenaje en el Rialto cuando el éxito de *El último cuplé*. No iba a ir sola, y Luis Sanz propuso que Vicente me acompañara. Así nos conocimos e hicimos una amistad increíble. Hasta hemos vivido treinta y tantos años puerta con puerta.

Tan unidos hemos estado que, cuando nos vinimos a Palma después de la muerte de Pepe, nos quedamos a vivir con él varios meses mientras terminaban de prepararnos una casa a mis hijos y a mí. Lo echo de menos, porque siempre que he estado mal, decaída, él me ha ayudado y ha estado a mi lado, animándome. Nos encerrábamos y pasábamos horas viendo películas antiguas, porque era un forofo de Greta Garbo y Marlene Dietrich; y un forofo mío también, porque, para él, yo era suya, su Sara.

A Vicente le perdía el ser tan buena persona, y por eso estuvo demasiado tiempo sin trabajar como él merecía. Pero era muy profesional. Él siempre se aprendía el diálogo en un momento, y a mí me costaba más trabajo:

—Es que eres una perezosa —me decía—. Una perezosa.

—Anda, que si yo hiciese teatro como tú, también me lo aprendería al momento —y se reía de mí.

Mi última película fue *Cinco almohadas para una noche*. Pertenecía a una época del cine español en que se llevaba el destape, la comedia subida de tono, la vulgaridad.

La hice como un favor a Eduardo Manzanos, pero el director, Pedro Lazaga, no la trabajó nada. Era muy descuidado, y no se trataba de un director adecuado para mí. Tenía buena mano con las situaciones cómicas, pero el conjunto de la película pertenece a una estética que no es la mía.

En los años setenta, no hacían más que ofrecerme ese tipo de películas, o incluso peores. Por un desnudo mío me pagaban millones, pero eso no me interesaba.

Había directores que sí me interesaban, como Pedro Olea o Carlos Saura, pero la mayoría estaban haciendo un cine muy malo y, como podía elegir, elegí no hacer más cine. Por respeto a mí misma y a mi carrera.

Luego, como me gustaba la televisión, hice una serie que se llamaba *Sara y punto,* que estaba muy bien y que no vio nadie. Me había contratado Pilar Miró, porque decía que Televisión Española tenía que tener a Sara Montiel.

Cuando «su gente» echó a la Miró de cualquier manera del cargo de directora general de RTVE, me tropecé con dos adversarios en Televisión Española, dos gángsters, dos enemigos terribles a los que yo no conocía de antes. Trataron de humillarme, y una y otra vez fueron horribles conmigo. A mí me extrañaba muchísimo su desprecio hacia mí, porque son homosexuales, y todos los homosexuales que he conocido en todo el mundo me adoran; no hay uno en la Tierra que no me quiera ni me admire. Pero sí, estos dos existen, y se las apañaron para que pasara mi serie sin pena ni gloria. No la vio nadie. Luego hice *Ven al Paralelo* y pasó algo parecido.

Ahí termina mi carrera de hacer series. Pero *Sara y punto* es un trabajo del que no me arrepiento y que creo que está muy bien hecho. Es una belleza y me siento orgullosa de él. Pilar Miró fue una fuera de serie.

XXVII

La vida con Pepe y sin Pepe

La vida íntima con Pepe Tous funcionó de maravilla, porque había una química estupenda. Tal vez no tanta como con Giancarlo, pero sí de otra manera. Pero él era un hombre que se enamoró de Antonia. Sara Montiel no le interesaba para nada.

Pepe no era admirador mío. La única película que realmente le gustaba de las que había hecho era *El último cuplé*; un poco también *La violetera*. Ya con él hice *Varietés*, y esa sí le agradó mucho, porque hablaba de un mundo que conocía bien. Pero, en general, a él le gustaba un tipo de cine más intelectual y menos romántico. Y si le gustó *El último cuplé* no fue por mí, sino porque independientemente de mi actuación había un gran trabajo de Juan de Orduña, que había sabido hacer una película espléndida.

Cuando lo conocí, él todavía dirigía su periódico, *Última Hora*, que salía desde 1892. Vivía en el ático del mismo edificio, en un piso que había arreglado para casarse con la novia que tenía, y cada mañana, a las siete, bajaba a la redacción; y no subía hasta las tres y media o cuatro de la tarde. Por su trabajo no quería venirse a vivir a Madrid, así que fui yo quien se sacrificó para vivir con él, en lugar de sacrificarse él para vivir conmigo. Ahora bien, esto fue algo que yo comprendí sin necesidad de hablarlo. En ningún momento me dijo que, o vivía en Madrid, o me quedaba en Palma.

También tenía una sala de fiestas desde 1965, Tagomago. Luego la vendió y compró otra que se llamaba Rosales. A esas salas llevaba a los mejores artistas del momento. Y viajaba mucho a Milán para asistir a la ópera, y al Liceo para contratar artistas cuando en febrero terminaba la temporada operística de Barcelona.

Además tenía tres cines, y prácticamente sólo conocía Madrid de venir a hacer los contratos con los distribuidores. Donde realmente había hecho vida había sido en Barcelona. Allí había estudiado, y allí habían tenido su padre y él un teatro, el Poliorama; a finales de los años sesenta, poco antes de morirse su padre, lo vendieron y él ya se vino a Palma.

En Barcelona había estudiado derecho y periodismo, aunque lo que más le gustaba era ser empresario de teatro. Pero su padre, con el que tuvo una relación muy tirante, se negaba a ello, pese a ser empresario él mismo.

Madrid no le iba, a pesar de que el mundo cinematográfico y musical estaba en Madrid; y yo misma estaba en Madrid. Nunca dejé mi casa de Plaza de España, y estuve yendo y viniendo hasta que entendí que tenía que instalarme definitivamente en Palma, aunque sin deshacerme de mi casa. Era una cuestión de comodidad, porque así no teníamos que alojarnos en ningún hotel cuando veníamos a Madrid. Pero lo que es vivir, tenía que vivir en Palma con él; y no sé si hice bien o hice mal.

Al no vivir en Madrid dejaba de estar en el ambiente. Así me fui retirando un poco, pero él se dio cuenta. Entendió que me iba quedando aislada y que su ligazón con el periódico nos impedía determinadas libertades. Por eso lo vendió en 1977, aunque quedándose con un tercio de las acciones. Entonces ya pudimos viajar juntos, ir de un sitio a otro...

En esos siete primeros años de convivencia, Palma se convirtió en mi centro. Cuando venía a Madrid, por ejemplo cuando rodé *Cinco almohadas para una noche,* me quedaba sola casi siempre; él podía venir si acaso algún sábado, pero no todos, porque el periódico no podía dejar de salir.

De todos modos, llevé bien esa convivencia, porque encontré con Pepe una estabilidad que no había tenido con Giancarlo. Y me refiero a una estabilidad como mujer, no como artista. Como artista fue perjudicial, por lo menos al principio. Luego ya no, porque al dejar el periódico se dedicó a mí. Se convirtió en mi productor y me montó musicales y series de televisión. También seguimos como empresarios, porque nos quedamos con el Teatro Victoria de Barcelona durante seis años, y así volví a renacer profesionalmente.

Antes, la separación a la que nos habían obligado los rodajes de *Varietés* y *Cinco almohadas para una noche* impidieron que nos conociéramos a fondo. Por eso me dijo:

—Antonia. No podemos llevar esta vida, separados, teniendo que coger el avión para ir a verte, teniendo tú que venir aquí. No estamos ni allí, ni acá ni acullá. Ya estoy cansado y voy a vender el periódico, porque lo que quiero es hacer una vida en común contigo.

Con Pepe tuve varios abortos, y decidimos adoptar. Hicimos solicitudes en muchísimos sitios, y en febrero de 1979, cuando me había quedado nuevamente embarazada, nos llamaron de Brasil. Muy poquito antes, en 1978, recibí la anulación de mi matrimonio, con lo cual volvía a estar soltera después de catorce años. Hasta entonces pensábamos en adoptar sólo bajo su nombre, pero ahora ya pude hacerlo bajo el mío. De nada habría servido que nos hubiésemos casado de inmediato, porque la ley brasileña impedía la adopción a las parejas que llevasen casados menos de cinco años; en cambio, los solteros podíamos hacerlo.

Con el nuevo aborto apenas ocurrido, vi nacer a mi hija. Estuve en el parto, le di el primer baño y el primer biberón , y le di mis apellidos: Thais Abad Fernández, hija de la madre soltera Antonia Abad Fernández. El 30 de julio ya nos casamos, y entonces Pepe le dio sus apellidos, reconociéndola como hija.

Pepe había sido hijo único. Había nacido en 1932, y su madre murió en 1948, cuando él tenía sólo dieciséis años. Además había muerto en circunstancias trágicas, porque ella y el abuelo de Pepe eran cubanos masones, y estaban perseguidos por Franco. Por eso estuvieron escondidos desde 1939 hasta 1946 en una casa que el abuelo de Pepe tenía fuera de Palma. De día, los metían a los dos en el pozo de la casa, y al anochecer los sacaban para estar de noche en la casa. Oían cualquier cosa, y otra vez al pozo.

Así la madre cogió una artritis que le hizo daño al corazón. Enfermó y quedó como retorcida.

Ella y su padre eran artistas: él escultor, y ella pintora y escultora. Cuando ella se estaba muriendo, se rodeó en su casa de todos los desnudos dibujados y esculpidos por su padre. Entonces llegaron varios familiares a esperar que se muriera, y también apareció un cura con un monaguillo para darle la extremaunción. Pero ella lo echó porque dijo que no lo necesitaba. Fue un enorme escándalo, y ella murió a los tres minutos.

Pepe, que estaba muy unido a su madre, se volvió muy callado y reservado. Pero, por otra parte, era un ciudadano «de todo el mundo», como él decía. Era cosmopolita y muy poco mallorquín en ese sentido. Le gustaban muchos países y de todos cogía lo mejor; nunca lo peor. Grecia fue uno de sus países preferidos, y por eso decidimos poner nombres griegos a los hijos que algún día tendríamos: Thais si era una niña, y Zeus si era un varón.

—¿Y si lo llamamos Zeus y luego es chaparro, pequeñito, con chepa, ojos bizcos y feo? Ni hablar —le dije, pero resulta que Zeus ha salido de guapo que parece verdaderamente un dios del Olimpo. Y Thais, diosa del amor y la conquista, también.

Me gustaba mucho la forma de ser de Pepe, y por eso estaba enamorada de él; aunque en algunas cosas era muy frío, tal vez porque no había tenido mucho amor de su padre.

En cambio, había estado muy apegado a la madre, que le inculcó el amor por la música, y por eso había estudiado piano, y tocaba y componía muy bien. De lo que no sabía nada era de cómo pintar o dibujar.

Esa frialdad la llevaba al terreno de los negocios. Reaccionaba muy fríamente con las personas que no tenían nada que ver con él o con los que tenía tratos profesionales pero no personales. Con la gente del trabajo era muy cariñoso, y en el periódico le adoraban, pero con otros era muy distinto.

—¿Por qué has estado así con este? —le preguntaba.

—Él cree que me engaña, que me quiere, que es amigo, pero yo sé que no es amigo mío.

No es que no tuviera compasión, pero lo cierto es que en ocasiones no tenía mucha. Además, tenía un sentido muy elevado de la amistad, le daba mucha importancia, y si alguien le fallaba se volvía un trozo de hielo para esa persona: aunque sólo le hubiera fallado un poquito, dejaba de ser trigo limpio para él.

Durante dos años vivimos encima del periódico. En 1972 compramos la casa de Na Burguesa, donde estuvimos hasta 1988, en que bajamos al Paseo Marítimo porque el colegio quedaba demasiado lejos y, además, los amigos de mis hijos no subían hasta allí porque los padres no se atrevían a llevarlos en coche, y es que había una carretera con un kilómetro de curvas peligrosas.

Cuando nos unimos, la sociedad de Palma le dio de lado a Pepe. Pepín Tous era el soltero de oro, un buen partido, y le reprocharon que se emparejase con una mujer casada. Incluso me acusaron de arrimarme a él por su dinero. Tan sólo su madrastra, Fanny, y una tía carnal, me acogieron con simpatía. Al día siguiente de empezar a vivir con él, Fanny se presentó en la casa diciendo que, si Pepe estaba enamorado de mí y me quería, ella me quería también y sería una madre para mí.

Luego hice amistad con una persona maravillosa, que es María Dolores Miró, la hija de Joan Miró; y al mismo tiempo con la tía María Luisa, una admiradora que fue a visitarme con dos sobrinos pequeños y quedamos como amigas. Y tengo otros cuatro amigos más en Palma: mis titis María Serra del Foro, María Antonia Masanet y Maruja García Nicolau, que fue Miss Europa en 1962; y no puedo olvidarme de mi querido Jaime Matas, el actual ministro de Medio Ambiente, que siempre me prestó su apoyo incondicional. Son íntimos míos de verdad: los he tenido cuando los he necesitado y han estado totalmente abiertos a mí, y yo a ellos.

A Pepe ese rechazo no le hizo mella ninguna. Él era muy educado, muy buena gente y estupendo, pero para eso le importaba la gente tres bledos.

Pepe era un hombre muy libre en el vestir. Le gustaban las camisas de muchos colores. Era tan alegre que parecía más ibicenco que palmesano.

Se preocupó mucho por mi imagen. Me asesoraba, me daba consejos sobre lo que tenía que cantar y lo que tenía que ponerme. Como él viajaba mucho a Miami y Milán, me compraba muchos vestidos que, sin verlos yo, me venían perfectos y eran todos preciosos: para actuar, para vestir, para la calle…

Él se encargó de todo conmigo: la publicidad, la prensa, el teatro… Fue para mí un empresario perfecto; disfrutaba y además ganábamos mucho dinero juntos.

Quería que volviese al cine, pero después de *Cinco almohadas para una noche* y tras la muerte de Franco me negué, porque el cine de los años setenta era horrible. Me ofrecían muchísimo dinero por no hacer nada más que enseñar los pechos en la pantalla, pero eso no era el cine para mí.

En cambio hice televisión gracias a él. Pilar Miró quería que Televisión Española tuviese algún programa con Sara Montiel.

Pilar y Pepe hicieron muy buenas migas, porque a los dos les gustaban los pajaritos, las plantas, los perros... Coincidieron en todo, y decidieron que yo hiciese *Sara y punto* y posteriormente *Ven al Paralelo*, que estaban basadas en ideas de Pepe.

Él impulsó mi carrera musical. Si después de dejar el cine he seguido veinticinco años manteniendo mi nombre, ha sido gracias a él. Me puso a trabajar sin parar sobre el escenario. Me preparaba los espectáculos, las orquestas... La segunda parte de mi vida artística, al dejar el cine, se la debo a él.

Jamás tuvimos una crisis, tal vez porque fuimos el uno al otro cuando ya no éramos niños, sino con una edad suficiente para saber en qué consiste la vida en común.

Tenía cincuenta años, casi cincuenta y uno, cuando nació Thais y la adopté, la adoptamos.

Llevábamos mucho tiempo presentando solicitudes de adopción en diferentes países; y por fin, estando en San Juan de Puerto Rico, nos llamaron de Brasil. Yo la vi nacer el 3 de marzo de 1979. Era pequeñita y tenía el pelo oscuro, que al poco tiempo se le volvió rubio. Había nacido con raquitismo, y se le marcaban todas las costillitas. Luego supimos que la madre tenía problemas de circulación sanguínea y había tenido que ser operada; y es un mal hereditario que le llegará también a Thais, pero que por suerte lo sabemos y está controlado.

Su madre, de la que sólo hemos sabido que pertenecía a una familia polaca judía ortodoxa, sufrió a las veinticuatro horas una trombosis general y falleció. Según las leyes brasileñas, si una mujer moría en el hospital y había dado su hijo a adoptar, se le enviaba a su familia una carta notarial dando un plazo de tres días para reclamar al recién nacido.

Yo me había llevado a Thais a la casa del cónsul de España, para que estuviese en tierra española, pero vino una asistente social y me quitó a la niña. Fueron días terribles, llenos de angustia y temor. Había tenido a mi hija en brazos y de repente podía perderla.

Fue tanto el dolor y el nerviosismo que pasamos hasta que definitivamente nos la entregaron, que en el caso de Zeus no quisimos repetir la experiencia. Zeus nació en Alicante el 7 de mayo de 1983, pero la madre tenía veintiocho días para arrepentirse y reclamar a su hijo. Sabíamos que no íbamos a poder soportar el estar con un niño, darle el biberón, cuidarlo, quererlo… y en un instante quedarnos sin él. Porque no hace falta haber parido para que el hijo sea tuyo, y esa criatura habría sido nuestra desde el primer momento de ver su rostro y acariciar su piel. Si su madre hubiese cambiado de opinión después de haberlo cogido en nuestros brazos, habríamos perdido a nuestro verdadero hijo, no al hijo de otra.

Por eso no quisimos verlo hasta pasados esos veintiocho días, y se quedó con la madre de Jaime, su padrino, y al cuidado de su pediatra, el doctor Rullán. Y a cada rato les llamábamos:

—¿Cómo está? ¿Cómo es?

—Es precioso. No sabes cómo es. No parece un niño: parece un muñeco. Y está estupendo de salud.

Y lo mismo con el juez, que nos recomendaba calma y tranquilidad. Pero no podíamos estar tranquilos. Y los veintiocho días iban llegando, y a las siete de la tarde del vigésimoctavo día sería nuestro para siempre, pero no un minuto antes, porque hasta entonces podía ser reclamado.

Pepe y yo contrajimos matrimonio para darle un apellido a Thais. Él tenía mucho sentido de la familia, y a mí me pareció bien legalizar nuestra situación. Pero el día de la ceremonia llegó sin que yo me enterase.

Llevaba tanto tiempo viviendo con Pepe y levantándome de la cama a su lado a las diez de la mañana, que el 30 de julio amaneció para mí como otro día cualquiera. Pepe se levantó, fue al cuarto de baño y permaneció allí mucho rato.

—¿Qué estará haciendo? —me pregunté.

Finalmente salió, e iba guapísimo, con un traje de hilo beige precioso, con una de sus corbatas tan personales.

—¿Adónde vas?

—Al Teatro Balear, amor; a dejarlo todo preparado.

Me bajan el desayuno, cojo a la niña y nos vamos a la piscina. Se hacen las dos, las tres de la tarde, y a las cuatro seguía en la piscina. De pronto, salen Antonia y la señora Bárbara:

—Señora, que es muy tarde ya. ¿Cuándo se va a arreglar?

—¿Cómo que cuándo me voy a arreglar? No creo que el señor venga ya a comer.

—Pero, señora, que son las cuatro y a las seis tiene que irse usted a casarse.

Se me había olvidado totalmente. Recogí la ropa de la niña, la mía, me fui a la peluquería, porque tenía todo el pelo mojado. Me vestí y me maquillé allí como pude, y, por supuesto, llegué tarde.

Hacía un calor espantoso, y estaban todos los invitados esperándome en el palacio de justicia.

—Ya pensábamos que te habías arrepentido —me dijeron cuando llegué.

El juez fue muy simpático. Nos tendió el papel para firmarlo, pero alargamos un poquito los trámites para que los fotógrafos pudieran hacer su trabajo. Entonces, Pepe dijo a la gente que no habíamos podido bautizar a Thais ese mismo día por la mañana, como era nuestra intención, porque lo había prohibido el señor obispo de Mallorca, ya que no nos íbamos a casar por la Iglesia sino por lo civil.

—¡Hijo de puta! —gritó Terenci Moix.

Y al día siguiente, los alrededores del palacio arzobispal aparecieron llenos de carteles: «No dejéis que los niños se acerquen a él», se leía en ellos.

Pero todo se solucionó gracias al obispo de Barcelona, que nos dio permiso para bautizarla allí. Y es que, aunque no fuese creyente, tenía interés en bautizarla por mi madre, que tampoco había sido muy católica pero sí había creído en Dios y habría sido una alegría para ella. No le dimos una educación católica ni a Thais ni a Zeus, pero quisimos que estudiaran todas las religiones para que pudiesen elegir por sí mismos. Y tal vez por eso han crecido con tanto respeto y comprensión por todo tipo de creencias.

Mi vida cambió completamente con Zeus y Thais. Los llevaba conmigo a todas partes cuando eran recién nacidos. Luego ya pude dejarlos con las dos nurses que tuvieron y con las magníficas personas que tuvimos en casa: la señora Bárbara y el matrimonio formado por Antonia y Babo. Si tenía que marcharme a otro país a trabajar, Pepe se quedaba con ellos y yo iba y venía continuamente, porque no quería estar sin verlos.

Los dos han dormido conmigo hasta hace bien poco. Y con Thais me llevé un susto cuando tenía menos de un año, porque casi la asfixio en la cama. Y es que esa costumbre antigua de dormir con los hijos es muy peligrosa, pero yo lo hacía con los míos igual que mi madre lo había hecho conmigo. Pero los viernes y los sábados de toda la vida, como no tenían que madrugar para ir al colegio, han dormido con nosotros.

De pequeños fueron buenísimos los dos. Thais era algo más revoltosa, pero Zeus era muy tranquilo. Thais nos sorprendía: con poco más de dos años ya sabía leer. Y un día la encontró mi marido con *La dama de las camelias:*

—¿Qué estás leyendo? Este no es un libro adecuado para ti porque eres una niña pequeñita.

—Pues es como la película de mamá, la de *La bella Lola,* sólo que mamá se muere del corazón y en el libro está tuberculosa.

Y es que mi hija siempre fue muy precisa con las palabras.

Al aprender a hablar, en lugar de decir que quería carne, decía «vacuno». Zeus era más reservado; estaba muy apegado a su padre, y le costó mucho superar la muerte de Pepe, porque sólo tenía nueve años.

Pepe sabía ser muy cariñoso con ellos, y a la vez muy recto. Yo confiaba mucho en Pepe como padre. Por eso, su muerte fue doblemente triste, porque yo me quedaba sin mi marido, y además mis hijos se quedaban sin padre cuando aún eran pequeños y necesitaban de su ayuda. Así, me cayó encima una gran responsabilidad, porque tuve que llevar yo sola la educación de mis hijos, y sólo entonces me sentí mayor para ser madre; no mayor como mujer, pero sí para criar a dos hijos y sacarlos adelante. Así que renuncié a muchos trabajos que me obligaban a faltar de casa, porque no me podía permitir estar ausente cuando ellos necesitasen de mí.

Y jamás han querido ir por la vida como hijos de famosos. Desde pequeños han rechazado hacerse fotografías, y odian salir en los periódicos. Cuando venían en Navidades los fotógrafos para sacarnos a todos juntos, teníamos que darles algo a cambio, y era como una broma entre nosotros:

—Dos fotos y nada más, ¿eh? —y se ponían muy seriecitos.

Es un rechazo a la fama que aún conservan y que me parece bien, porque son ellos los que tienen que hacer su vida y decidir lo que quieren ser.

Con Pepe Tous analizamos toda mi vida, la comentamos y a algunas cosas no les encontramos explicación, por más que lo intentamos. Me refiero, claro está, a mi matrimonio con Chente. En cambio entendió perfectamente lo importantes que otros hombres habían sido en mi vida, y no sólo no sintió celos del pasado, sino que se hizo amigo de ellos. Así ocurrió con Giancarlo y con Joe. Y también con Severo.

Cuando Carmen falleció, Severo se quedó destrozado. Yo

no estaba cerca de él en ese momento, pero lo sé. Cuando nos encontramos le di el pésame y le invité a venir a Palma para descansar. Más tarde coincidimos tres veces en el aeropuerto:

—Bueno, parece que nosotros nos tenemos que ver en los aeropuertos —le decía con segundas, recordando tiempos pasados.

En otra ocasión estuvimos juntos en un programa de radio. También estaba Emilio Romero, al que quiero muchísimo, igual que él me quiere a mí. Antes de empezar, Seve y yo estábamos sentados hablándonos en voz baja, mirándonos, tocándonos la mano con ternura. Emilio, que estaba enfrente, exclamó:

—Lo que daría por saber lo que estáis recordando.

Emilio no sabía nada, pero algo debió de sospechar al vernos. Algo se nos tenía que notar, y era lógico, porque nos habíamos tenido un amor muy grande y un cariño que no murió nunca.

Por eso Pepe propuso también invitarlo a mi cumpleaños. Fue idea suya, de ese maravilloso señor que era Pepe Tous:

—Llámalo, que el pobre está solo.

—Es que me da no sé qué llamarlo y que me diga que no, que no se siente bien, y que yo sepa que no quiere venir por lo que sea.

—Pues lo llamaré yo.

Y después de hablar con Seve por teléfono, me dice Pepe:

—Pues no, te has equivocado. Está estupendo, majísimo y cariñoso, y dice que sí. Le he dicho que si quería que fuese a buscarlo, pero dice que no hace falta, que va a venir con un amigo.

Vino, y los tres nos sentamos juntos en un sofá del salón: yo en el centro, Severo a mi izquierda y Pepe a mi derecha. Entonces me pidieron dry martini.

—Pepe es un loco del dry martini —le dije a Seve.

—Profesor, ¿también tomas dry martini? —le preguntó Pepe.

—Es lo único que tomo.

—Pues mi mujer los hace buenísimos.

—Ya lo sé, porque siempre me los preparaba.

—Ah, ¿sí?

Pepe se deshizo con Severo, tanto en Madrid como en Palma. Le tenía mucho respeto, porque sabía lo mucho que Severo significaba para mí.

—Tu madre era muy importante —decía Pepe—. Tú la escuchaste e hiciste bien, porque tenía razón.

Cuando Pepe murió, estuve tres años en tratamiento con un psiquiatra de Barcelona. Fue una muerte espantosa, porque su enfermedad apareció de repente y sin ninguna posibilidad de cura. Y él no supo que se iba a morir, pero yo sí.

Un día de finales de abril de 1992, mientras hacía *Ven al Paralelo*, me dice por la mañana:

—Amor, tengo hemorroides, porque he ido al baño y he echado sangre.

—Ah, como la amiga María Antonia, que la tuvieron que operar de lo mismo.

Por la tarde teníamos cita con el traumatólogo. Thais tenía secuelas del raquitismo, y la espalda se le curvaba un poquito. Al doctor Juan del Pozo, que era muy amigo nuestro, le comentamos lo de Pepe después de ver a Thais.

—¿Sí? A ver, bájate los pantalones y túmbate que vea lo que es. No tengo nada que ver con esto, pero al menos soy médico. Están muy ensangrentadas e irritadas —dijo—. ¿Conoces algún histólogo aquí en Barcelona? ¿No? Pues voy a llamar a Jordi Escoda para que quedes con él. Es un chico joven pero muy bueno, que ha operado a mi hija de una úlcera en el duodeno.

Yo tenía que grabar *Ven al Paralelo* al día siguiente. A la una y media debía estar en el Teatro Arnau, y Juan iba a venir con nosotros para verlo. Así que quedamos todos con el doctor Escoda a las doce. Llegamos, le mete a Pepe una lucecita en el recto, y comenta que estaba todo muy irritado y que tenía que explorarlo mejor:

—Ven mañana en ayunas.

—Puedes verlo ahora —le dije—, porque no ha desayunado. Pepe nunca desayuna, ni fruta ni nada. Si acaso un té, y sin azúcar.

Entonces lo llevó a un gabinete de radiografías, y nos puso a Juan y a mí detrás de un biombo de plomo con una ventanita desde la que veíamos lo que le estaba haciendo. Le metía un líquido por el recto, y por una pantalla se veía el interior. Iban apareciendo trocitos: primero el colon y luego el intestino grueso, que salía todo blanco. De repente, cuando ya iban por más de la mitad, apareció un bulto grande, parecido a una madeja de lana.

—Veo un ovillo —dije, pero Juan me apretó el brazo para que me callara.

Al terminar, pasamos al despacho, y Jordi dice:

—Pepe, hay un tumor. Por regla general sale maligno, pero otras veces nos engaña y no sale maligno. Pero en un caso u otro hay que operar. Te corto medio metro de intestino a un lado, y medio más al otro. Después te empalmo, te limpio el campo, y al día siguiente te puedes morir de otra cosa, pero de esto no. Te puedo dar el nombre de cantidad de enfermos que no se han muerto ni se morirán de esto.

Como estaba en ayunas, aprovecharon para hacerle más pruebas y sacarle sangre para analizarla. Podían operarle en pocos días, pero él no quiso, porque el 7 de mayo era el cumpleaños de Zeus y él quería pasarlo con el niño en Palma.

El 8 de mayo regresamos, y vino también el doctor Fábregas, que es íntimo de nosotros desde siempre, para anestesiarlo. Antes, le habían hecho una ecografía completa.

—Le has dado al hígado mucha cosa tú, ¿eh? —le dijo el doctor en mallorquín.

—Cuando era joven sí, aunque ya no. Bebía de todo, pero con el dry martini me ponía las botas.

—Se nota, porque el hígado lo tienes resentido. ¿Te duele?

—No, ni el hígado, ni el intestino… Tampoco me duele el tumor; será muy grande, pero yo no noto nada.

—Pues esto tenemos que estudiarlo —y me miró, haciéndome un gesto que no vio Pepe.

—Es que tenemos que llevarle las pruebas a Fábregas y a Jordi —le dije.

—Sí, pero antes tengo que analizarlas bien, y no os las podéis llevar hasta que dé todo el resultado por escrito, que es mi trabajo.

—Claro, amor —me dijo mi marido—. ¿No te lo sabes de memoria? Los análisis de sangre ya los conocemos, pero de ecografías no sabemos nada y él tiene que dar su informe.

Y el doctor, que ya me había hecho un gesto por segunda vez, me lo vuelve a hacer y comenta:

—Se lo daré mucho más tarde, cuando sepa algo.

A los dos minutos de llegar a casa, cuando yo iba tan asustada que no me sacan sangre si me pinchan, Fábregas y Jordi nos llaman y nos avisan de que van a venir. Llegan, y me dicen que quieren hablar con Pepe, pero que yo no puedo estar delante. Me fui al dormitorio y, no sé cuánto tiempo después, lo mismo una hora que dos o tres, me llama Pepe: «Antonia». Salgo, y veo a mi marido llorando:

—Antonia, yo no quiero morirme. Antonia, no quiero morirme.

Y yo me echo a llorar también:

—Amor, amor… Pero… habrá algo que se pueda hacer. ¿Qué decís vosotros?

—Tenemos que hablar con el doctor Margaret —dijo Pep Fábregas—, que es el mejor en asuntos del hígado y vive en Barcelona. Lo único es que él trabaja en otro hospital, y yo quiero que Pepe se opere en el Hospital de Barcelona, porque yo estoy más tranquilo allí como médico responsable del quirófano.

El día 9 por la tarde entramos en el hospital para prepararlo, y cuatro días más tarde lo operan. Primero el doctor Oliver le operó del cáncer de colon, y enseguida el doctor Margaret fue al hígado. Abrieron, vieron cómo estaba y cerraron. Montse, la mujer de Fábregas, que estaba pendiente de las constantes vitales, empezó a llorar.

Entonces subieron todos al cuarto donde yo estaba y, nada más verlos entrar, dije:

—Ya no voy a tener marido. No voy a tener a Pepe.

Estuvimos llorando como niños, porque eran una gente estupenda. A Jordi y a Margaret los habíamos conocido entonces y ya nos habíamos hecho entrañables, pero Fábregas era amigo de siempre.

—No hemos llegado a tiempo. Este cáncer lleva más de cinco años. Primero atacó al colon, y luego hizo metástasis al hígado. Antonia —me dijo Pep—, si tienes que hacer algo de papeles, hazlo antes de que Pepe se muera, porque no llega a tres meses.

—Pep, no quiero que Pepe sepa esto. Cuando despierte de la anestesia en la UVI, lo primero que te va a preguntar es si le habéis quitado las castañas —que era como llamábamos a los tumores—. A mí no me va a creer si se lo digo, pero a ti sí. Dile que sólo eran dos y que ya están fuera; y que en un par de meses está ya danzando. Pero que no se entere de que tiene tres meses de vida, porque no lo soportaría. ¿Por qué se va a enterar y esperar ese tiempo? Yo lo esperaré, pero él no.

Y así pasó. Pepe y Pep se querían muchísimo, y cuando le dijo que todo había ido bien, y que en dos meses a danzar y a bailar, la cara de mi marido y los ojos eran…

—¿Sí, Pep?

—Vamos, aquí somos unos leones. No se iba a quedar el cáncer con nosotros.

Pasó la noche y todo el día siguiente en la UVI. Yo tenía que estar en el teatro a las dos, y ya en el escenario me dicen:

—Sara, Sara, que la llaman del hospital.

Creí que me moría. «Ha muerto», pensé. Bajé corriendo, tropecé, me caí y me lastimé una pierna. Llegué al teléfono y oí:

—Hola, amor.

—Pero ¿eres tú?

—Te estoy llamando porque tengo aquí unas enfermeras maravillosas y me han traído el teléfono para poder hablar contigo. —Pepe adoraba el teléfono y se podía pasar horas con él y negociar así hasta con el presidente de Rusia si hubiera hecho falta—. Me dicen que estoy muy bien y que ya me suben a la habitación.

Me puse malísima y vomité. La pierna me dolía. Al terminar vino Luis Fernando y nos fuimos al hospital, y dormimos los dos con él en su habitación.

Iba contando los días, uno tras otro. No le doy a nadie esta experiencia; no la quiero con nadie. Yo tenía que estar arreglada y maquillada, porque él no quería verme desarreglada nunca. Y ahí mi amiga Mercedes se portó como la gran persona que es. A ella le debo la fuerza para pasar esos días.

Al salir del hospital tuvimos que regresar cada día para ponerle una droga contra el dolor. A él le engañaban y le decían que se trataba de quimioterapia:

—Pero no se me cae el pelo.

—No, es que, como te han quitado las castañas, se trata de un tratamiento suavísimo —y él se quedaba encantado.

Como se trataba de un goteo que duraba más de una hora, Mercedes venía con nosotros y se quedaba con él. Había que pagar ese tratamiento todos los días porque no teníamos seguro, y yo le decía a Pepe:

—Fírmame el cheque que tengo que pagar la quimio. De paso me tomo algo fresquito y subo. Merceditas se queda contigo.

Y Mercedes se quedaba hablando con él. Su marido había muerto dos años antes, el 10 de marzo de 1990, día de mi cumpleaños, y ella me entendía perfectamente. Entonces yo bajaba, maquillada como iba; me ponía a llorar, terminaba de llorar, me volvía a maquillar y subía. Así estuvimos todo el mes de junio y también julio.

Iba pasando el tiempo, y yo no quería que muriese en el hospital, sino en su casa. El 30 de julio era nuestro aniversario, y me lo llevé a Palma. Él estaba convencido de que venía a Palma a pasarse el mes de vacaciones, y luego en septiembre regresaríamos a Barcelona para continuar el tratamiento. Mientras, el doctor Juan Boades lo trataba en Palma, haciéndole análisis cada dos días.

Mercedes vino con nosotros, y también mi amigo Tino Medina. Sólo se lo dije a ellos y a Thais, que ya era mayor y jamás me habría perdonado que se lo hubiese ocultado.

—¡Qué verano os estoy dando, pichurra! —le decía a Mercedes—. Os prometo que el año que viene os voy a llevar en el barco a Córcega y Cerdeña, y daremos la vuelta a Mallorca puerto por puerto.

—Como en septiembre ya no te van a dar quimio, nos llevas, que todavía hará buen tiempo —le decía—. Y así dejamos el verano este tan malo que dices que nos estás dando.

Pero yo no podía dejar que él sospechase nada, y a veces le decía que tenía que bajar al centro de Palma a comprarme unos trajes de baño, sólo por que no le extrañase que no me despegase de él a todas horas. Incluso hice una gala que tenía en Elche, porque él habría descubierto que algo le pasaba si la llego a cancelar. Además, era una gestión que él había hecho con el alcalde de Elche, que era muy amigo suyo.

Pero al llegar a Alicante, que está a veinte minutos en avión de Palma, me tuvieron que meter en un ambulatorio para que se me bajase la tensión. Yo tenía que actuar en el parque de Elche, que de noche era una hermosura, y él llamaba a cada momento al ayuntamiento y a Paco para comprobar que todo iba bien. Y mientras, yo en el ambulatorio, que el médico me prohibía actuar si no me bajaba la tensión a 16. Como Fábregas no se había ido de vacaciones, porque no quería estar fuera de Palma cuando Pepe muriera, le pedí al médico que lo llamara:

—No importa —le dijo al médico—. Aunque tenga 19 o 20 de tensión, déjala ir, porque es emocional y se le pasará en cuanto empiece a cantar.

Y efectivamente canté, pero no me acordaba de la letra de ninguna canción y Paco y el maestro me las tuvieron que ir pasando todas.

Todo era tan creíble que se murió sin enterarse, acostado, después de comer. Estábamos en la cama. Él estaba recostado sobre el lado izquierdo, porque en el derecho tenía el catéter con el cuentagotas de la droga, que él creía que era algo para limpiarle el intestino.

Yo estaba detrás de él, pegada a su cuerpo, con una mano encima de su cintura. A través de dos ventanales gigantescos se veía el puerto, el mar. De pronto, vemos aparecer un barco de pasajeros. Era enorme.

—Amor —me pregunta—. Ese barco, ¿qué barco es? Lo veo muy grande. ¿Es italiano?

—No, parece ruso.

—¿Ruso? ¿Dónde ves la hoz y el martillo?

—No, es verdad. No trae la hoz y el martillo; ¡qué extraño! Pues me habré equivocado.

—Mujer, no te extrañe. Si ya no hay comunismo en Rusia. El comunismo ya se ha terminado.

Entonces me fijo en la bandera, y me parece rusa. Se lo digo, y me pide mi marido que le traiga los gemelos, que los tenía en su despacho. Salgo de la habitación, cojo los gemelos, se los llevo, los coge y observa:

—Es ruso, amor. Las corseteras de Mallorca se van a hinchar a ganar dinero, porque las rusas son muy gordas y siempre vienen arrasando con todos los corsés, sostenes y cosas de esas... Sí, es ruso.

Me entrega los gemelos, lo veo: «Pues sí, es ruso», digo. Dejo los gemelos en la cama, enorme, donde los fines de semana dormíamos con los niños y los dos perros; me agarro a él y dice:

—¡Cómo ha cambiado el mundo! Ya los comunistas no existen. Porque, claro, es que iguales todos no somos.

Y siento un suspiro profundo. Doy la vuelta a la cama para ponerme enfrente de él, me mira y en ese instante expiró.

¿Cuánta gente sabe lo que es esperar durante tres meses a que tu marido se muera?

Murió el 25 de agosto, tres meses y pocos días después de la operación. Los doctores no se habían equivocado.

Paco, nuestro administrador, compraba las ampollas de morfina diariamente. Juan Boades se las ponía, y yo le preguntaba:

—Ya van dos meses y medio. ¿Qué pasa, Juan? ¿Cuándo será, Juan?

—Puede morirse en media hora, dentro de diez minutos, mañana, pasado mañana... pero se muere. Eso métetelo en la cabeza.

Si a mí los médicos me hubieran dicho que con la operación podía durar lo mismo dos años que cinco u ocho, él lo habría sabido. Pero tres meses eran una sentencia. Él, pobrecito, que estaba estupendo, que murió pesando 75 kilos y con muy buen aspecto, no podía estar de repente pensando: «Me quedan veinte días, me quedan diez días, me quedan cinco días...» ¿Qué habría ganado con decírselo, sino añadirle más amargura y más tristeza, más angustia y más dolor?

No me enteré de nada después de su muerte, igual que me había pasado con mi madre. Murió a las cinco y diez, y a las siete estaba toda la casa llena de gente. Yo me abrazaba a la señora Bárbara en la cocina, sin creérmelo, llorando y muerta yo también. El Rey, que quería mucho a su Pepín, vino también a verme, y, como fuimos al día siguiente a Barcelona para incinerarlo, me llamaba continuamente. De regreso a Palma había muy mala mar. El capitán del barco del Rey me daba el parte cada día: «Señora Tous, no pueden salir todavía.» Hasta el 7 de septiembre el mar no se arregló, y sólo entonces pudimos arrojar las cenizas.

Pero mi hijo no vio morir a su padre. Boades me había dicho que no estaba preparado para afrontarlo, y lo mandé a casa de su amigo Juan, que iba a celebrar su cumpleaños. Pepe y Zeus se despidieron sin saber que estaban despidiéndose para siempre. Sólo lo sabíamos Thais y yo.

—¿Vas a ser bueno? —le preguntó Pepe—. ¿Llevas el regalito para tu amigo?

—Sí, sí. Me lo llevo. No te preocupes, papá.

Le dio un beso, le hizo un gesto con la mano, y desapareció.

Pepe se quedó bien, pero mi hija Thais se hallaba muy mal, intentando aguantar unas lágrimas como puños.

Zeus estuvo un año sin hablar después de la muerte de Pepe, pero Thais era muy fuerte y lo llevó de otra manera. Aquel verano no salió de casa. Cuando veía a su padre en el comedor, sentado en un sillón, ella se acercaba a él y se sentaba en sus rodillas. Yo la miraba y le decía:

—Cariño, no te sientes, que papá no puede contigo.

—Pero quiero estar con él.

—Sí, pero no estés mucho rato, porque antes no lo hacías y va a sospechar algo.

Y ella lo abrazaba y, como tenía el catéter en el lado derecho, se apoyaba en el izquierdo. Y así se despedía de él.

Con Pepe fui feliz a todas horas, en todo momento, en cualquier situación. En Brasil íbamos de la mano y me decía:

—Mira, amor; mira esa mulata, mira qué ojos tiene —y yo me reía con él, a su lado.

Fuimos felices durmiendo la siesta. Fuimos felices yéndonos a dormir, y entonces él apagaba la luz de su lado y yo me ponía a leer; y se acostumbró a dormir con la luz encendida, porque yo no puedo dormir a oscuras por un trauma de pequeña.

Lo fuimos todo: enamorados, amantes, amigos… Discutíamos la puesta en escena, las canciones que tenía que elegir, la educación de los hijos… Discutíamos porque todo lo hablábamos, discutíamos porque nos queríamos, porque éramos amigos, porque todo lo compartíamos.

El psiquiatra me dijo que regresara a Madrid, pero tardé dos años en abandonar Palma. Hasta 1994 no me fui a casa de Vicente Parra, y, como él estaba en Buenos Aires en ese momento, dormía en su cama, que había pertenecido a mi madre y se la había regalado.

Ahí fui serenándome, pero muy poco a poco. Me habían hecho caminar por la bahía de Palma hasta agotarme; me habían hecho una cura de sueño porque mi mente era más fuerte que todos los somníferos. En noviembre de 1992 había tenido que integrarme en la segunda fase de *Ven al Paralelo,* y los del equipo del programa, que eran extraordinarios, me ponían carteles gigantescos para leer las presentaciones de los artistas y me forzaban para que abriese los ojos y sonriese. Luego, en 1993, reencontré a Giancarlo, y desde entonces nos vemos frecuentemente, pero al principio me hacía recordar cómo había conocido a Pepe con él.

También en 1993 colaboré con el PSOE en la campaña electoral. Fui por toda Cataluña, puerta por puerta, convenciendo a la gente de la necesidad de votar a los socialistas. Me sentía obligada conmigo misma a ayudarles porque eso formaba parte de mis creencias, de mi compromiso con mis propias convicciones. (Después, como muchos otros, me llevé una terrible decepción.)

Sin embargo, no empecé realmente a recuperar las ganas de vivir hasta 1996, cuando me fui a casa de mi queridísima amiga y como hermana Nela Andino en Miami, y, reponiéndome, me convencieron para que actuara. Me salió tan bien que continué con otra actuación en Buenos Aires. Volví a trabajar, volví a sentirme bien conmigo misma y con los demás.

El tiempo es muy sabio. Crees que vas a morirte de pena, pero de pena nadie se muere. Necesité llenarme de fuerza para poder seguir, por mí y por mis hijos. Y seguí. Hasta hoy.

Epílogo

Una entrevista con Sara Montiel

Madrid, 2000

—Hace años que Sara Montiel dejó de hacer cine; sin embargo, sigues cantando. ¿Te has planteado alguna vez retirarte de la canción?

—Yo me podría retirar por tres causas: la primera, que no tuviera voz; la segunda, que me sintiese físicamente, a los ojos del público, con pellejos en la cara, en el cuello, en los brazos, en las manos; luego, que las piernas no me sostuvieran en un escenario dos horas, como estoy yo, que no paro. Mientras tenga esta salud, seguiré… Transmito al público, porque ahí está el público, y no vienen diez ni cien ni quinientas personas; vienen miles a los conciertos que doy.

—Antes de llegar a los setenta y dos años, ¿los veías como una época de vejez?

—Yo no he pensado, ni pienso nunca, en la vejez. Sé que llega para todos. Sé que soy vieja, pero dentro de mí, y físicamente fuera de mí, yo no aparento los setenta y dos años, ni tengo setenta y dos años en mi cabeza. Porque la edad va por dentro, y hay mujeres con cuarenta o cincuenta años, que las conozco (y cincuenta años no son sesenta ni setenta), y son mis abuelitas; pero porque están mentalmente viejas, ya nacieron viejas, y, como son viejas por dentro, por fuera lo son más.

—¿En qué crees que se basa tu juventud interior?

—Porque pienso todo como cuando tenía veinte o treinta años. Mis setenta y dos no me han cambiado; solamente que los años me han dado más experiencia. Pero eso no quiere decir que yo tenga que pensar como lo que habitualmente se dice que es una mujer de setenta y dos años, porque mentalmente no los tengo, eso por supuesto, y luego, físicamente, hijo mío… comprendo que no es normal, se da un caso entre un millón, imagino. ¿Me explico? No he pensado nunca en la vejez física, y tampoco en la vejez mental, porque no me pienso mentalmente vieja. Tengo setenta y dos años porque los he cumplido físicamente, pero mentalmente no tengo setenta y dos.

—¿Cómo haces para cuidar tu voz?

—Yo no hago nada.

—¿Nada especial?

—Nada. ¿No ves que tomo hielo y me lo mastico? Todas las copas de agua, que es lo único que tomo, me las pongo con hielo. Tomo mucho hielo masticando, pero yo no salgo nunca ronca. No sé lo que es una ronquera. Al contrario, cuando estoy acatarrada canto de maravilla, porque, cuando están con fiebre, las cuerdas vibran con una tonalidad más clara que cuando están bien. Los dos otorrinos que tengo, uno en Madrid y otro en Barcelona, me dicen: «Es que lo tuyo no es normal, Antonia.» Es que yo, al salir al escenario, puedo llevar dos meses sin cantar en persona, y no hago escalas. Simplemente salgo, y me dicen: «Un día vas a salir y no te vas a encontrar la voz.» Pues mira, lo he hecho toda mi vida así, sin preparación. No me la cuido. Ahora, fumo y no trago el humo; eso es una ventaja, porque hace daño el tabaco, pero como no trago el humo no me llega a la tráquea ni a la garganta. Luego, no bebo. El alcohol hace mucho daño a la garganta: el coñac, el whisky, la ginebra… La bebida te puede secar, te puede bajar de tono las cuerdas vocales. No es que te quedes sin voz, pero si tú cantas en un tono alto, un la o un sí bemol, bajas un tono, porque el alcohol hace daño a las cuerdas. Se nota en mí que no bebo, nunca he bebido.

—¿Ayuda a tu juventud el tener hijos tan jóvenes?

—No, porque mis hijos han sido, y son, un problema. Son dos problemas, porque los tengo que guiar, tengo que estar pendiente de ellos. No es una ganga tener hijos. Las madres tenemos una responsabilidad con los hijos: la que es madre de verdad, ¿me explico? Hombre, nos da alegría, porque yo estoy orgullosa de mis hijos y para mí son los más guapos, para mí son los mejores, entiéndeme; pero de eso a que piense que porque los tengo soy más joven, al contrario: me ponen problemas que me hacen más vieja. Ahora estoy más tranquila porque están en una edad buena. Han salido de esos quince años de la juventud de ahora, y han salido bien. Mi hija, Thais, con veintiún años, que va a hacer veintidós; mi hijo con diecisiete, muy joven todavía, pero los lleva bien y le digo: «Por aquí no te arrimes que hay un bache; por ahí.» Sin conducirlo, pero ayudándolo.

—¿Qué legado te gustaría para tus hijos?

—El mejor legado son sus estudios; porque el dinero va cada vez valiendo menos, y hay muchas guerras y hay mucho follón, y en esta vida no se sabe lo que puede pasar. Lo mejor es que se puedan defender, que sigan siendo como son, en el sentido de que son muy honestos, son niños buenos, tienen buen fondo, son buena gente. Yo no creo que mis hijos cambien a ser mala gente y le hagan daño a un tercero. Eso es lo más importante para mí.

—Hablas de los estudios; ¿echas en falta el haber podido estudiar en tu juventud?

—Eso se lo decía yo a mi madre, y mi madre se culpaba. Decía: «Hay que ver, que nosotros no te hemos podido dar ninguna educación, hija mía; con lo lista que eres. Y fíjate a lo que has llegado sin saber nada. Pero, hija mía, ¡es que éramos tan pobres!» Y yo le decía: «Madre, María, me has dado la vida; ¿qué más quiero?» Mi madre decía: «Tengo ganas de que me toque la lotería»; y fíjate que yo cobraba un millón de dólares por película entonces, pero ella insistía: «Me gasto el dinero en lotería y en los toros.» Y era verdad que le gustaban mucho los toros, y se iba con la cocinera, con Fernanda, a los toros, a Salamanca. Si toreaba El Viti en tal sitio se iban detrás. Y ella no era gastadora, pero sí en lotería, y decía: «Si me toca la lotería, hija mía, te voy a comprar un brillante más grande que el que tienes. Y te voy a comprar una casa si me cae la lotería; para darte yo una casa, darte algo, que no te he dado nunca nada.» Yo le decía: «María, ¿no me has dado la vida? ¡Fíjate qué maravilla! No me habéis podido educar padre y tú, pues pobrecitos, si no teníais ¿qué iba yo a hacer?» A mis sobrinos les pagué yo todos los colegios hasta el bachillerato. Como ya ganaba mucho dinero, a mis cinco sobrinos les pagué los estudios para que el día de mañana se defendieran. Y ahora están todos colocados estupendamente bien.

—No siendo una mujer de estudios, ¿cómo es posible que tanta gente realmente intelectual haya contado contigo, te haya ofrecido su amistad?

—Ante todo, yo he sido… bellísima es poco, pero tenía un encanto: que era prudente, sabía escuchar y cuando hablaba era muy ingenua y quería saber, entonces preguntaba mucho, y eso les gustaba. Y luego, yo era una enamorada de la pintura desde pequeña; la belleza la aprendí desde chiquitina. La primera palabra que yo decía era «bapo», por «guapo». Veía una tela de seda en la pared y decía «bapo». Veía una pintura, y «bapo». Eso a los amos de mi padre, que eran los condes de Cabezuela. Aparte, era muy suave: yo he sido una mujer que no ha gritado, que no he sido nunca gritona; de temperamento, así por las buenas salirme por peteneras, no: he sido siempre más calmada. Y luego, yo me enamoré de Méjico, de la gente mejicana, del verdadero azteca, de todos sus trabajos de pintura, de todos sus haceres, que son maravillosos. Pasan unas necesidades tremendas y nunca se arreglan, pero la gente es buenísima y es arte puro lo que tienen. Los he querido muchísimo. Y hablaba mucho con León Felipe y con don Alfonso Reyes, y quería aprender. Preguntaba mucho porque quería aprender, aprender y aprender, porque yo no sabía nada.

—Siendo la artista española más conocida, ¿crees que eres desconocida como persona?

—Hombre, soy desconocida como persona porque yo solamente me doy y me conocen mis amigos. Mi amiga Antonia, de Sevilla, me conoce desde 1950. Con mi amiga Melita nos conocemos desde hace treinta y cinco años. José de la Rosa me conoce desde hace treinta y ocho años. Luis Fernando desde hace cuarenta. Todos ellos saben cómo soy.

—Sí, pero me refería a si crees que hay una imagen tuya con falsedades.

—Creo que a la gente popular, de la calle, la verdadera gente, le caigo bien. Tengo un público maravilloso de mujeres y de hombres. Salgo a la calle y me paran como cuando tenía treinta años: «Ah, la admiro de toda la vida.» No doy tres pasos sin que me pase, y eso desde hace cuarenta años, que no son dos ni tres ni cuatro. Son cuarenta años llamándome Sara Montiel. Ahora, para intelectuales, para gente de más nivel de cultura, aunque puedes no tener cultura y ser inteligencia pura, puede que les parezca una mujer muy distante, muy superflua, muy vacía. No sé, sin la calidad humana que yo pueda tener, ¿me explico? Pero cuando canto en televisión o en persona, el público me responde de maravilla. Tengo una conexión con el público fantástica.

—¿Es esta la situación que tú querías?

—Sí. Cuando vine a ver *El último cuplé* al Rialto, desde Estados Unidos, cuando llevaba apenas dos meses en cartel, vi cómo reaccionaba el público en el cine, sin saber que yo estaba presente, y era lo que yo soñaba: hacer vibrar al público. Hacerle vibrar como a mí me hacían vibrar Ingrid Bergman o Bette Davis, como nos hacía vibrar Rita Hayworth: gente con personalidad, con un arte ahí en la pantalla.

—¿Cómo se hace para mantener esa vibración durante cuarenta años?

—Es por sí misma. Es que yo soy yo. No he cambiado. No soy sofisticada. Yo soy muy libre para vestirme, soy arcaica, nunca voy a la moda y me pongo cuatro trapos a mi manera. Eso no quiere decir que de Versace o Valentino no me haya comprado modelos, ni que no me haya adelantado a las transparencias más de treinta años, que las sacaba en los años sesenta, cuando te hacías una fotografía con transparencias y te pintaban. Me he adelantado en el vestirme, el maquillarme, el peinarme, en todas mis películas. Tú ves una película mía ahora, y parece hecha de ayer. Está vigente la forma mía de actuar, de hablar, de cantar. No he cambiado. Me he hecho mayor, pero conservo mi belleza física, adaptándose más para bien que para mal, pero sin potingues ni nada. Y son cuarenta años; ¡ya lo creo que son cuarenta años!

—¿No crees que la belleza ha ido en tu contra?

—Ha sido un hándicap horroroso. Ya cuando hice las películas mejicanas, los críticos salían fijándose en mi belleza. Todos decían: «Sarita Montiel se sale de la pantalla de bella que es.» No se fijaban en los pormenores de mi actuación, en si trabajaba bien o mal, sino en mi físico.

—¿Habrías sacrificado parte de tu belleza por el reconocimiento a tu calidad interpretativa?

—Hombre, claro. Pero ya la reconocieron con *El último cuplé* y dijeron que yo era una actriz muy buena, y con facetas muy diferentes. En la película tengo edades comprendidas entre los dieciocho años del principio, los treinta cuando me enamoro del torero, y los cincuenta y dos de cuando vuelvo a Barcelona tras la Segunda Guerra Mundial. Ahí tengo muchos registros como actriz para el personaje de María Luján. Y luego, «Nena», ¡cómo lo canto y cómo lo interpreto! Un hombre veía la película entonces y sacaba el pañuelo. Todo el mundo llorando con pañuelo; era como una plaza de toros pidiendo una oreja. Eso lo he visto yo, y eso es cuando me dije:

«Así quería yo que llegara al público, que lo conmoviera. Ahora sí que he llegado a ser lo que yo quería ser.»

—Sólo a las muy grandes estrellas se les llama divas. ¿Te ves a ti misma como a una diva?

—Estampa de actriz normal, de persona normal, no la tengo, ni física ni artísticamente, por mi trayectoria. Pero no sé si es acertado. Francamente no lo sé. ¿Diva? Yo llamaría diva a una cantante de ópera, porque la ópera es, para mí, lo más importante en canto. Para mí, las cantantes de ópera buenas, como Victoria de los Ángeles o Montserrat Caballé, son de *chapeau*. Pero que a mí me llamen diva… pues seguramente por toda la carrera que te tenido, que tengo y que la conservo. Es difícil llegar, pero se puede; pero luego tienes una bajada a velocidad increíble, y yo no he hecho esa bajada. Yo me he conservado en lo alto. No hago más cine, de acuerdo, pero yo soy yo. Soy yo, y eso creo que es difícil. Yo no he tenido ningún fracaso artístico, ni uno. Desde que empecé en Méjico a hacer cine, porque aquí en España sólo tuve como papel decente el de *Locura de amor,* he tenido éxito total, hasta ahora. No me ha fallado el público. No me han fallado las películas cuando las hacía, que se mataban por verlas. No he tenido un fracaso artístico desde 1951, y eso no se puede negar.

—¿A qué aspiras para el futuro?

—Yo no tengo futuro. Tengo presente. El futuro lo tengo muy cortito y por lo tanto tengo que vivir el presente a tope y lo mejor posible. Con mis hijos, actuando si tengo que actuar, y haciéndolo como es debido. Ahora se va a hacer un documental sobre mi vida y lo voy a hacer porque soy una trabajadora nata. Lo que hago lo quiero hacer bien. Como los discos: hay algunas canciones que no te gustarán, pero todas las canciones que tengo grabadas son de primerísima. Cada disco lo tengo pensado y requetepensado, escogiendo las canciones con el maestro García Segura, que tiene un talento maravilloso. Empecé en 1958 con él, y hasta hoy.

—¿Vives mucho del pasado?

—Procuro que no. Me acuerdo de mi madre siempre, de mi padre, que murió cuando yo tenía dieciséis años. Me acuerdo mucho de él. Yo le encendía los tres cigarrillos que le dejó el médico, porque padecía de asma y no se lo podía quitar, y él me llamaba «princesa», porque cogía el papel, le echaba el tabaco, lo ponía en la boca, lo encendía y lo hacía sin vulgaridad. Soy fumadora empedernida, pero sé que no soy vulgar. Sé que mi mano, cuando fuma, está muy bien puesta. Hay mujeres fumadoras que cogen el cigarro mal, arrugado, pero yo lo hago con la mano estirada. Me lo ha dicho mucha gente, y yo sé que tengo ese don. Y no tengo abuela.

El 24 de julio de 1969 falleció mi madre. Yo había ido al Festival de Moscú a pesar de que no me apetecía dejarla sola. Pero mi madre insistía en que aceptase esa invitación, y yo no quería que ella sospechase que se encontraba tan enferma. Así que le pregunte al doctor Epeldegui acerca del estado de mi madre, y él me dijo que estaba estabilizada y que, como el Festival sólo duraba seis días, podía marcharme.

Y me fui, pero con la condición de que, si recibía un telegrama del doctor señalándome que mi madre iba para abajo, los rusos me traerían a España inmediatamente.

En Moscú nos abrieron a varios actores el museo del Kremlin, que estaba cerrado. Luego me dieron la medalla de Lenin, también en el Kremlin, y al día siguiente tenía que regresar al mismo lugar para un homenaje de la Universidad de Moscú.

Estaba en el hotel esperando un coche para ir con Sofía Loren a este acto, cuando recibí un telegrama del doctor Epeldegui diciéndome que debía volver de inmediato. Serían las cinco de la tarde del día 23, y enseguida fletaron un avión y una doctora me acompañó, porque me puse a morir.

La muerte de mi madre primero me hizo enloquecer, pero luego me volvió más serena y relajada, con menos ímpetu. Había estado muy unida a ella, y siempre he dicho que fue ahí cuando me cortaron el cordón umbilical.

Le guardé luto durante dos años. Fue Pepe el que me lo quitó. Aunque respetaba mi decisión, decía que no iba a querer más a mi madre por el luto, pero yo era una mujer manchega que sentía la cultura en la que había nacido yo, la cultura en la que había nacido mi madre. Yo necesitaba a mi madre, porque con ella me sentía protegida. Y aún hoy la necesito.

Es curioso, pero durante su enfermedad había hablado mucho con mi madre sobre cosas importantes para nosotras. Le preguntaba acerca de cómo conoció a mi padre, e incluso dónde se acostaron cuando llegaron a Campo de Criptana. Y mi madre me lo contaba. Y también me decía que encontraría a otro hombre atravesando el mar.

—¿Otro americano?

—No, no —me contestaba—. Es corto el viaje.

Hoy quisiera seguir hablando con ella, contarle cosas de mi vida, de esa vida que ella me dio para que yo la viviese libremente y a mi manera, pero sin hacer daño a nadie.

Estas son las memorias de esa vida. Y estas memorias y esa vida, mi vida, están dedicadas a la persona que me ha acompañado siempre y que más he amado: a mi madre.

ESTE LIBRO HA SIDO IMPRESO
EN LOS TALLERES DE
LITOGRAFIA ROSÉS, S. A.
PROGRÉS, 54-60. GAVÀ (BARCELONA)